尸变图鉴

自然环境下的尸体变化

陈禄仕 主编

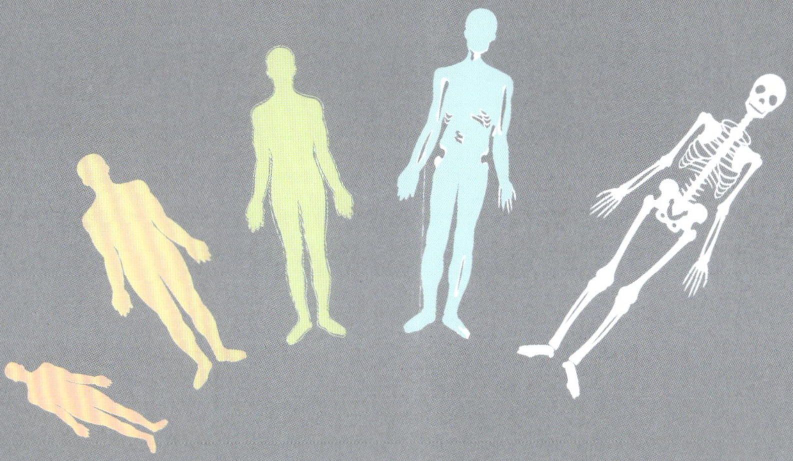

陕西新华出版传媒集团
陕西科学技术出版社
Shaanxi Science and Technology Press
西 安

图书在版编目（CIP）数据

尸变图鉴：自然环境下的尸体变化 / 陈禄仕主编
. -- 西安：陕西科学技术出版社，2022.7
ISBN 978-7-5369-8408-0

Ⅰ. ①尸… Ⅱ. ①陈… Ⅲ. ①尸体腐败－图集 Ⅳ.
① D919.4-64

中国版本图书馆 CIP 数据核字 (2022) 第 052796 号

尸变图鉴：自然环境下的尸体变化
陈禄仕　主　编

责任编辑　付　琨　邱为斌
特邀编辑　古月轩
封面设计　刘　霄

出 版 者　陕西新华出版集团　陕西科学技术出版社
西安市曲江新区登高路1388号陕西新华出版传媒产业大厦B座
电话（029）81205187 传真（029）81205155 邮编：710061
http://www.snstp.com
发 行 者　陕西新华出版集团　陕西科学技术出版社
电话（029）81205180 81206809
印　　刷　河北盛世彩捷印刷有限公司
规　　格　787mm × 1092mm　16开本
印　　张　18.25
字　　数　480 千字
版　　次　2022年7月第1版
印　　次　2022年7月第1次印刷
书　　号　ISBN 978-7-5369-8408-0
定　　价　168.00 元

编辑委员会

王启燕 （贵州医科大学法医学院）

张洪喜 （贵州省安顺市平坝区公安局）

王洪亮 （贵州省安顺市平坝区公安局）

吴国才 （贵州省毕节市七星关区公安局）

罗　银 （贵州省毕节市大方县公安局）

吴成学 （贵州省毕节市大方县公安局）

李　慧 （贵州省贵阳市花溪区公安局）

姚亚飞 （贵州省贵阳市花溪区公安局）

于　钦 （贵州省贵阳市云岩区公安局）

魏　鑫 （贵州省安顺市西秀区公安局）

韦建新 （贵州省黔南州惠水县公安局）

彭明琪 （江苏省盐城市公安局）

代序

陈禄仕教授从法医实际案件出发，数十年如一日，坚持理论研究与实践应用相结合，多年来笔耕不辍，倾注精力致力于法医学尸体研究，默默无闻地为我国法医学发展奉献自己的力量。《尸变图鉴：自然环境下的尸体变化》是陈禄仕教授及其团队对法医学尸体变化研究的又一力作。本书内容主要是在自然环境下，对早期尸体到晚期尸体，直至全部白骨化进行连续观察、拍照、记录，为提高推测死亡时间的精确度提供了有力证据。作为一名法医工作者，能受邀为本书作序倍感荣幸。

在实际案件应用中，死亡时间推断对确定嫌疑人有无作案时间，进而划定侦查范围、提供侦查线索、阐明作案过程及案件性质等意义重大，一直是法医学实践中的难点，同时也是法医科学研究的热点。近年来，广大法医同行已为此从多角度、多学科的融合等方面展开了相关研究，但以解决实际问题为导向，立足于根本，最为直接的尸体观察研究依然是最行之有效的方法之一。陈禄仕教授前作《尸体变化图鉴》一书，内容翔实，得到业内人士的一致好评，而此次他再次执笔，对多年来有关尸体变化的研究进行整理、汇总，尤其是对晚期尸体现象变化进行观察、记录，同时也收集了一些特殊现场的尸体现象图集，以全新的视角、全新的内容再次编写了《尸变图鉴：自然环境下的尸体变化》一书。

本书既为广大法医工作者在实际案件的应用中提供了重要的参考依据，具有一定的实际应用价值，同时也为本领域的研究积累了宝贵的素材。该书内容丰富，具有较强的可读性及实用性。该工具书的出版，再次为法医学的发展作出了杰出的贡献。

郭亚东

（中南大学法医系主任、教授/主任法医师、博士生导师）

2021年1月于长沙

前言

勘查命案现场，法医的首要任务是确定命案中的人是伤还是死亡。如果确定人已死亡，随后要解决的问题是死亡经过了多少时间。死亡经过时间一直是法医学领域研究的主题和难题。在法医检案中，最常用的方法就是根据死后尸体变化来推测，为案件调查提供依据。尸体变化是指人死后在内外因素的作用下发生一系列有规律的变化所呈现出来的现象，简称为尸体现象。法医学将尸体现象分为早期尸体现象、晚期尸体现象，晚期尸体现象又分为腐败型尸体现象和保存型尸体现象。在法医学中，对晚期尸体现象的研究和记述较少，法医对处于晚期尸体现象的案例推测死亡经过时间难度较大。国内外法医界均存在此种现象。

1977 年，美国堪萨斯大学的巴斯教授因鉴定一具保存完好的尸体酿成大错：尸体头部有枪弹创伤，他认为该尸体死亡经过时间在 1 年左右。因为肌肉保持完好，而且还显现出健康的粉红色，所以巴斯断定那具尸体死亡时间不会太长。可是调查发现，该尸体是威廉姆・夏伊陆军上校的，美国内战时期死于战场，后来被用密封的铅制棺材埋葬了，是 1864 年的尸体，与巴斯尸检初推测死亡经过时间相差 113 年。这次事件使巴斯意识到，当时法医学对死后尸体变化的无知，他认为唯一的办法就是对腐败的尸体继续观察。从那以后，巴斯在美国的田纳西州建立了“尸体农场”，并用研究的成果破获了好多大案。

1994 年 9 月 7 日，贵州某市一出租屋内发现 3 具女尸（室温常年不超过 15℃），编号为 1 号、2 号和 3 号。1 号位于床下，被纤维布和农用塑料薄膜包裹，两端用尼龙绳结扎；2 号被装于空的汽油桶内，桶盖接口处用封口胶密封；3 号被肢解为十二块置于塑料桶内，后又套装于镀锌铁皮桶内，桶盖接口处用封口胶密封。法医根据尸体现象推测出，1 号死亡经过时间为 1 个月左右，2 号为 6 个月左右，3 号为 10 个月左右。经破案查明，1 号死亡经过时间为 1 年，2 号为 1 年零 25 天，3 号为 11 个月零 28 天。实际误差，1 号为 11 个月，2 号为 6 个月零 25 天，3 号为 1 个月零 28 天。尤其是 1 号尸和2号尸，误差极大。该案的负责人对法医推测的时间非常不满，他说“这些问题法医值不值得研究一下”。这是司法实践中对法医学提出的要求，而司法实践的需要就是法医学要研究的内容。

当前法医学及相关刊物也有些个案记载及报道，如59天全部白骨化，174天全身形成尸蜡等。这些尸体现象是发现尸体时看到的现象，可能在未发现时它们早以白骨化或者形成尸蜡了，所以法医学必须进行相关实验研究。这类研究除美国最早外，近10多年来澳大利亚悉尼科技大学也建立了类似的“尸体农场”，对尸体腐败分解过程进行研究。

为了初探这方面的研究，我们申报了“尸体软组织分解与死亡时间的研究”项目（编号：200408）。在自然环境下，从早期尸体到晚期尸体，直至全部白骨化为止，每一时段的尸体现象均拍照固定，同时也收集一些比较特殊现场的尸体现象的案例图片，以提高推测死亡时间的精确度。我们将研究的成果以图鉴方式展现出来，供法医检案参考。

在对尸体变化研究和案例收集的过程中，贵州警官职业学院提供了良好的研究平台，同时也得到了贵州省公安厅刑侦总队原总队长战必成和现任刑侦总队政委主任法医师沙征凯、贵州法医学会理事长主任法医师屈剑平、毕节地区公安处刑侦支队主任法医师赵鹏、贵阳市公安局南明分局刑侦大队技术室、贵州空管分局的大力支持，在此一并表示诚挚的感谢。

由于水平有艰，图鉴中难免存在疏漏和错误，敬请批评指正，不吝赐教！

陈禄仕

初稿：2019年8月15日

定稿：2022年2月17日

内容简介

《尸变图鉴：自然环境下的尸体变化》一书，由2具实验持续观察到的死后尸体变化现象与死后经过时间的实时拍照图片，以及25个案例现场出现的尸体变化现象与死后经过时间的图片组成。本书共有彩色图片600多张，每张图下均有简要的文字说明和死后经过时间，体现出在不同季节、不同时段尸体变化现象与死后经过时间的关系，同时也体现出尸体软组织的分解速度与有无尸食性蝇类幼虫孳生的关系。

本图鉴反映了中国法医学对死后尸体变化的研究状况，具有重要的学术意义和应用价值，为公安司法部门的法医工作者和各级院校的法医教师等技术人员提供了宝贵的推测晚期尸体死后经过时间的参考价值。

目录

Contents

第一章

实验观察到的尸体变化与死后经过时间

第一节　1号尸体变化与死后经过时间

观察地点在海拔 1115.2~1120.8 米之间的一片松林里的地面上。

从尸体软组织分解到大部白骨化共 15 天，随后进入干化霉变阶段。在此期间，平均气温为 23.69℃，其中最低气温 12.6℃，最高气温 33.1℃；相对湿度平均在 75.75%，其中最低为 33%，最高为 100%。

死后第 1 天（平均气温 25.10℃）

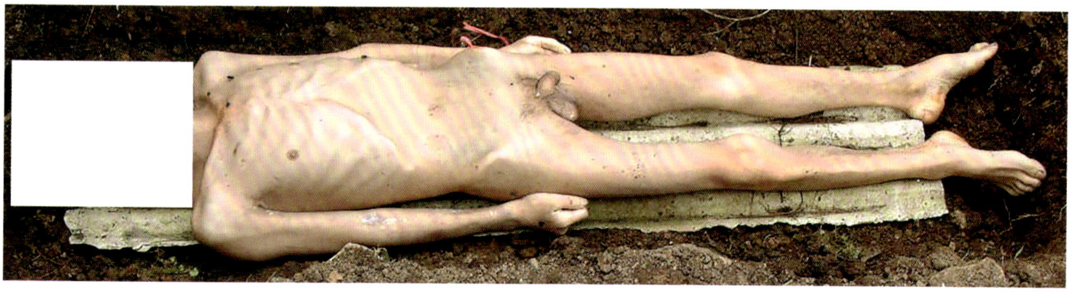

2003-06-24，13:45　全尸整体现象

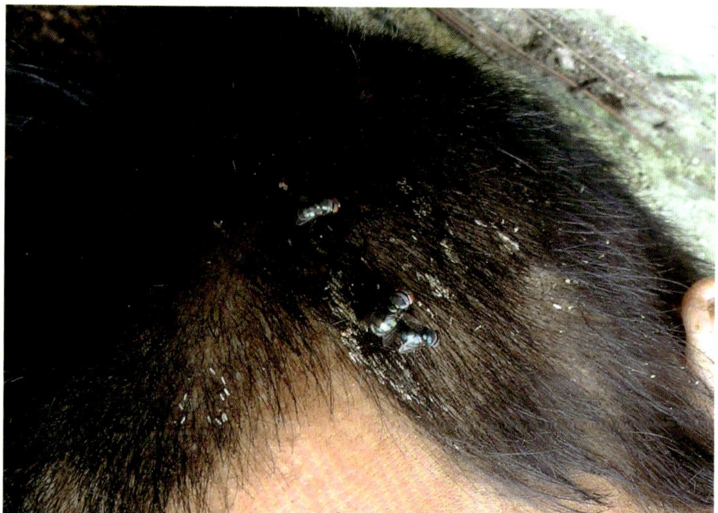

2003-6-24，13:47　头发间见蝇卵

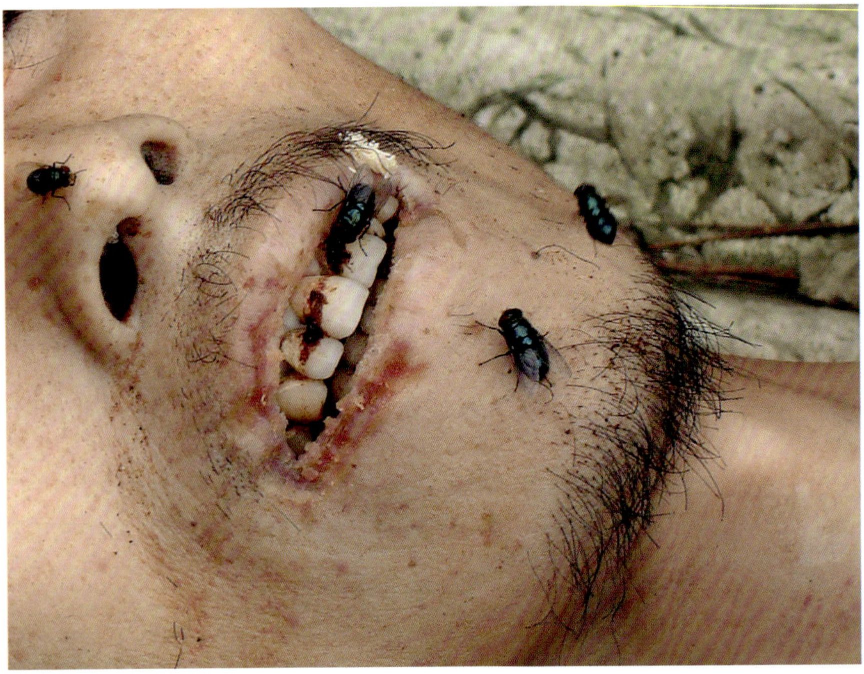

2003-6-24，13:50 面部见蝇和蝇卵

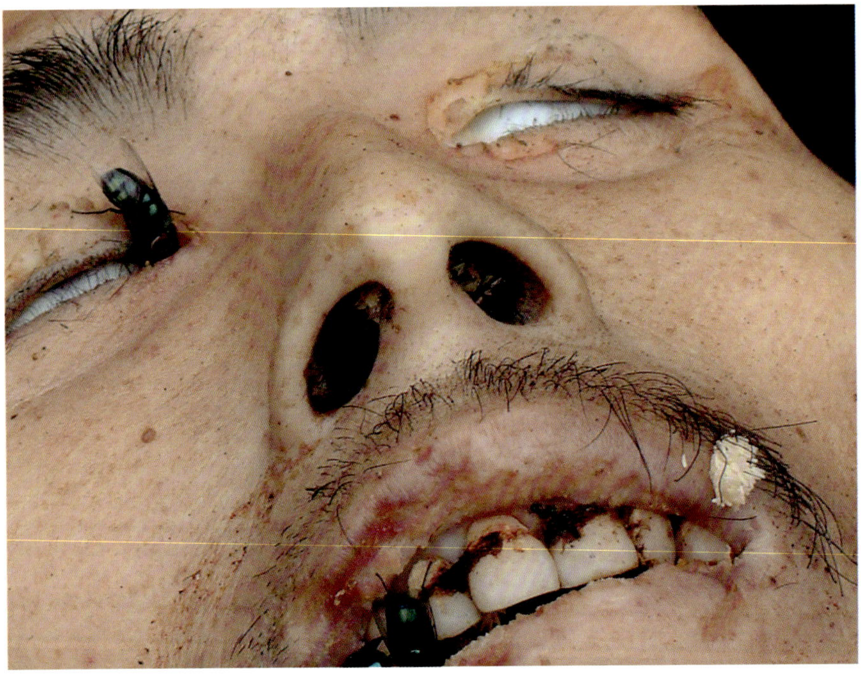

2003-6-24，13:55 鼻孔内见蝇卵

死后第 8 天（平均气温 23.40℃）

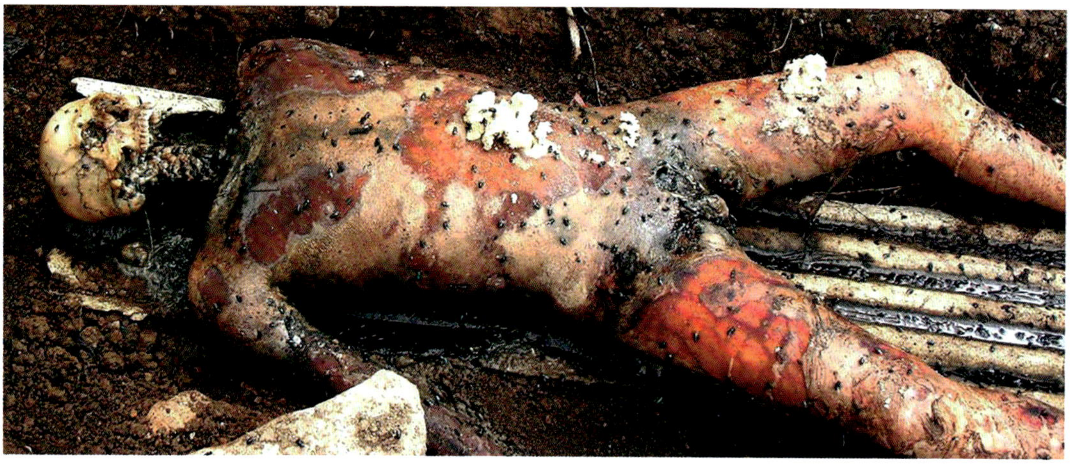

2003-7-1，15:53　头颈部完全白骨化，躯干及四肢巨人观，表皮脱落，腹部及左大腿见成堆蝇卵

死后第 9 天（平均气温 24.85℃）

2003-7-2，14:45　全尸整体现象

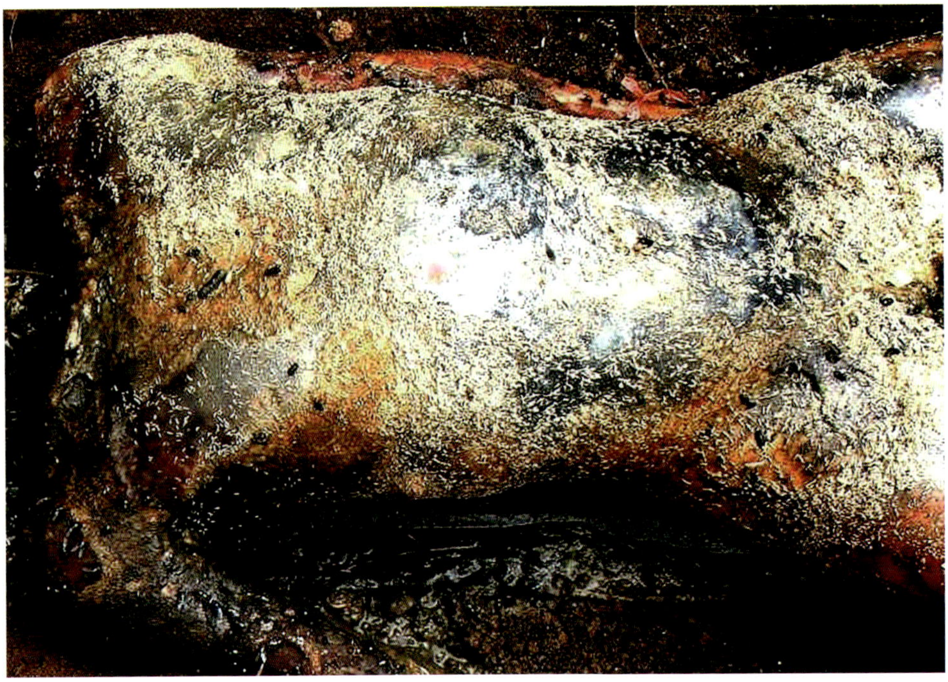

2003-7-2，14:45 躯干布满细小蝇蛆

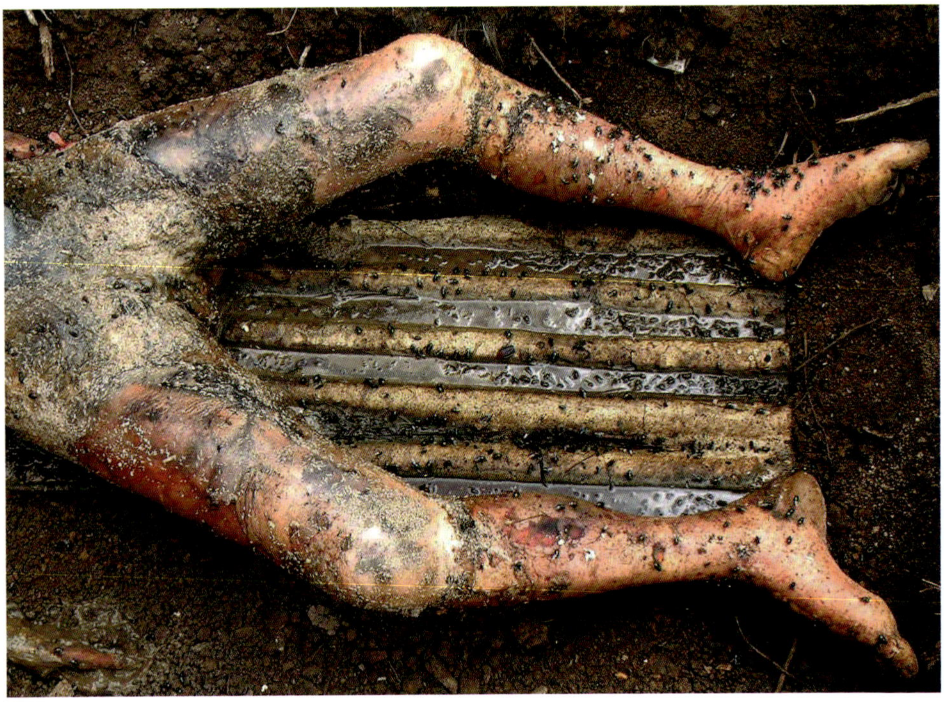

2003-7-2，14:46 双腿展开（是一种腐败现象）

死后第 10 天（平均气温 26.25℃）

2003-7-3，15:13 全尸整体现象

▲ 2003-7-3，15:14 阴部蝇蛆活跃，双脚底表皮脱落

▶ 2003-7-3，15:15 部分锁骨和胸骨露出

死后第 11 天（平均气温 26.55℃）

2003-7-4，14:35 全尸整体现象

2003-7-4，14:35 胸骨及部分肋骨露出，部分上肢骨露出

2003-7-4，14:36 腹部塌陷，部分盆骨露出

2003-7-4，14:36 下肢蝇蛆稀少

死后第 12 天（平均气温 24.25℃）

2003-7-5，14:52 全尸整体现象

2003-7-5，21:19 正面观全尸现象

2003-7-5，21:20 下肢部分骨骼露出

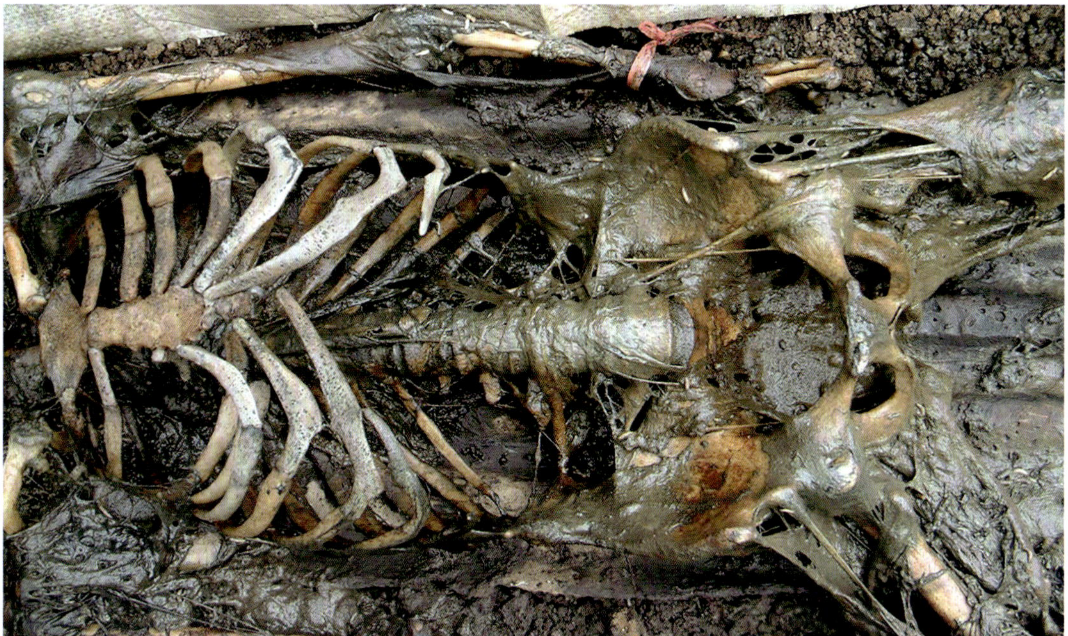

2003-7-5，21:21 躯干及上肢大部骨骼露出

死后第 13 天（平均气温 21.00℃）

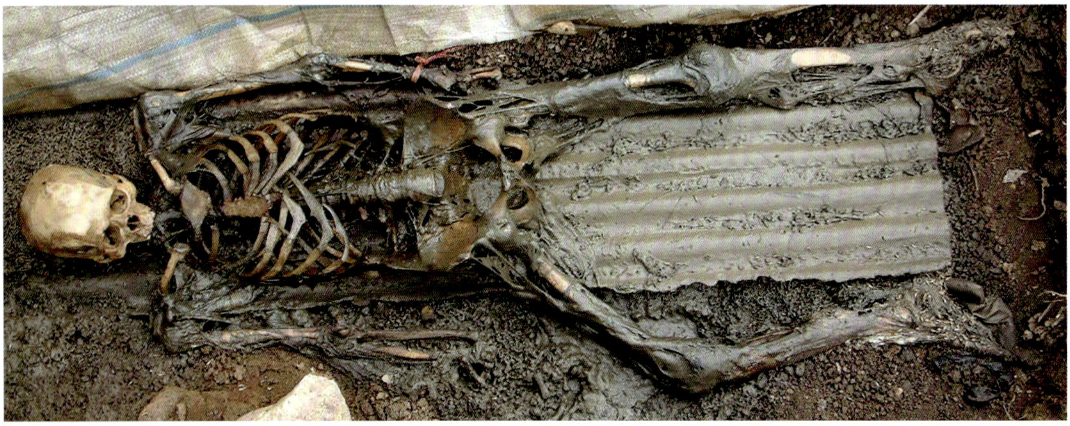

2003-7-6，5:19 全尸整体现象

2003-7-6，5:21 双脚蝇蛆活跃

2003-7-6，5:20 左肩部蝇蛆活跃

死后第 14 天（平均气温 22.55℃）

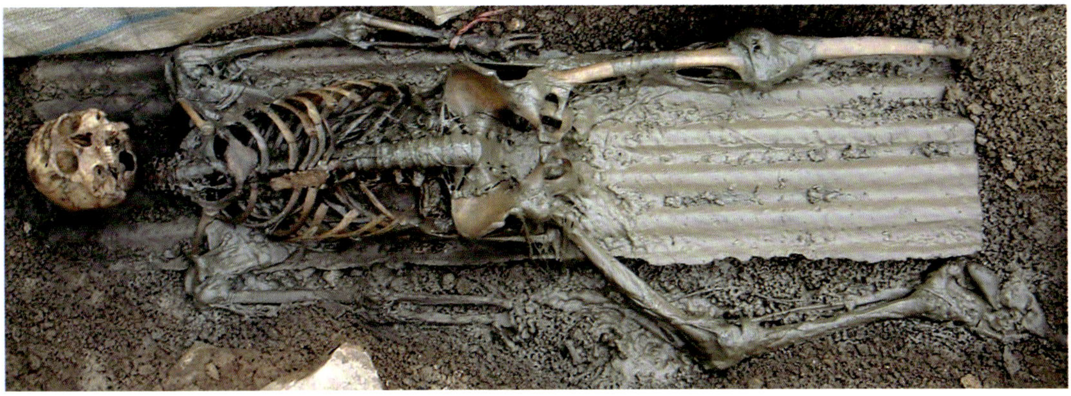

2003-7-7，5:32 全尸整体现象

2003-7-7，5:33 左脚部位的泥土上蝇蛆活跃

2003-7-7，19:44 全尸已彻底白骨化

死后第 15 天（平均气温 23.85℃）

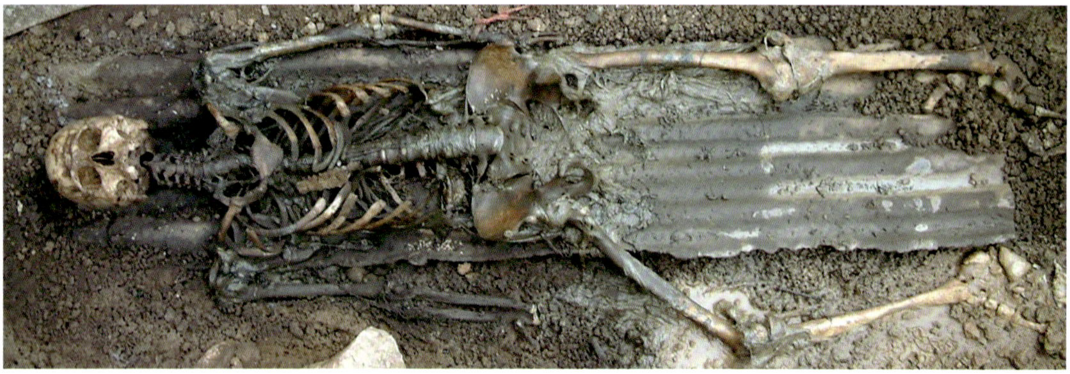

2003-7-8，19:45 全尸整体现象

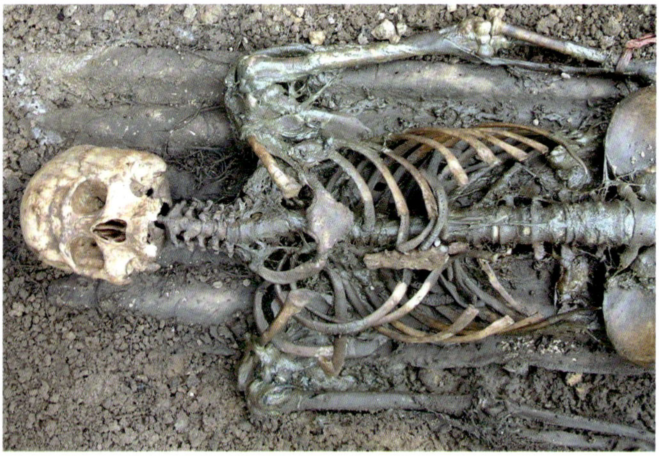

2003-7-8，19:46 无蝇蛆活动

2003-7-8，19:46
下肢各关节分离

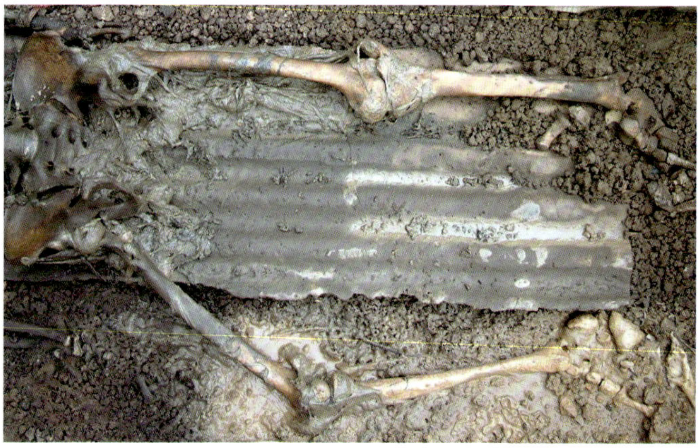

死后第 16 天（平均气温 23.80℃）

2003-7-9，5:48 全尸整体现象

死后第 18 天（平均气温 24.25℃）

2003-7-11，20:26 尸骨周围出现霉斑

死后第 19 天（平均气温 24.80℃）

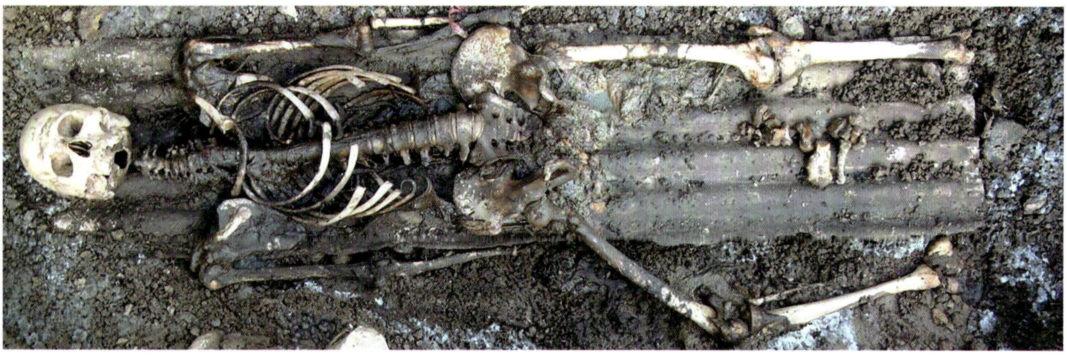

2003-7-12，19:53 尸骨周围霉斑增宽

死后第 20 天（平均气温 25.35℃）

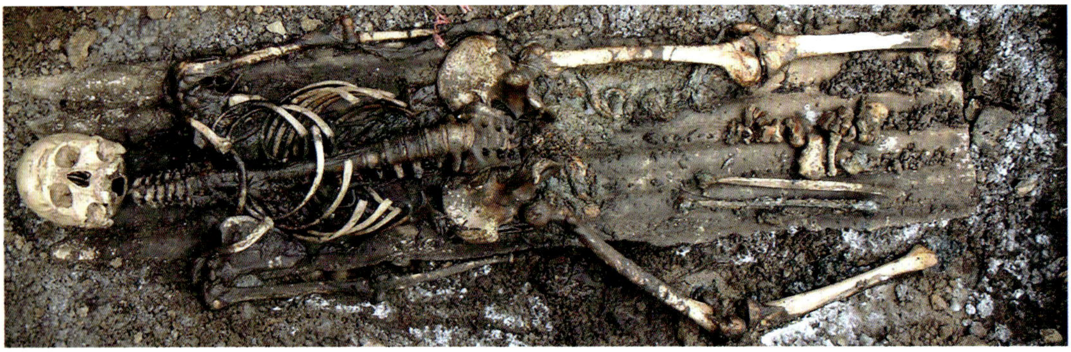

2003-7-13，19:56 尸骨周围霉斑进一步扩散

死后第 24 天（平均气温 26.70℃）

2003-7-17，14:41 全尸整体现象

死后第 27 天（平均气温 22.50℃）

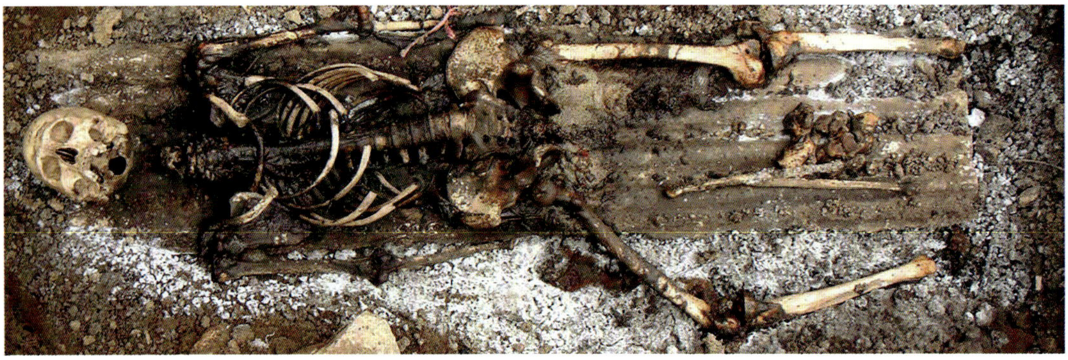

2003-7-20，15:45 与第 24 天并无明显变化

死后第 32 天（平均气温 21.90℃）

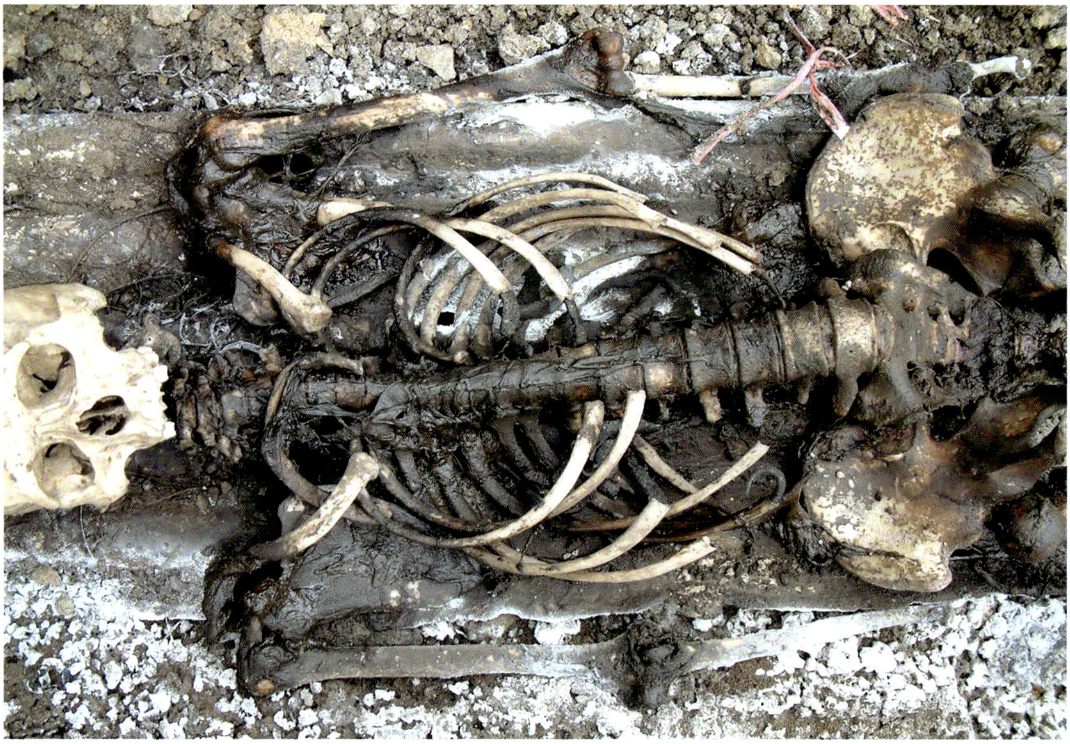

2003-7-25，15:26 霉斑扩展到腐败残留物上

死后第 36 天（平均气温 25.15℃）

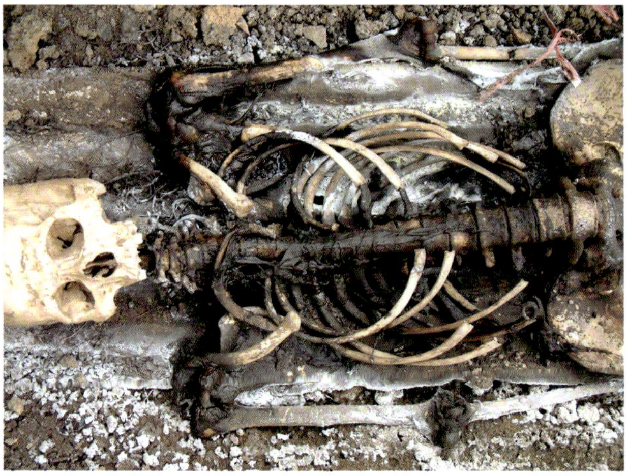

2003-7-29，16:07 关节处残留的软组织有油脂渗出

2003-7-29，16:07 霉斑部分老化

死后第 38 天（平均气温 26.80℃）

2003-7-31，19:08 关节处残留的软组织有油脂渗出

2003-7-31，19:09 霉斑部分老化

死后第 41 天（平均气温 26.15℃）

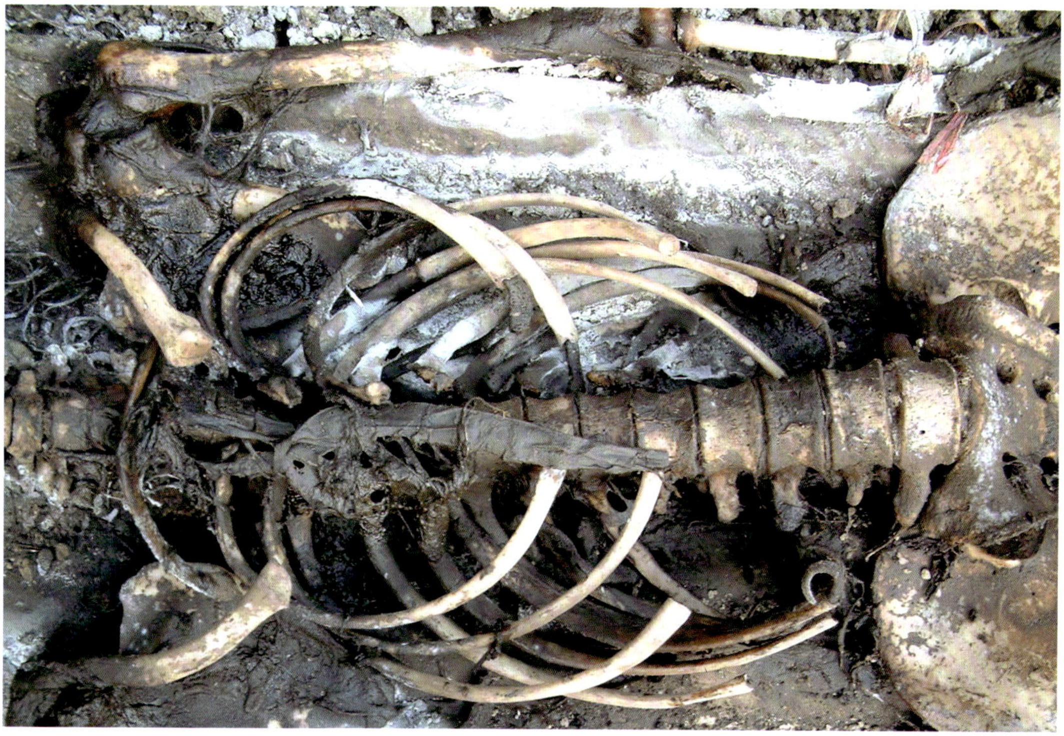

2003-8-3，19:08 胸椎前见干化的主动脉弓及胸主动脉管

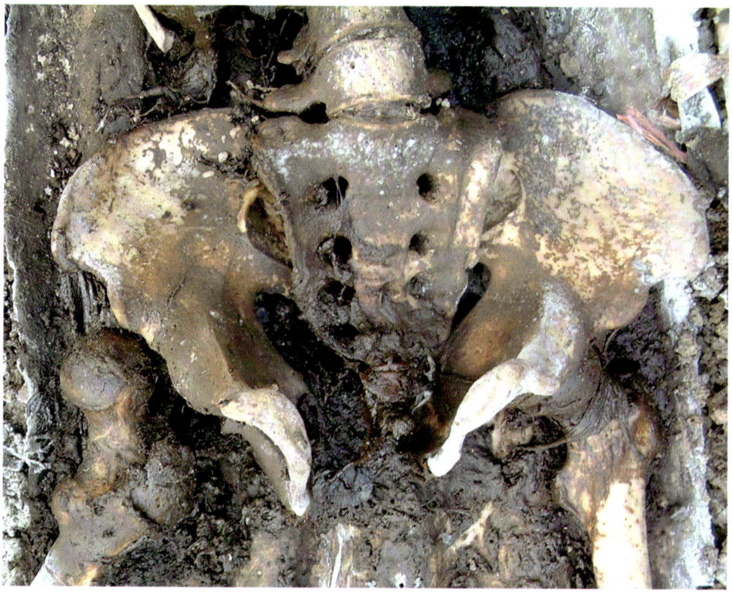

2003-8-3，19:08 霉斑部分老化

死后第 46 天（平均气温 25.70℃）

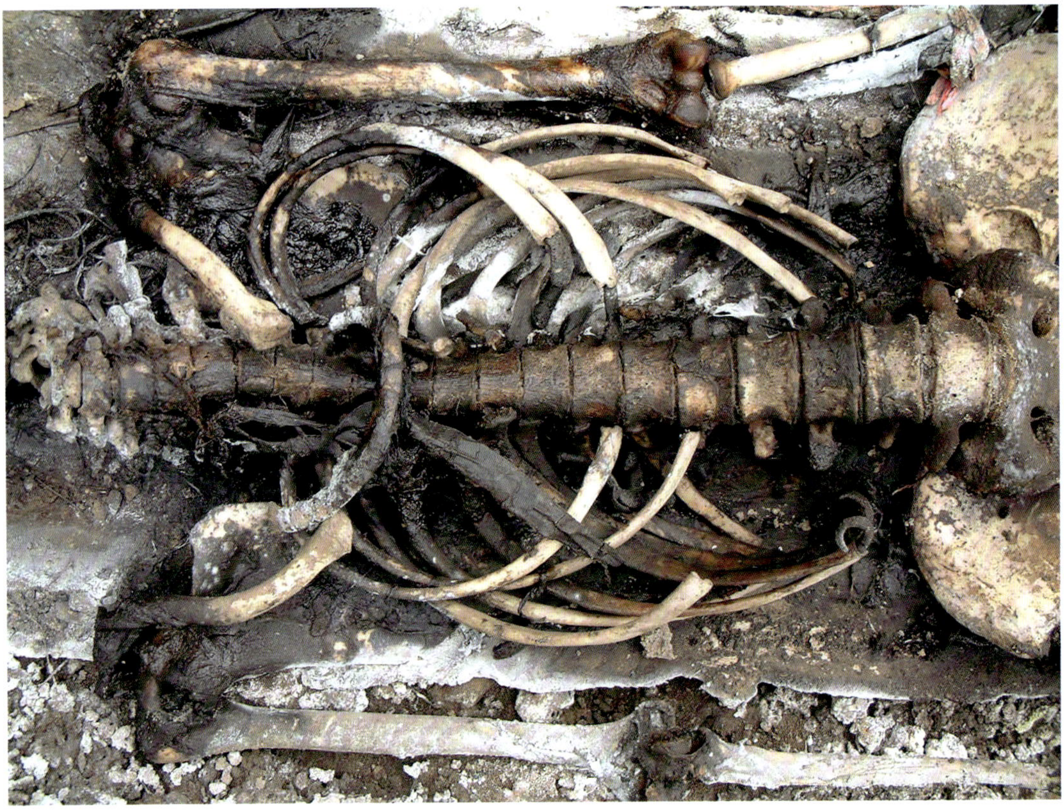

2003-8-8，14:58 尸体上部情况

2003-8-8，14:58 尸体下部情况

死后第 65 天（平均气温 23.10℃）

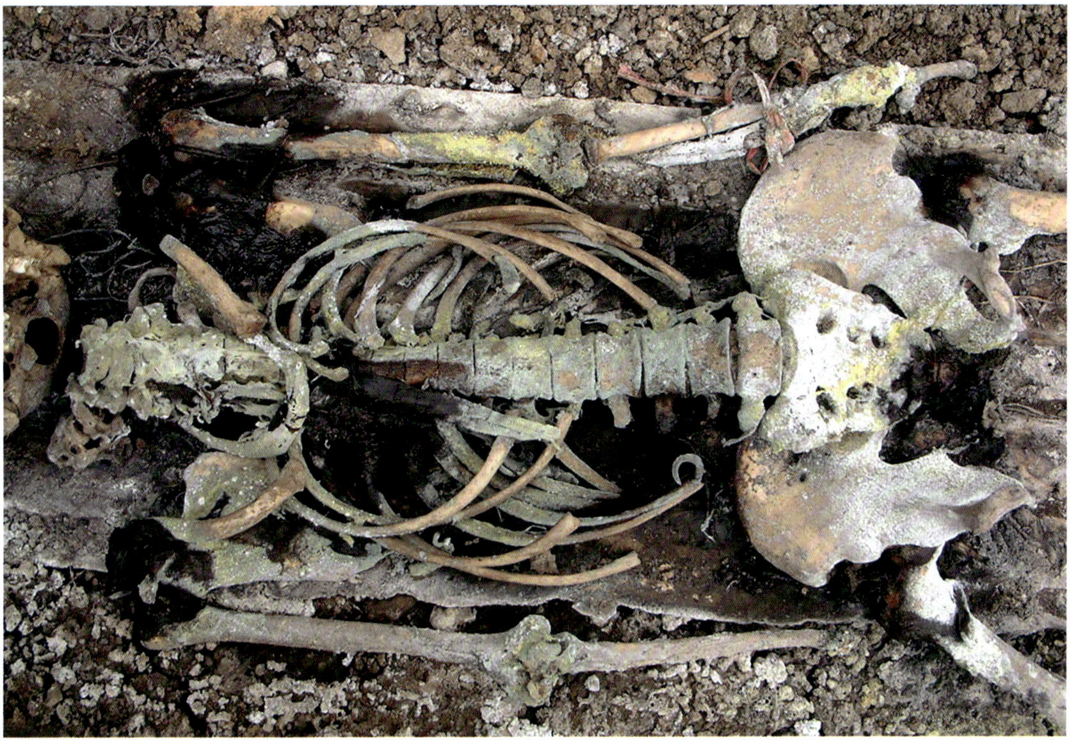

2003-8-27，15:07 霉斑布满整个骨骼，部分呈灰色，部分呈黄色

死后第 83 天（平均气温 22.55℃）

2003-9-14，8:18 与死后第 65 天区别不是很大

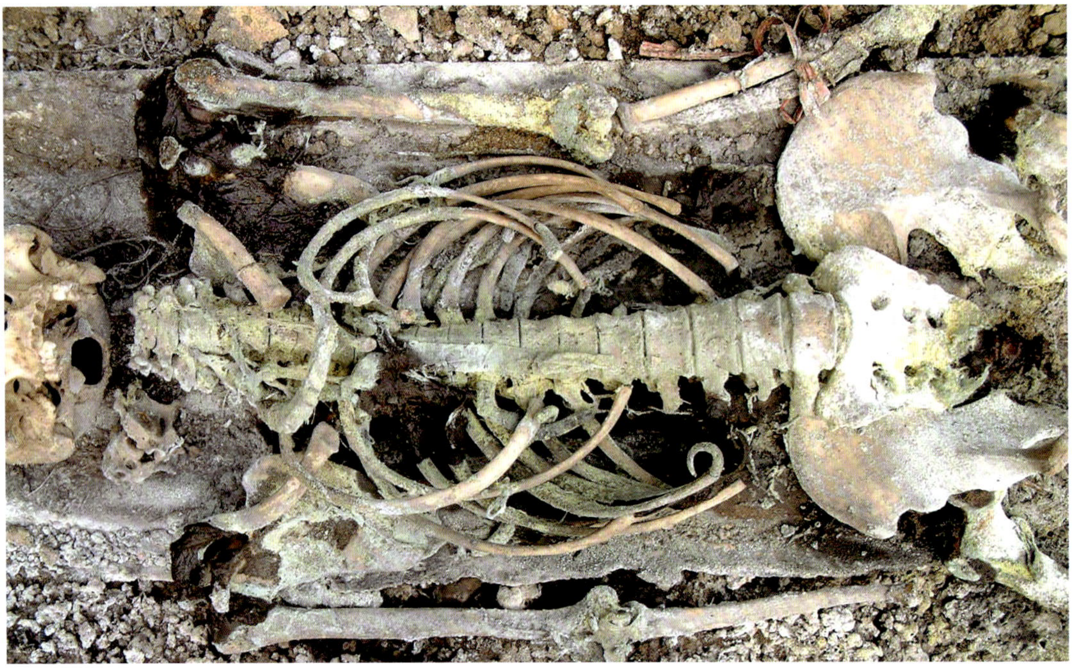

2003-9-14，8:20 尸体上部情况

2003-9-14，8:20 尸体下部情况

第二节 2 号尸体变化与死后经过时间

观察地点在海拔 1115.2~1120.8 米之间的一片松林里的地面上。

从尸体软组织分解，到大部白骨化共 88 天，随后进入干化霉变阶段。在此期间，平均气温为 18.78℃，其中最低气温 0℃，最高气温 31℃；相对湿度平均在 80.78%，其中最低为 28%，最高为 100%。

死后第 1 天（平均气温 10.90℃）

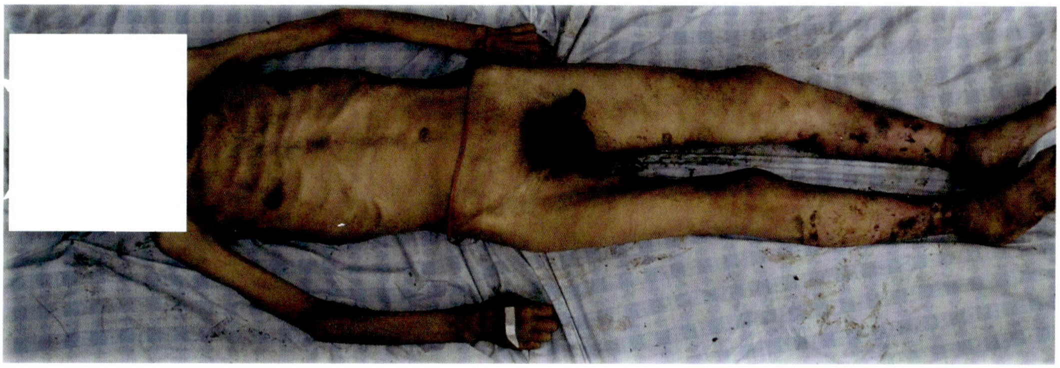

2007-3-26，17:54 全尸整体现象，小腿前后散见大小不同的溃疡面

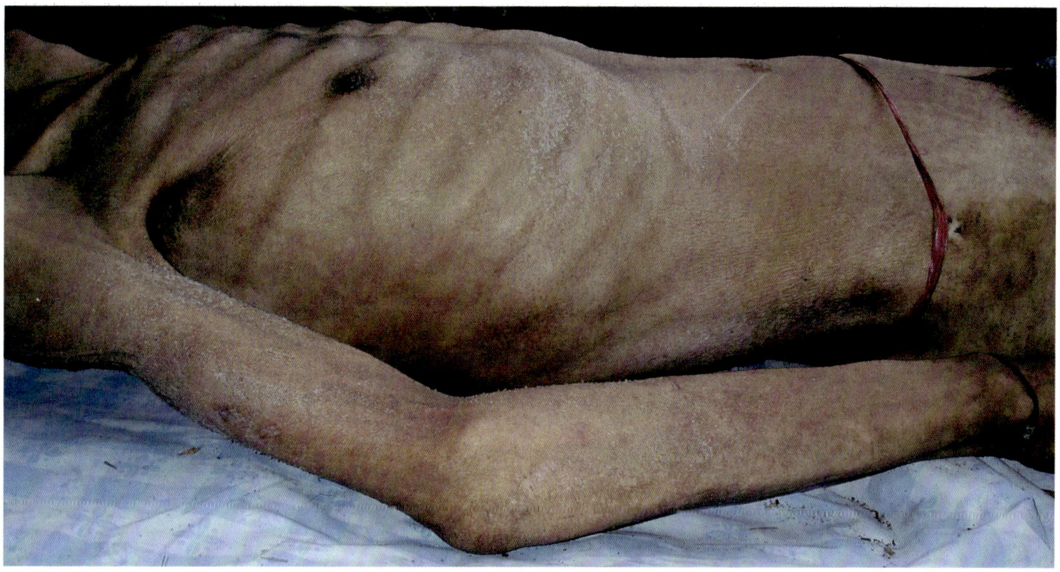

2007-3-26，17:55 胸腹部形态

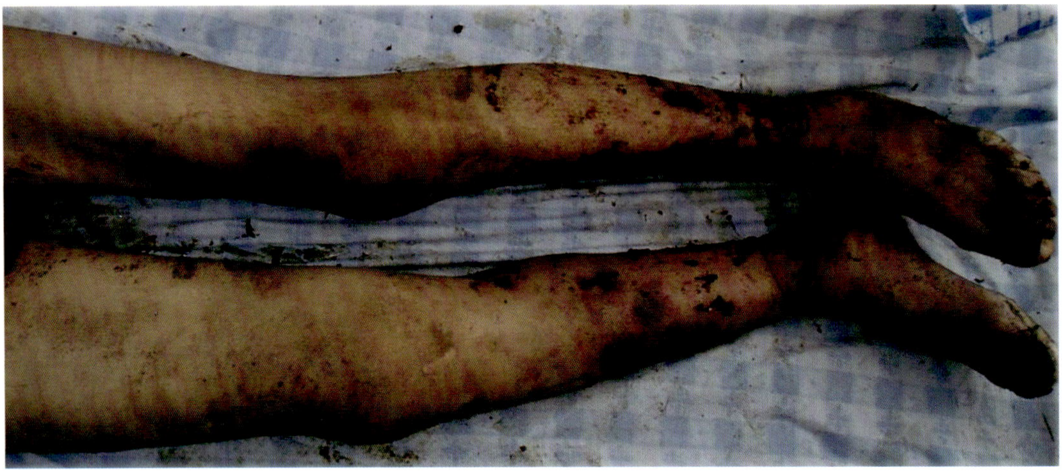

2007-3-26，17:55 下肢情况

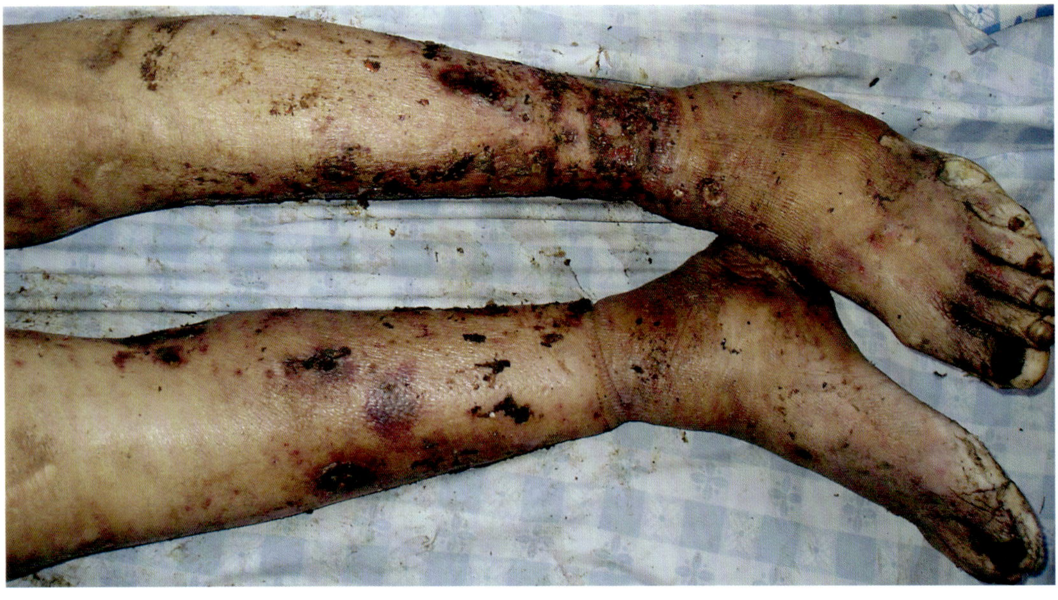

2007-3-26，17:55 小腿前后清晰散见大小不等的溃疡面

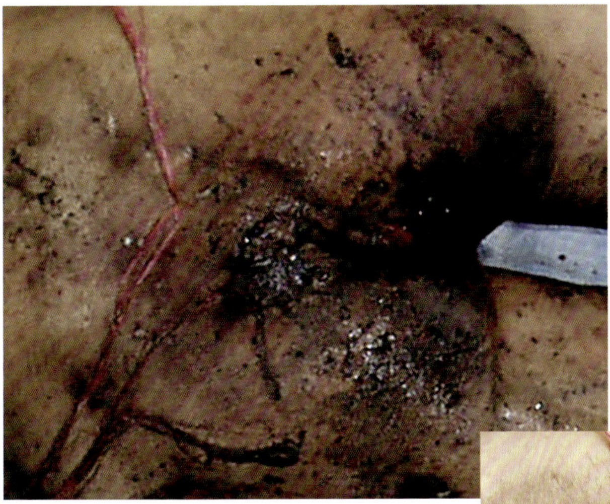

2007-3-26，17:57
肛周见蝇蛆爬动

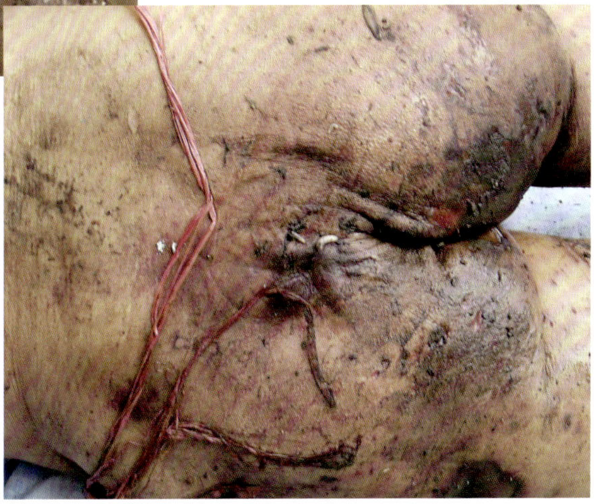

2007-3-26，17:58
肛周清晰可见蝇蛆爬动

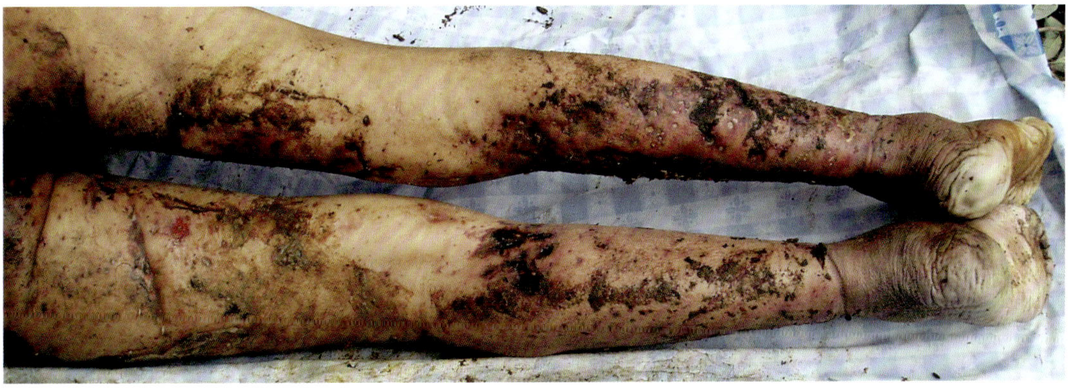

2007-3-26，17:58 下肢现象

死后第 2 天（平均气温 13.90℃）

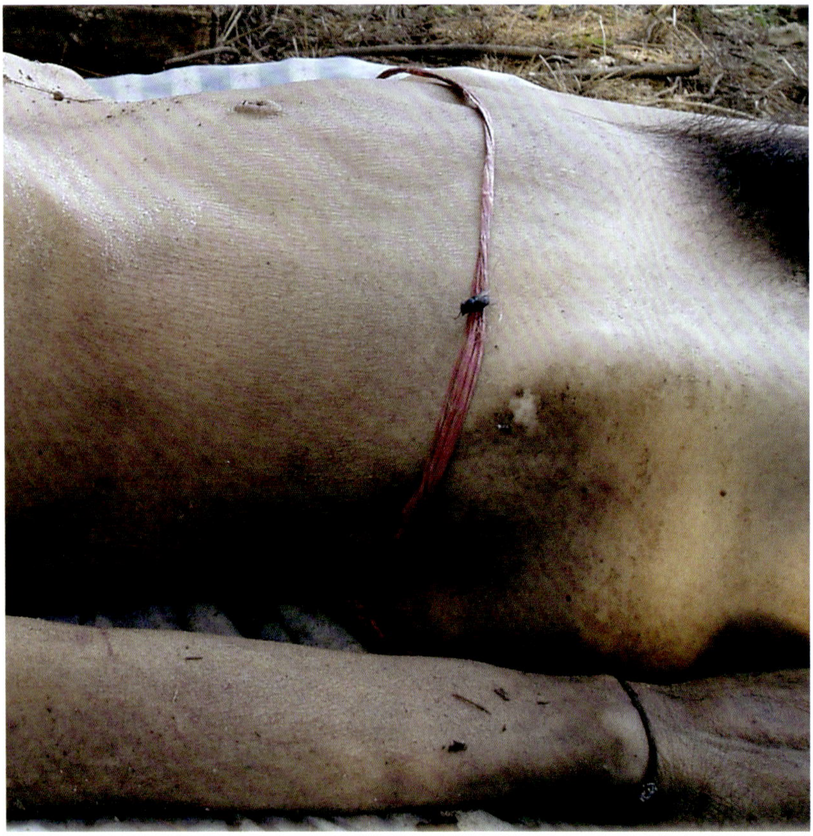

2007-3-27，13:47 腹部微隆起

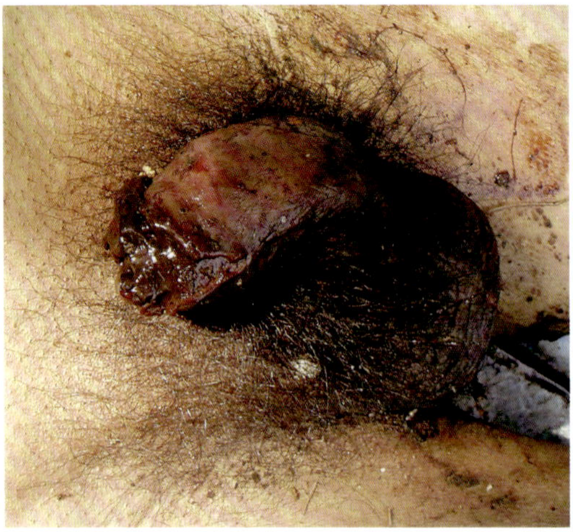

2007-3-27，13:47 阴茎包皮见撕裂创

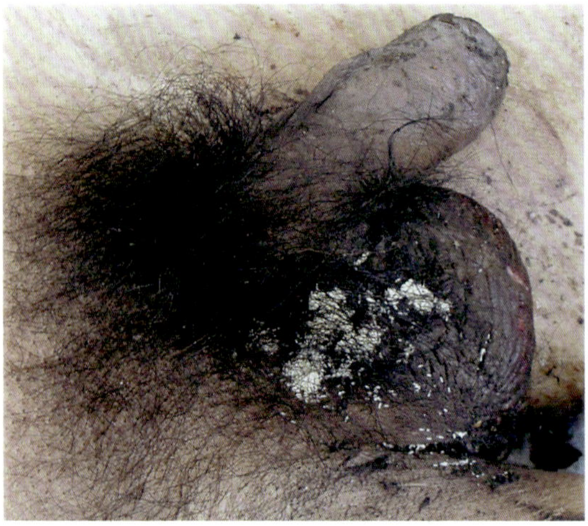

2007-3-27，16:29 阴部见蝇卵

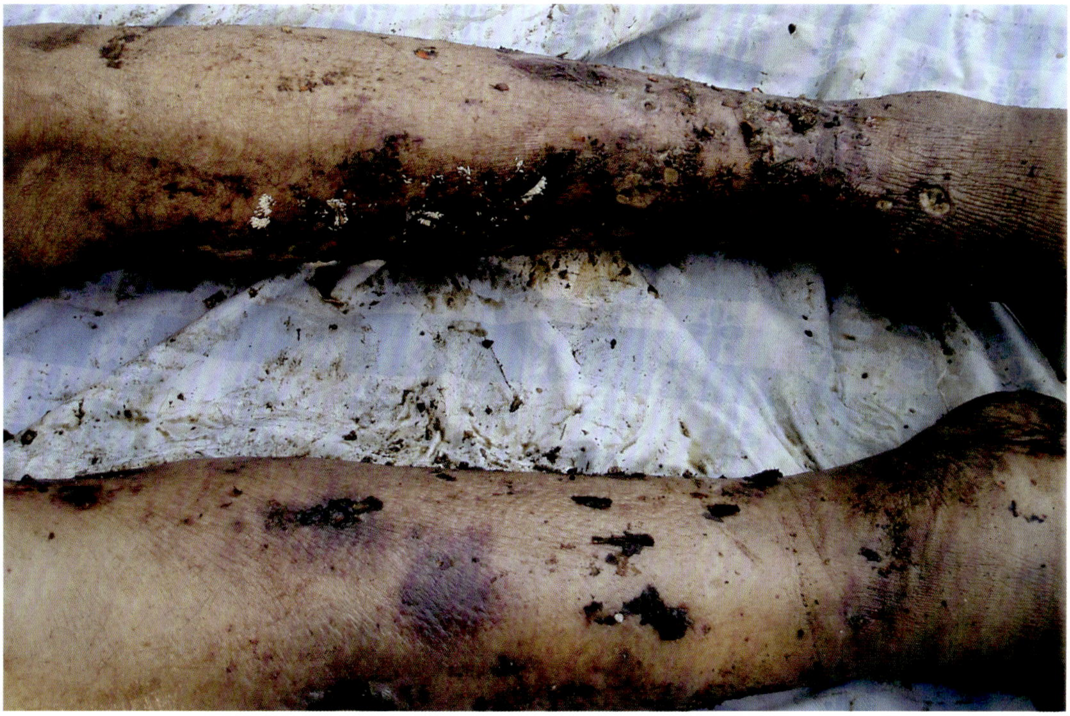

2007-3-27，16:29 左小腿内侧溃疡面见蝇卵

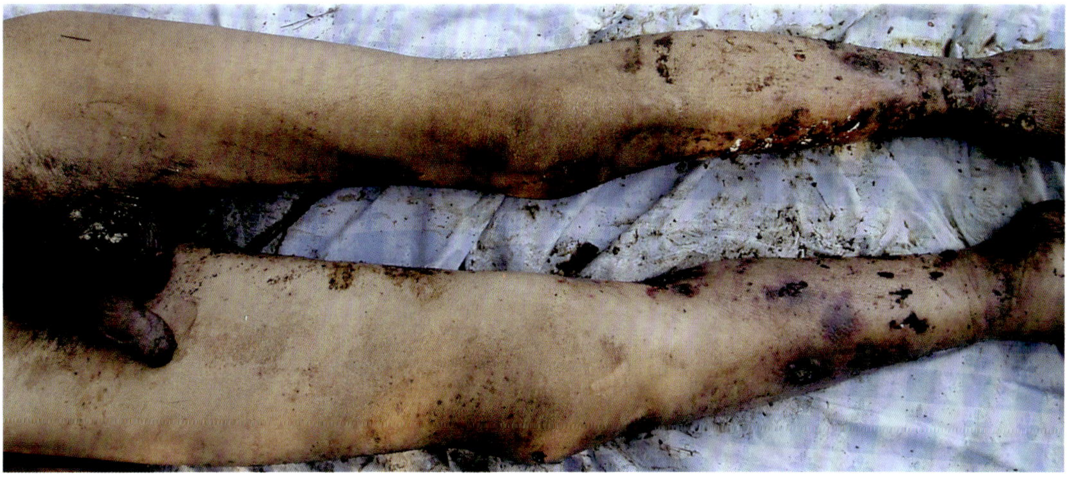

2007-3-27，16:30 阴部及左小腿内侧溃疡面见蝇卵

死后第 3 天（平均气温 16.00℃）

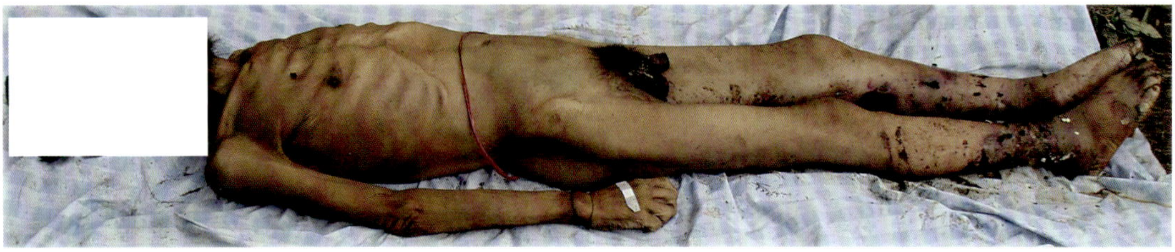

2007-3-28，16:39 全尸整体现象

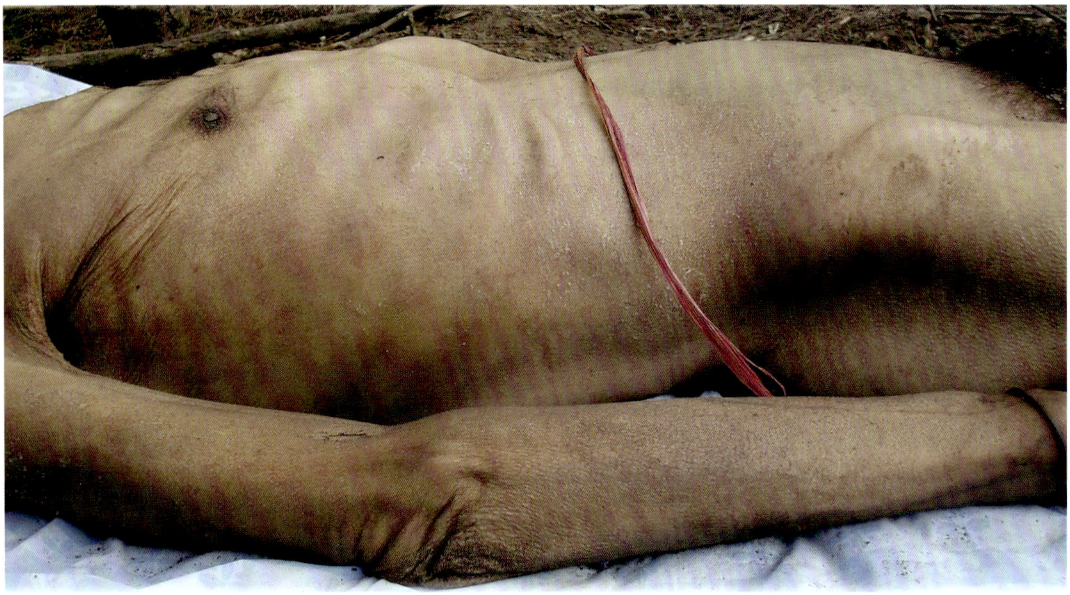

2007-3-28，16:40 右侧观躯干

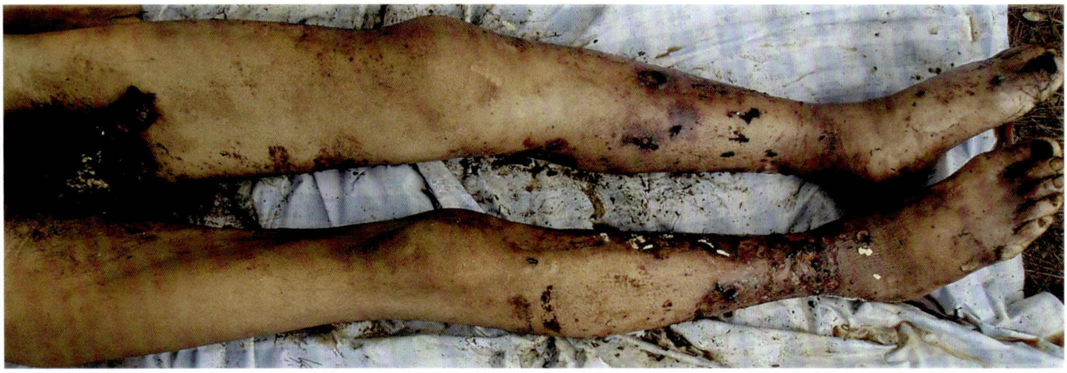

2007-3-28，16:41 阴部及右小腿见蝇卵

死后第 4 天（平均气温 19.00℃）

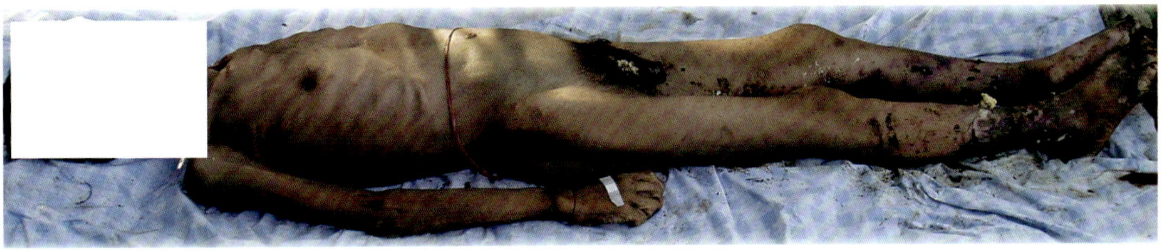

2007-3-29，16:42 全尸整体现象

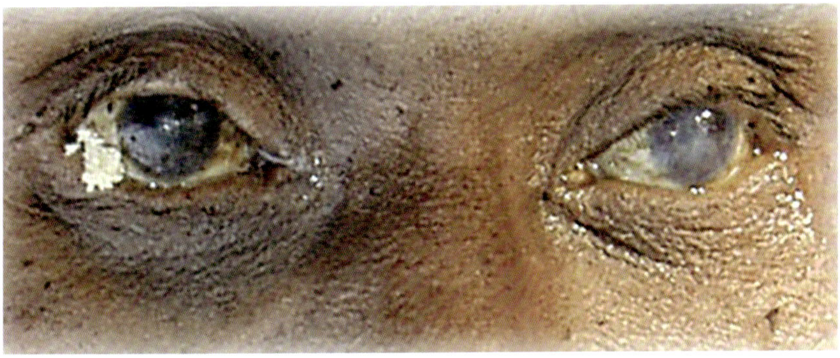

2007-3-29，16:43 眼角见成堆蝇卵

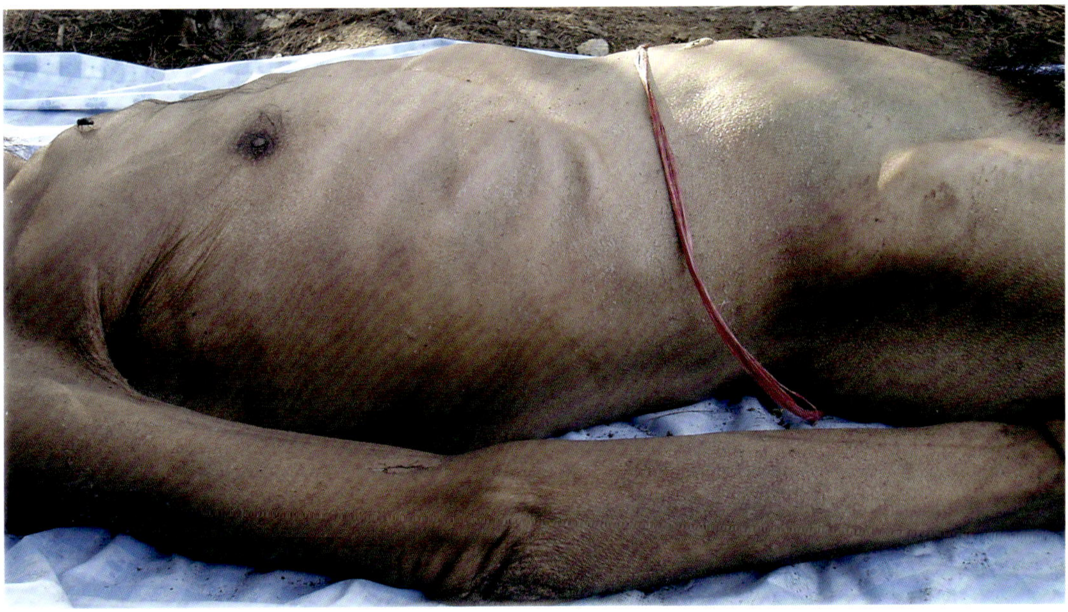

2007-3-29，16:43 右侧观腹部现象

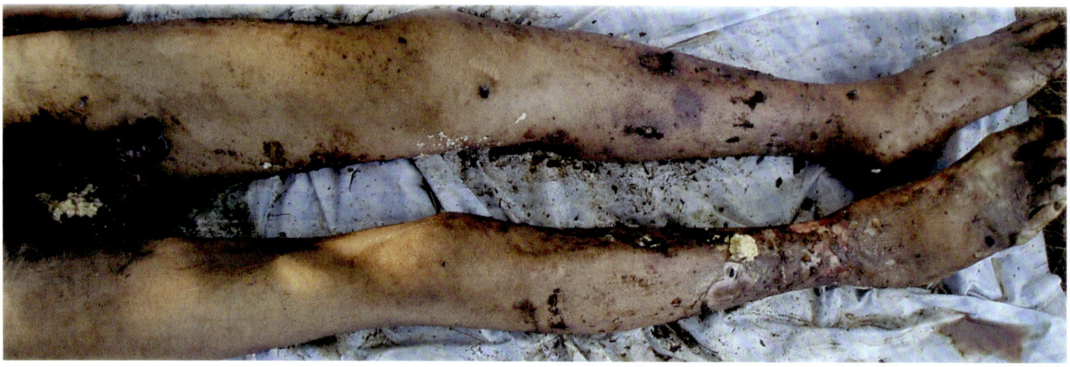

2007-3-29，16:44 前面观下肢现象

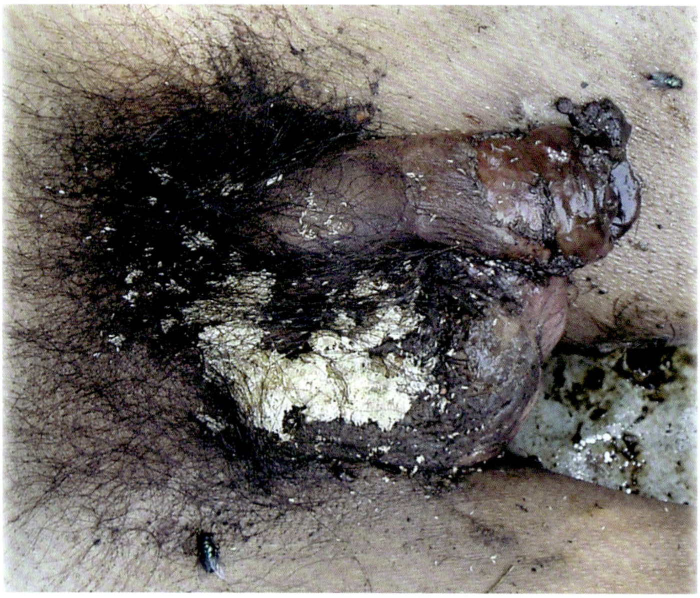

2007-3-29，16:44 阴部见成堆蝇卵

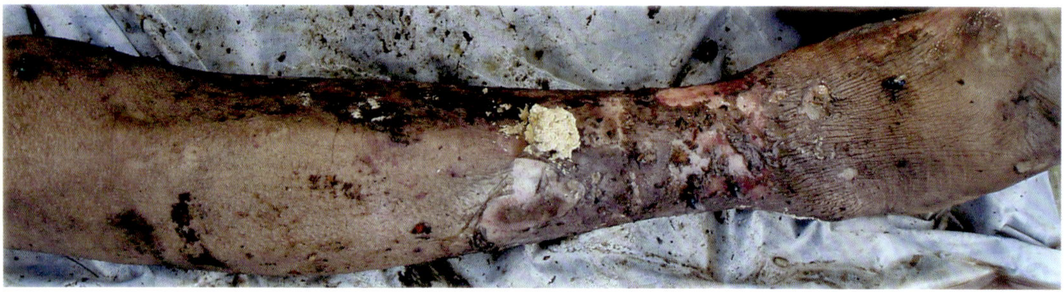

2007-3-29，16:44 右小腿见成堆蝇卵

死后第 5 天（平均气温 21.50℃）

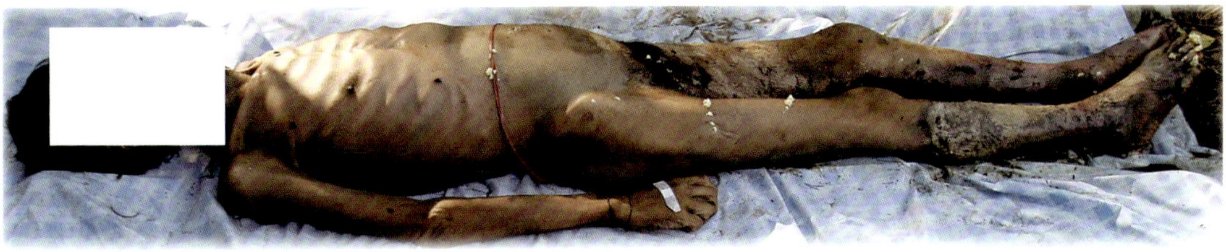

2007-3-30，16:17 腹部明显隆起

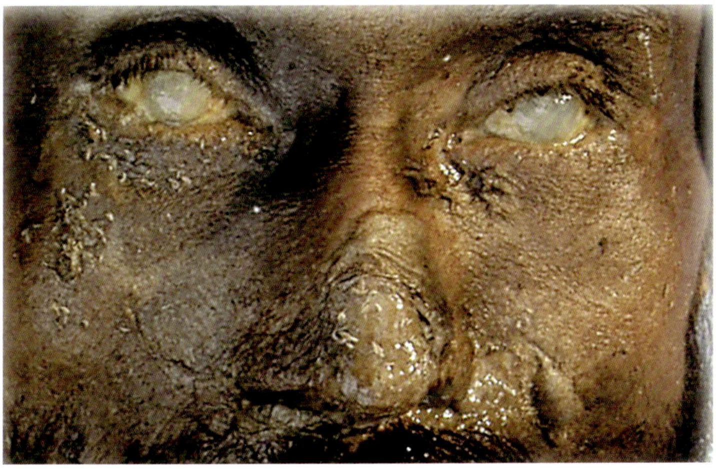

2007-3-30，16:17
角膜高度浑浊，面部布满蝇蛆

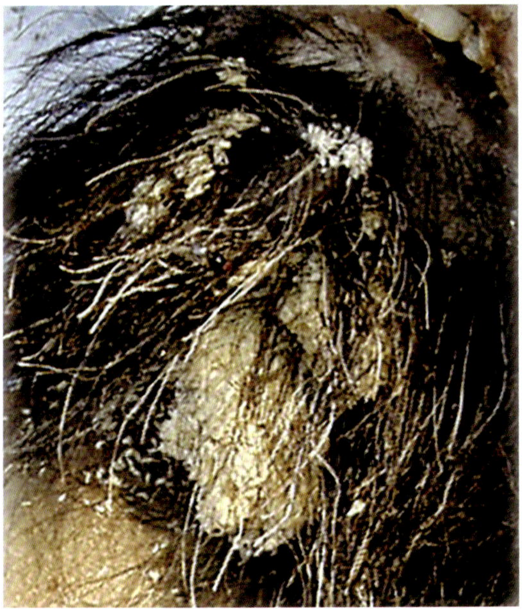

2007-3-30，16:19
胡须中见成堆蝇卵

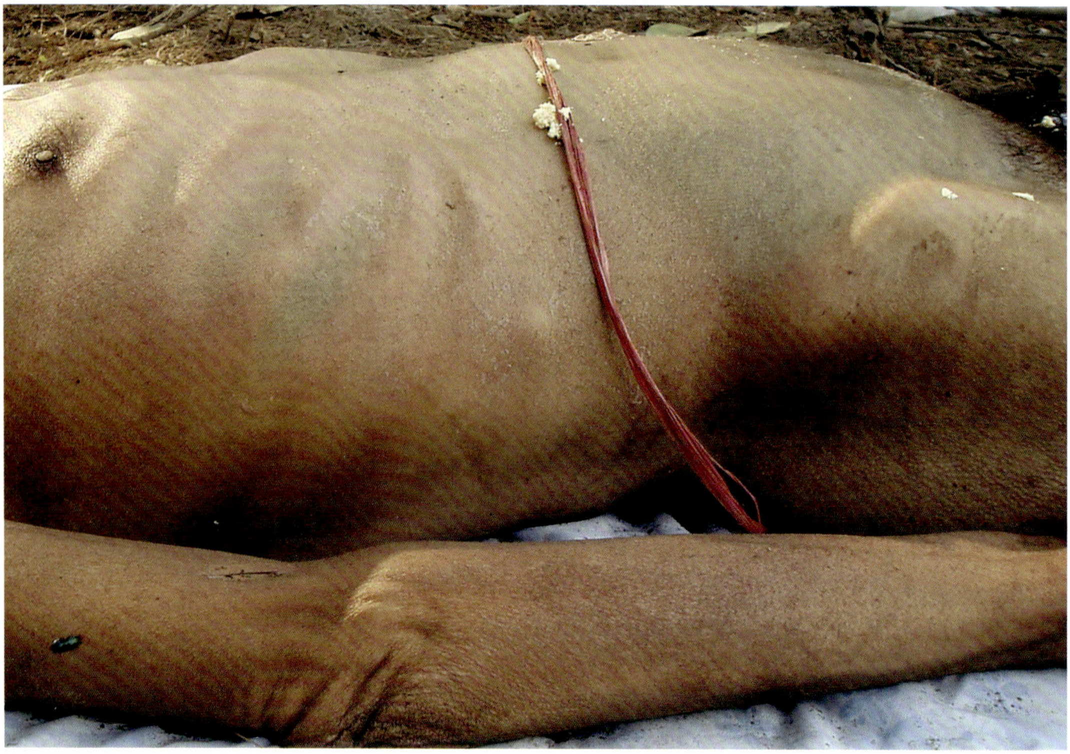

2007-3-30，16:18 腹部见成堆蝇卵

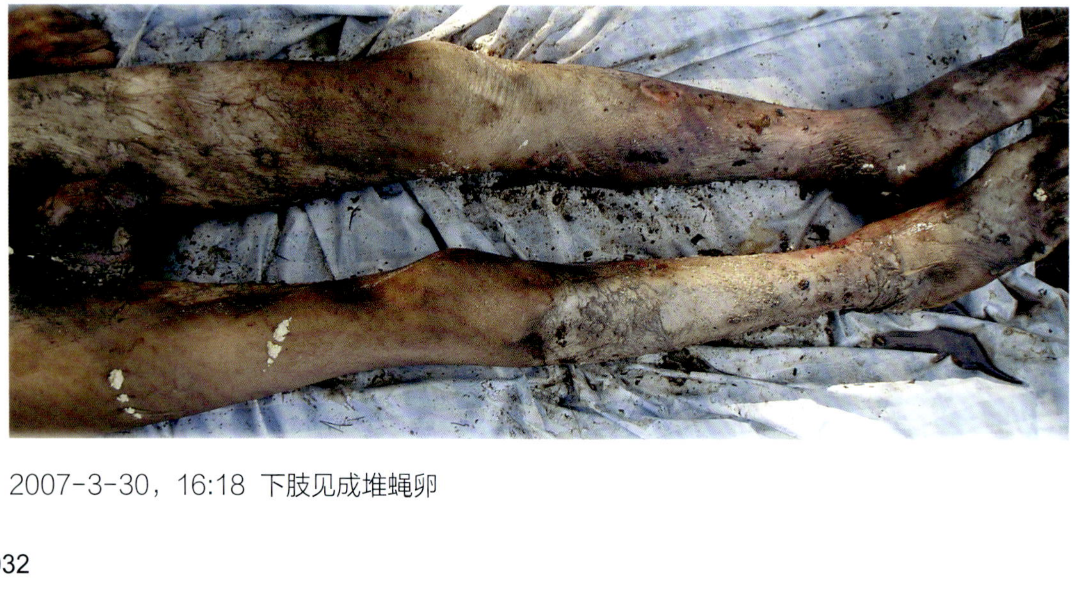

2007-3-30，16:18 下肢见成堆蝇卵

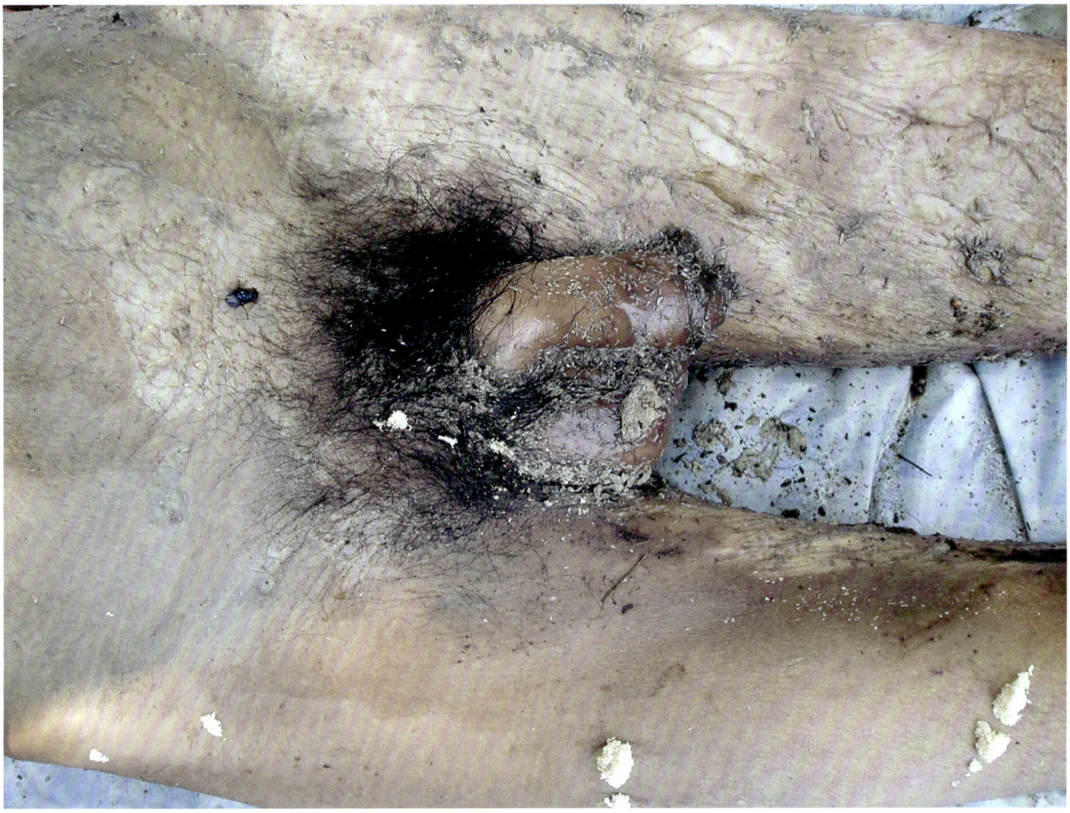

2007-3-30，16:18 阴部布满蝇蛆及蝇卵

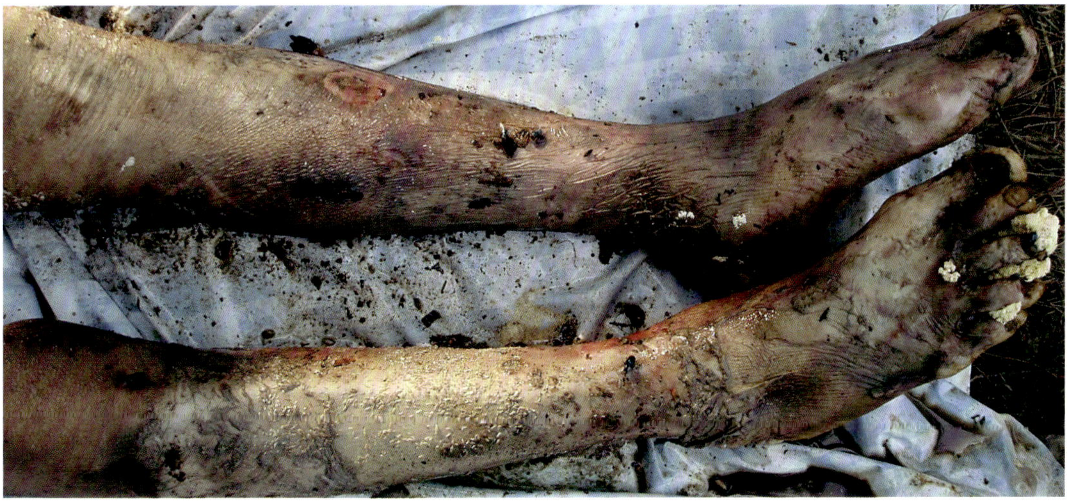

2007-3-30，16:19 小腿布满蝇蛆，趾间见成团蝇卵

死后第 6 天（平均气温 20.75℃）

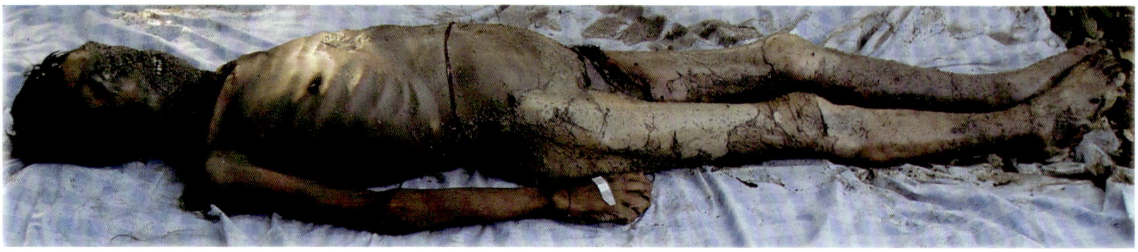

2007-3-31，16:45 全尸整体现象

2007-3-31，16:46 腹部明显隆起，部分表皮剥脱

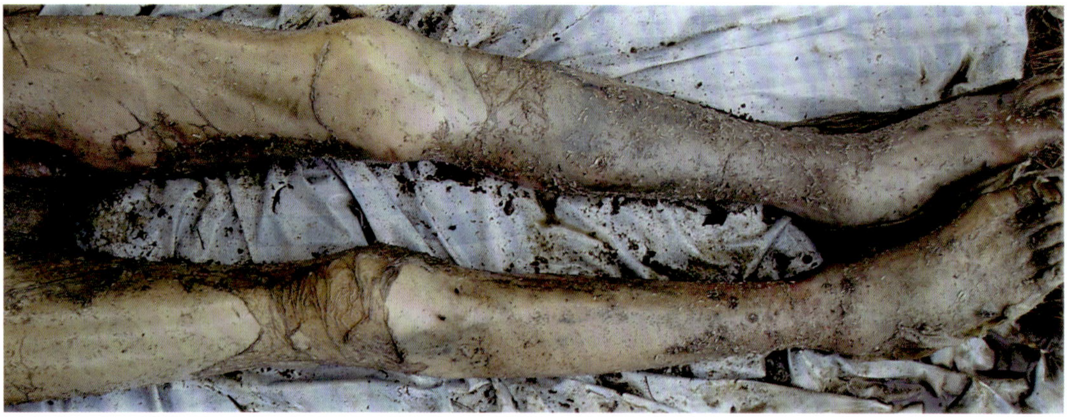

2007-3-31，16:46 部分表皮剥脱

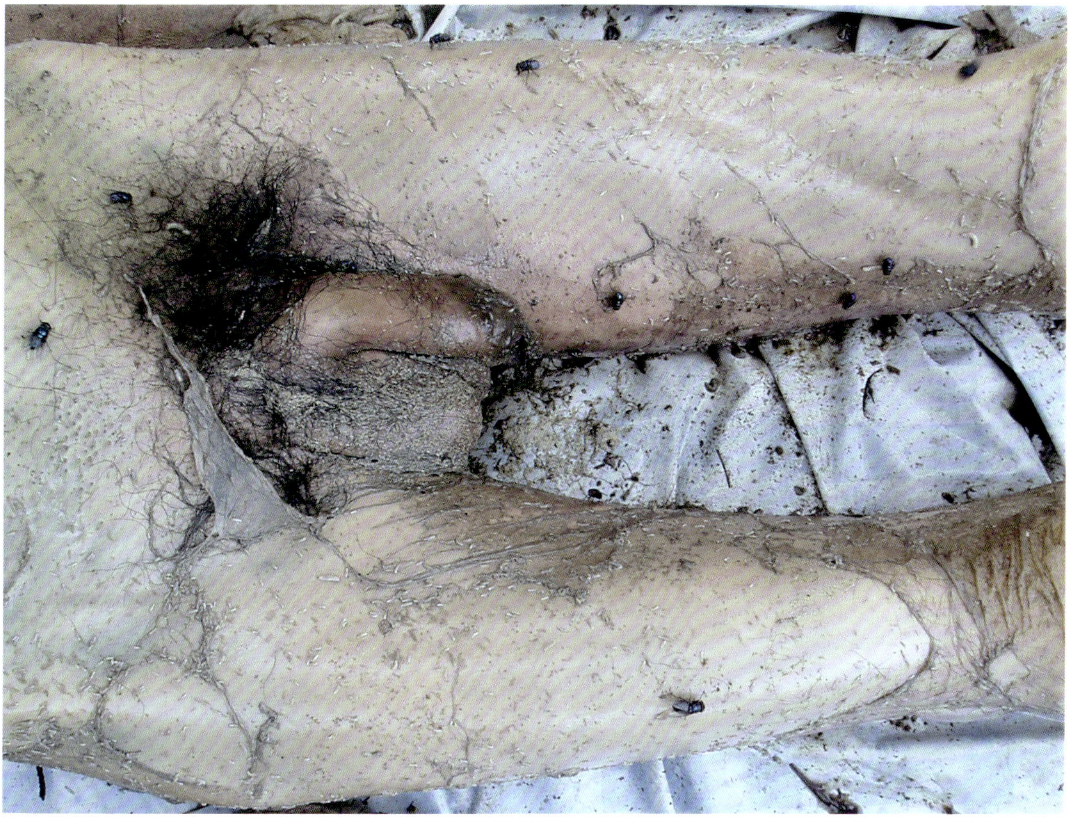

2007-3-31，16:47 阴部及大腿大部表皮剥脱

2007-3-31，16:47 足底表皮部分剥脱

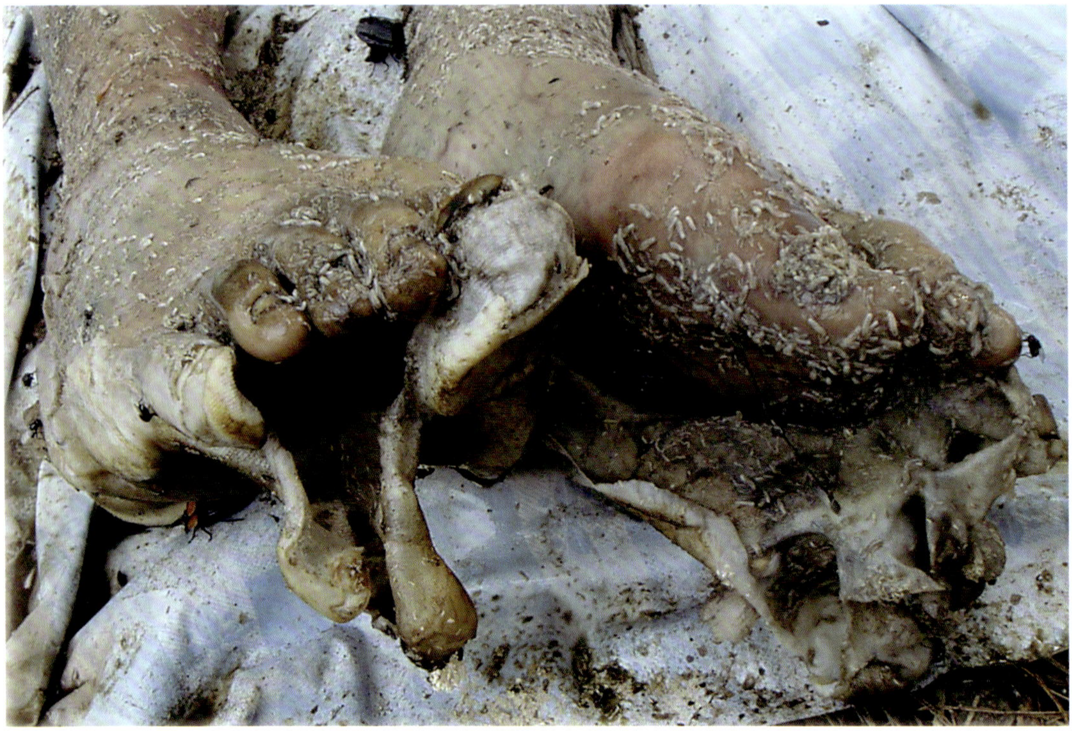

2007-3-31，16:47 足底表皮部分剥脱

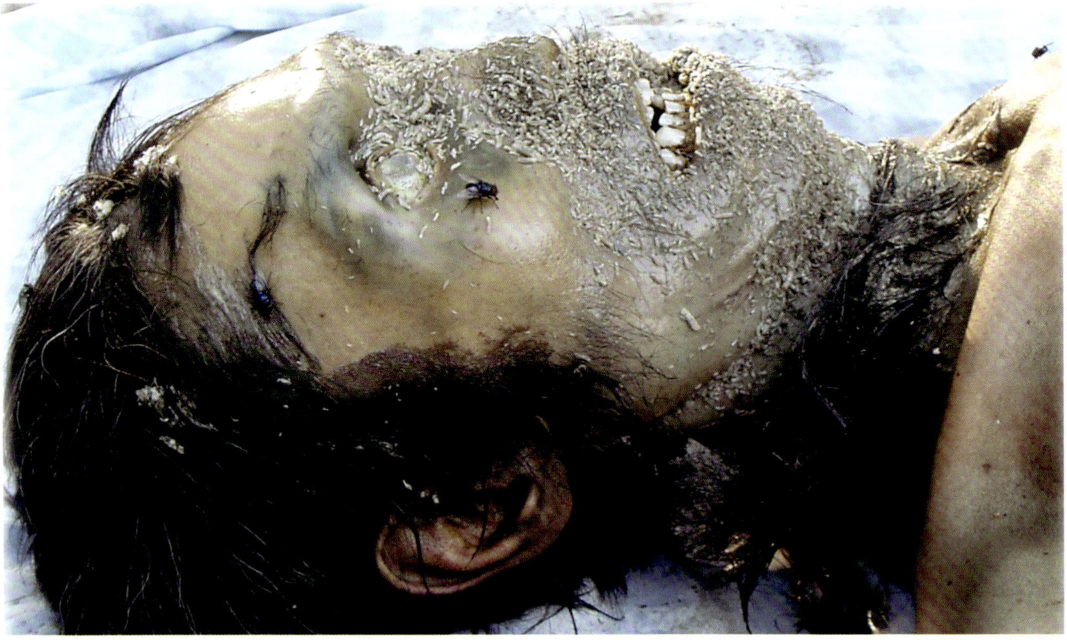

2007-3-31，16:49 面部布满蝇蛆

死后第 7 天（平均气温 19.90℃）

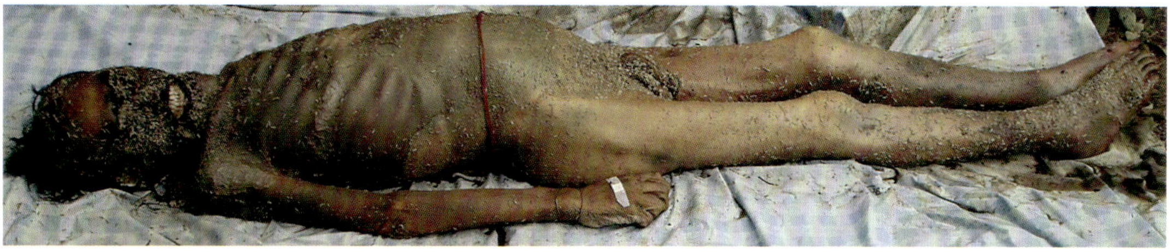

2007-4-1，16:13 全尸整体现象

2007-4-1：16:13 面部布满大小不一蝇蛆

2007-4-1，16:13 体表布满大小不一蝇蛆

2007-4-1，16:14 下肢布满大小不一蝇蛆

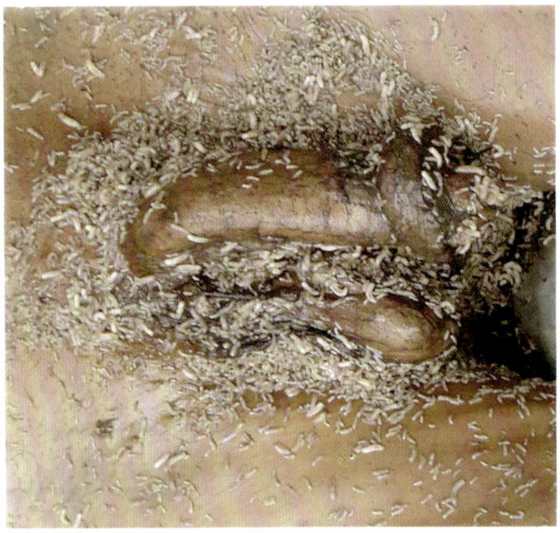

2007-4-1，16:14 阴部布满大小不一蝇蛆

2007-4-1，16:14
双足底表皮大部剥脱

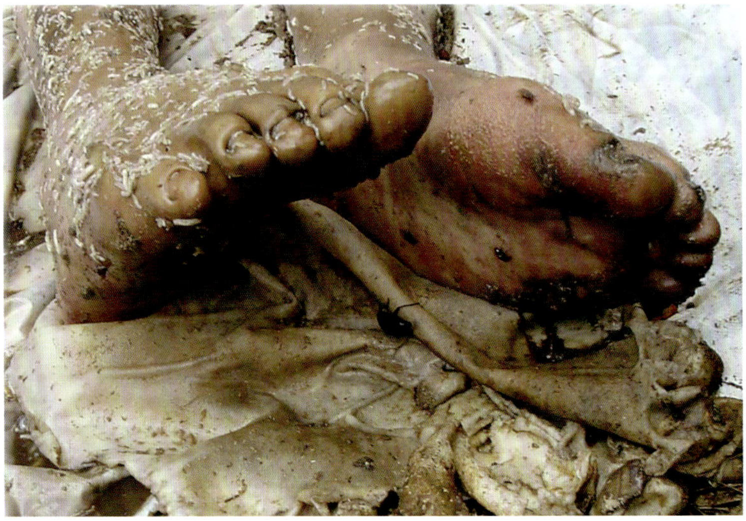

2007-4-1，16:15 头面部左侧布满大小不一蝇蛆，面部皮肤被蝇蛆咬食出若干孔洞

2007-4-1，16:16 头面部左侧布满大小不一蝇蛆，头发脱落

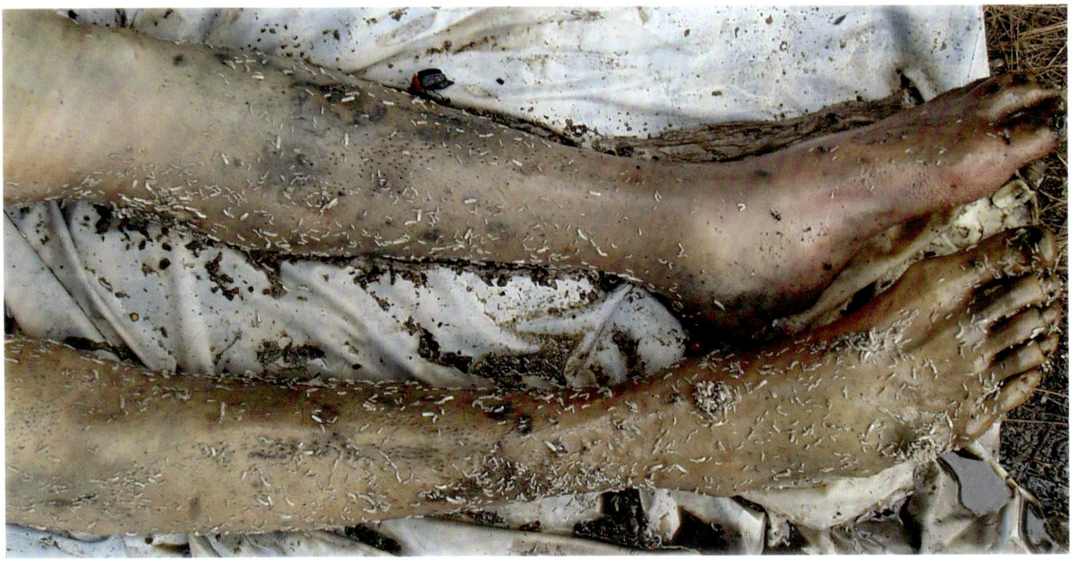

2007-4-1，16:18 下肢下段布满大小不一蝇蛆

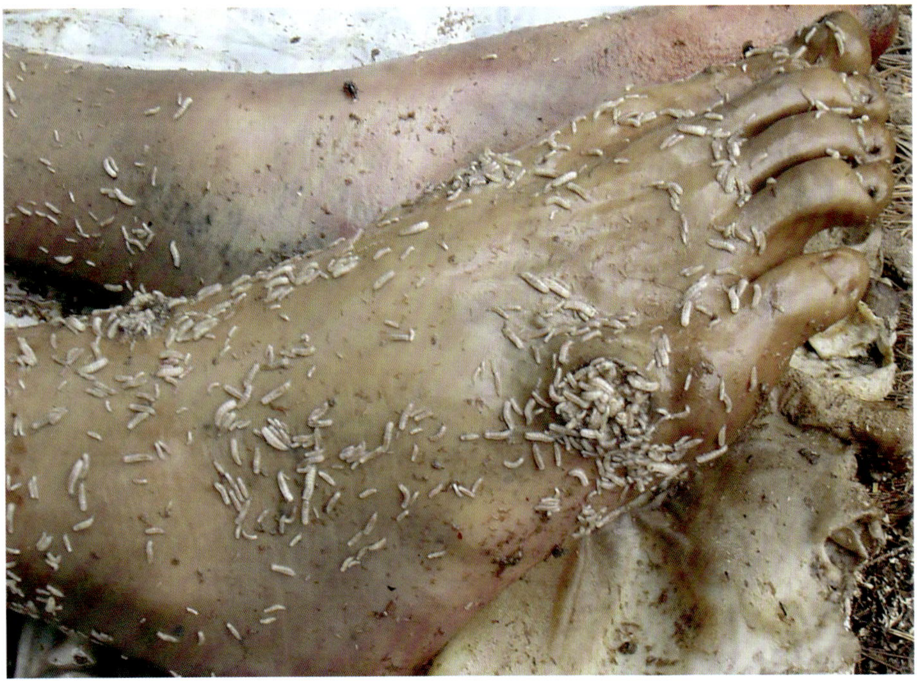

2007-4-1，16:19 右脚外侧被蝇蛆咬食出一个圆孔

死后第 8 天（平均气温 4.25℃）

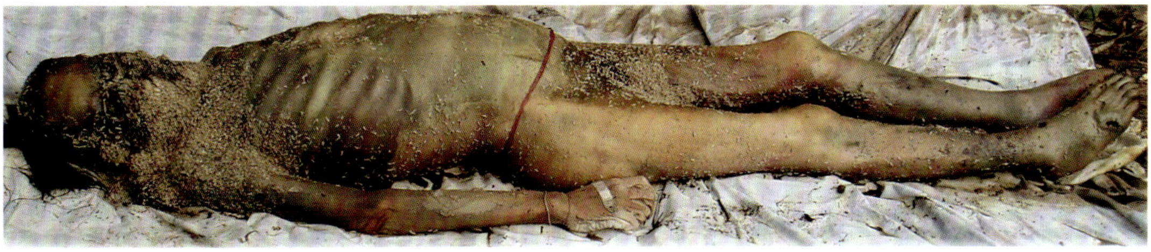

2007-4-2，16:16 全尸整体现象

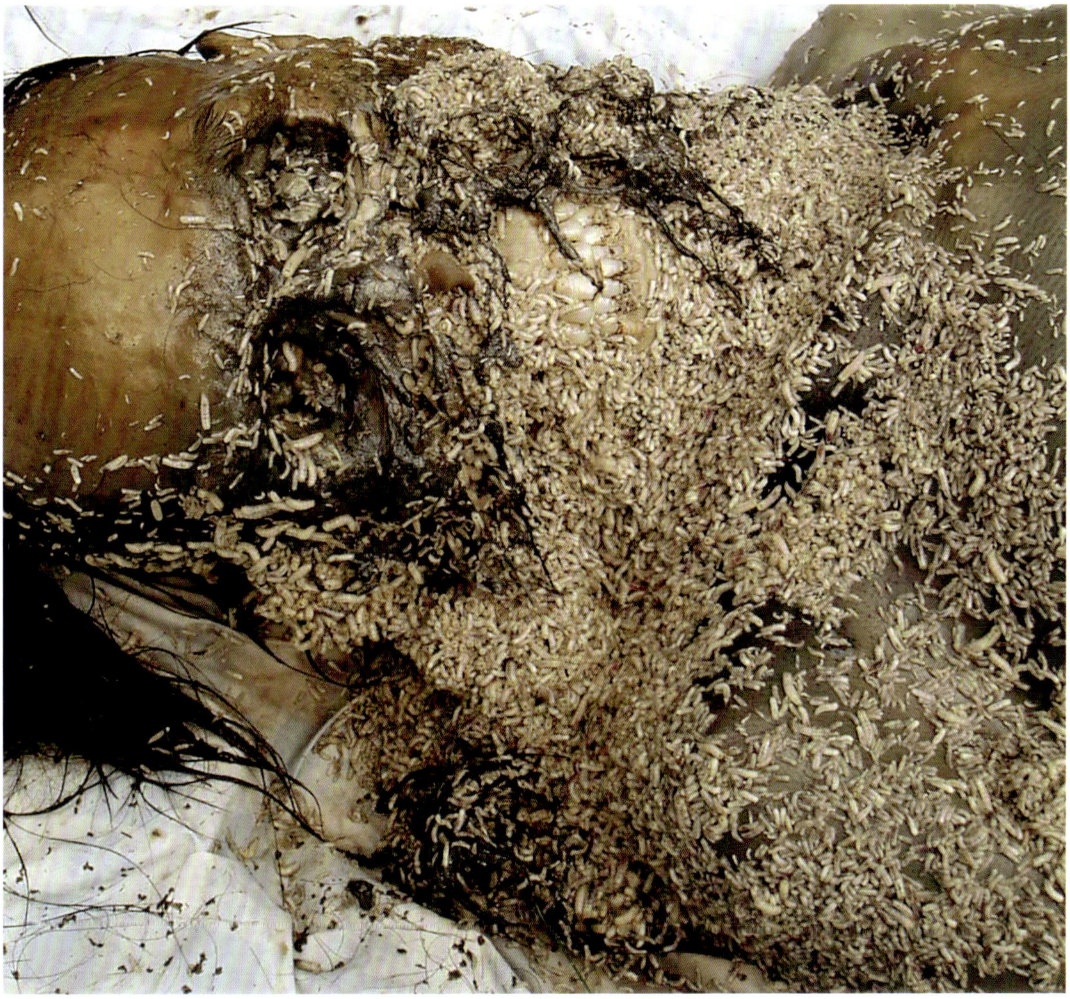

2007-4-2，16:16 右侧颈部现象

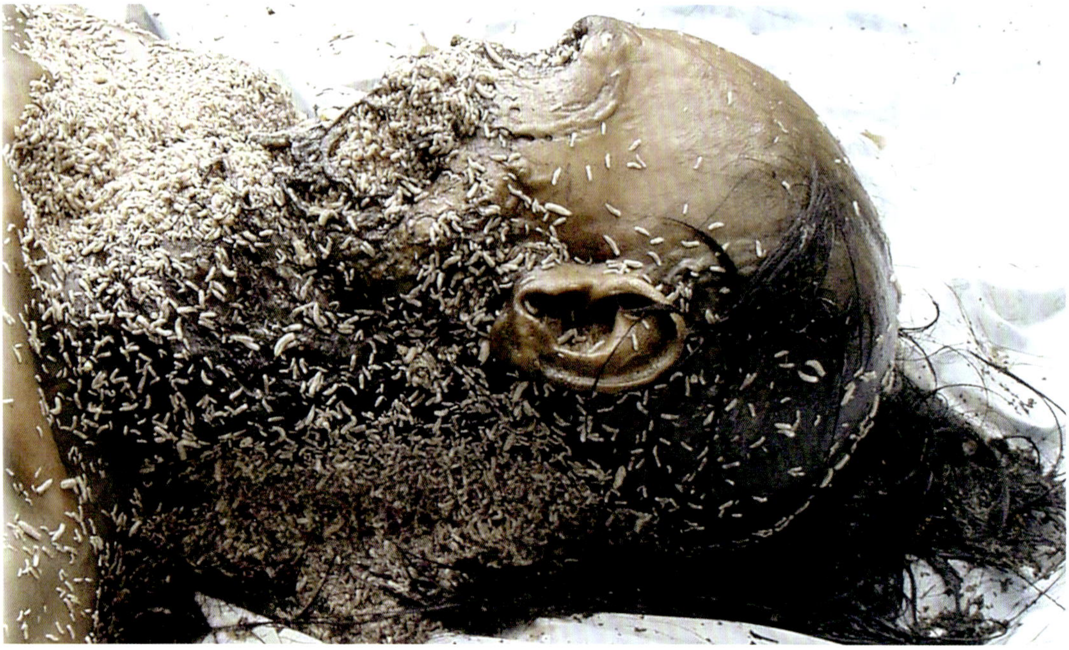

2007-4-2，16:16 左侧颈部现象

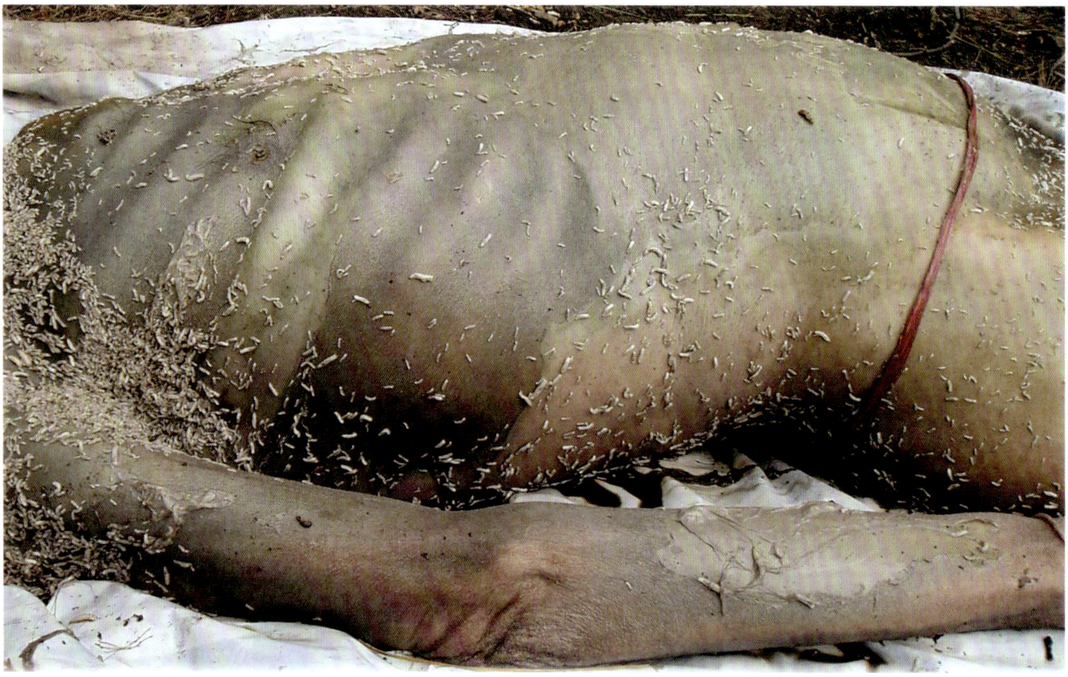

2007-4-2，16:16 尸表布满大小不一蝇蛆

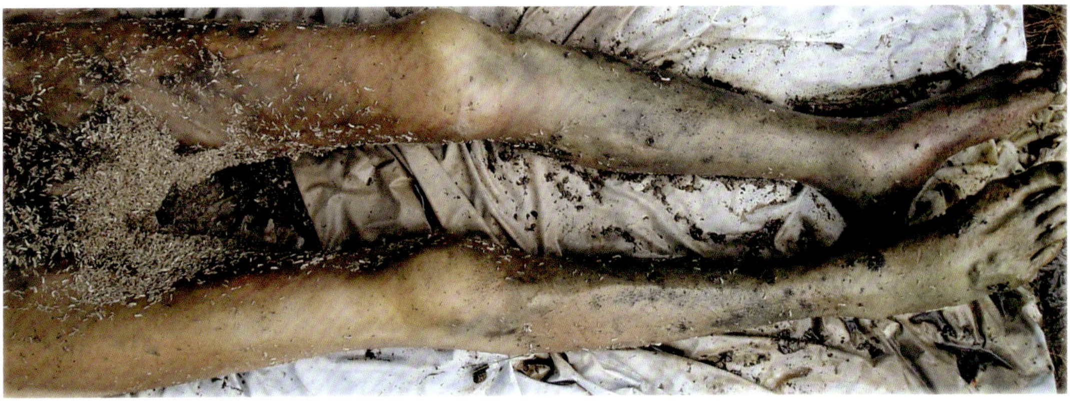

2007-4-2，16:16 前面观阴部现象

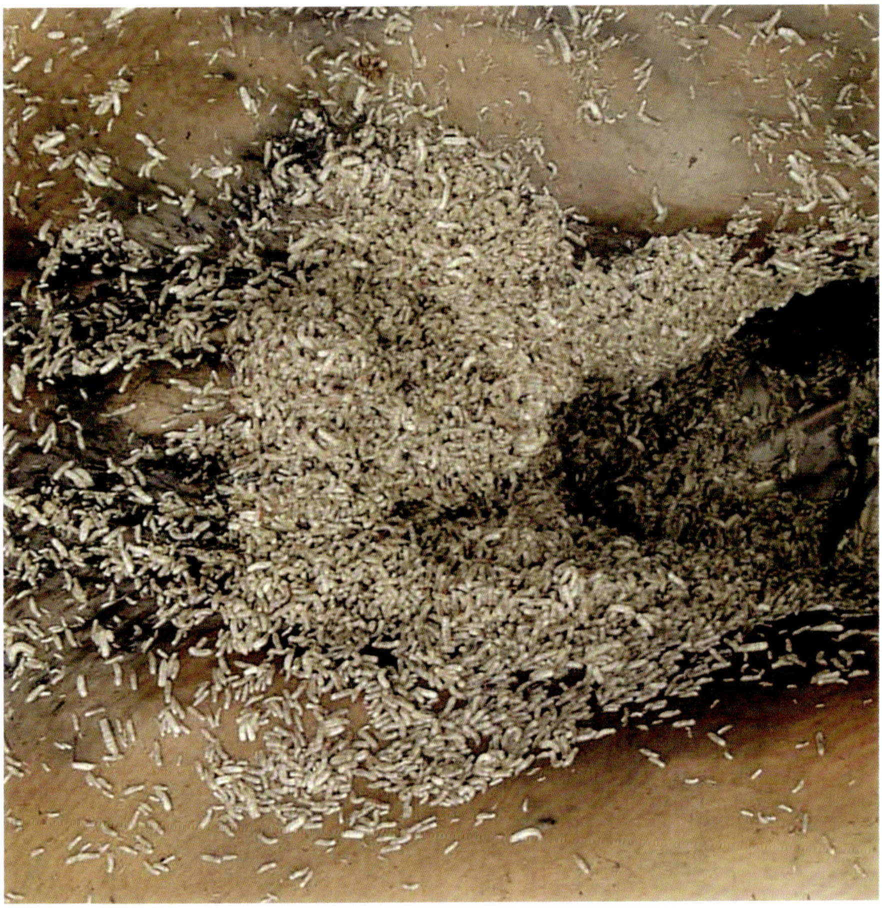

2007-4-2，16:17 放大后的阴部现象

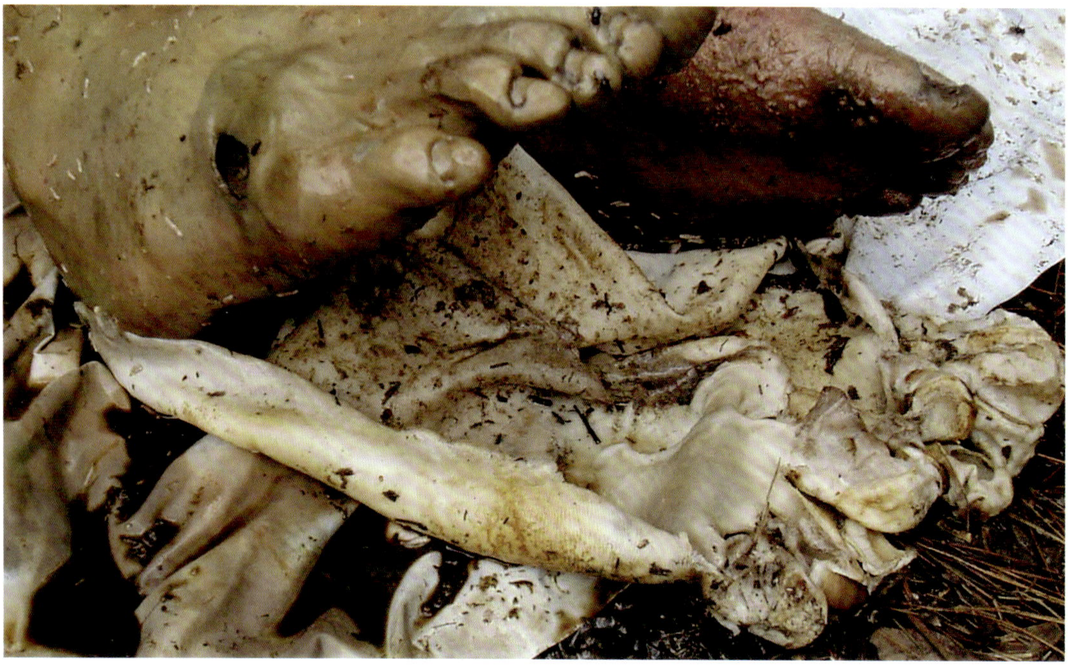

2007-4-2，16:17 双足底剥脱的表皮现象

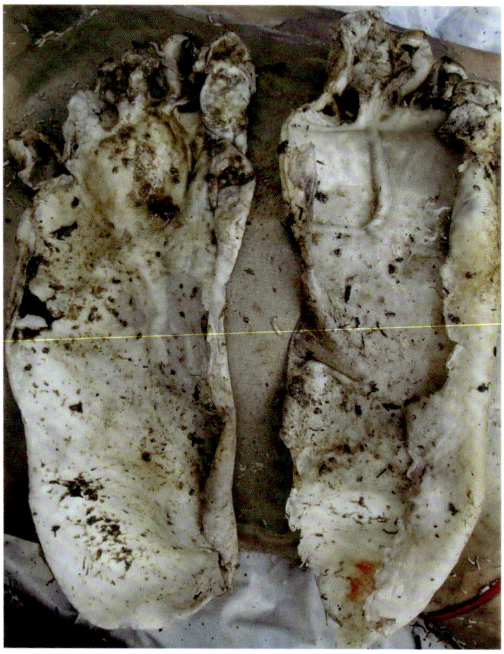

2007-4-2，16:17 内面观双足底剥脱的表皮

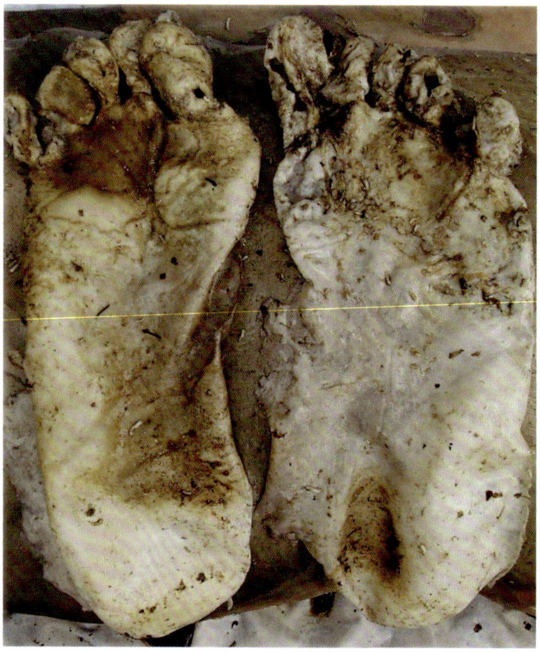

2007-4-2，16:23 底面观双足底剥脱的表皮

死后第 9 天（平均气温 1.75℃）

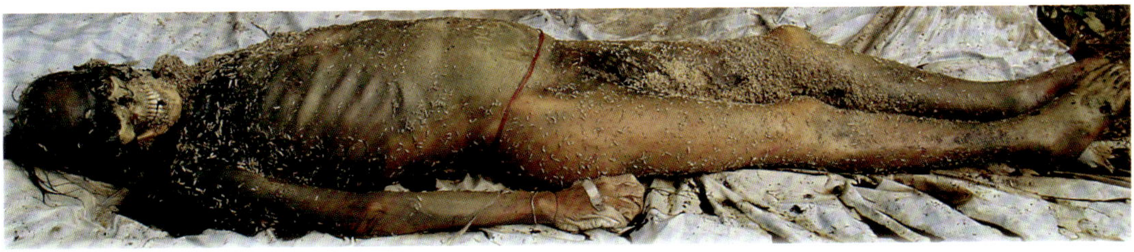

2007-4-3，15:19 全尸整体现象

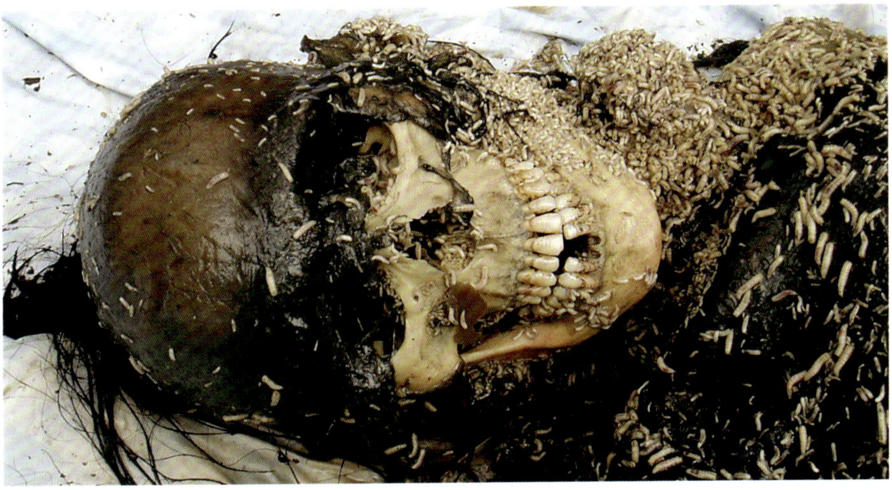

2007-4-3，15:19 面颅骨大部白骨化

2007-4-3，15:19 左侧头颈部蝇蛆活跃

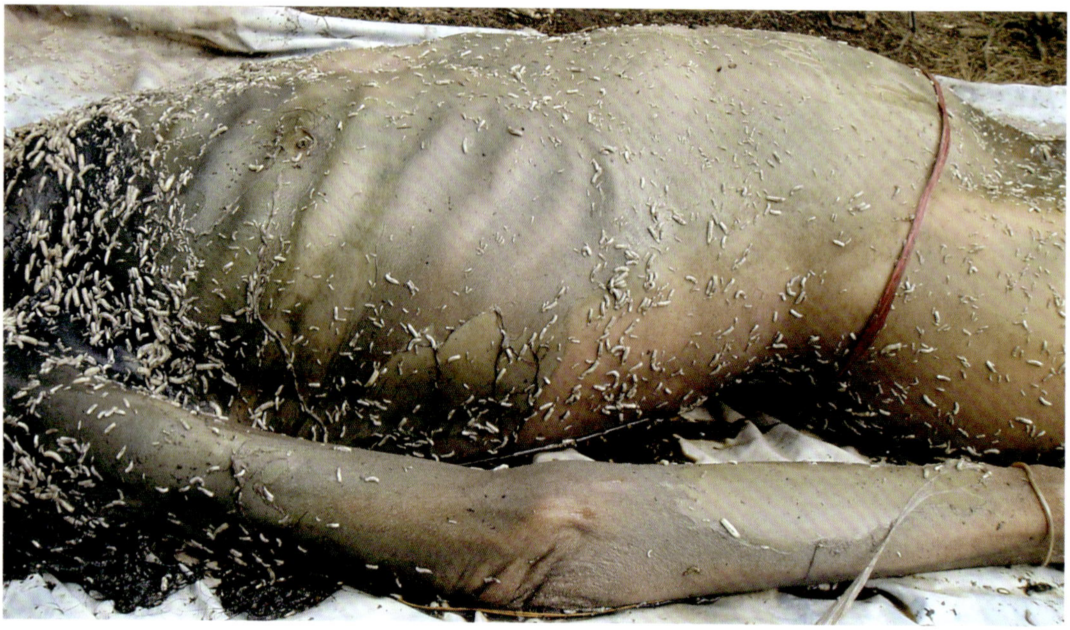

2007-4-3，15:20 尸表布满大小不一蝇蛆

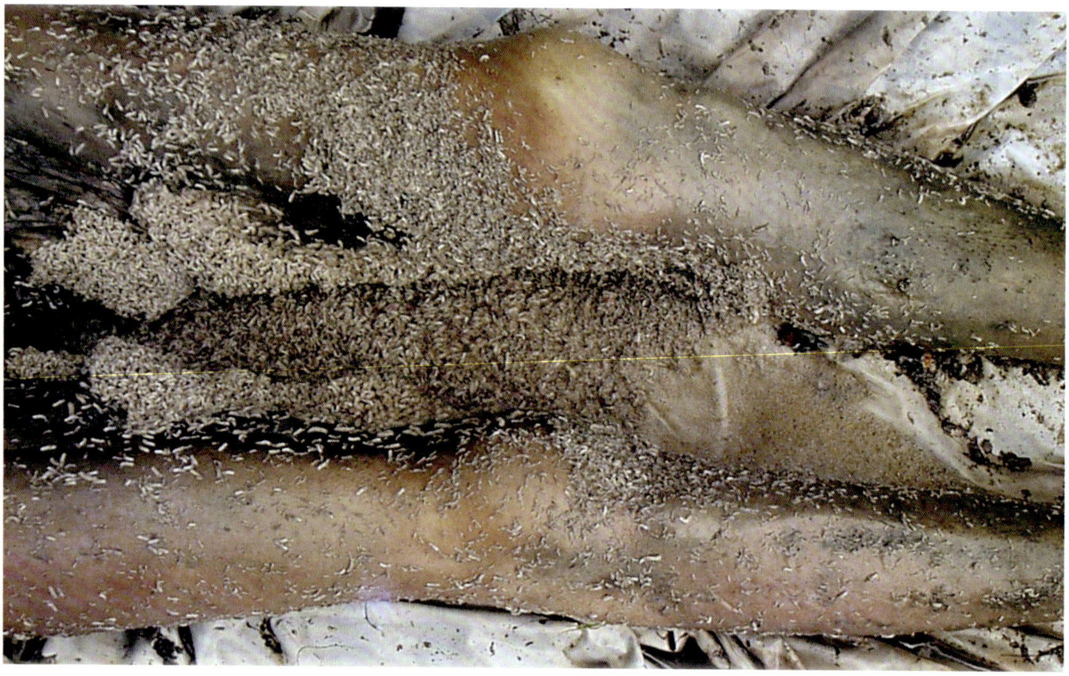

2007-4-3，15:21 双腿内侧蝇蛆活跃

死后第 10 天（平均气温 3.90℃）

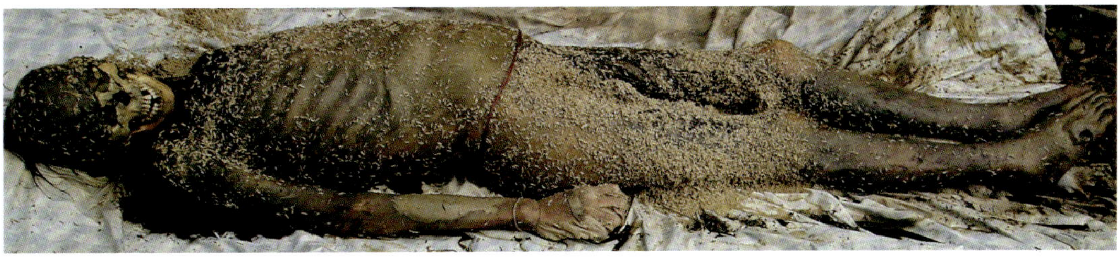

2007-4-4，16:55 全尸整体现象

2007-4-4，16:55 头面部分白骨化，周围布满蝇蛆

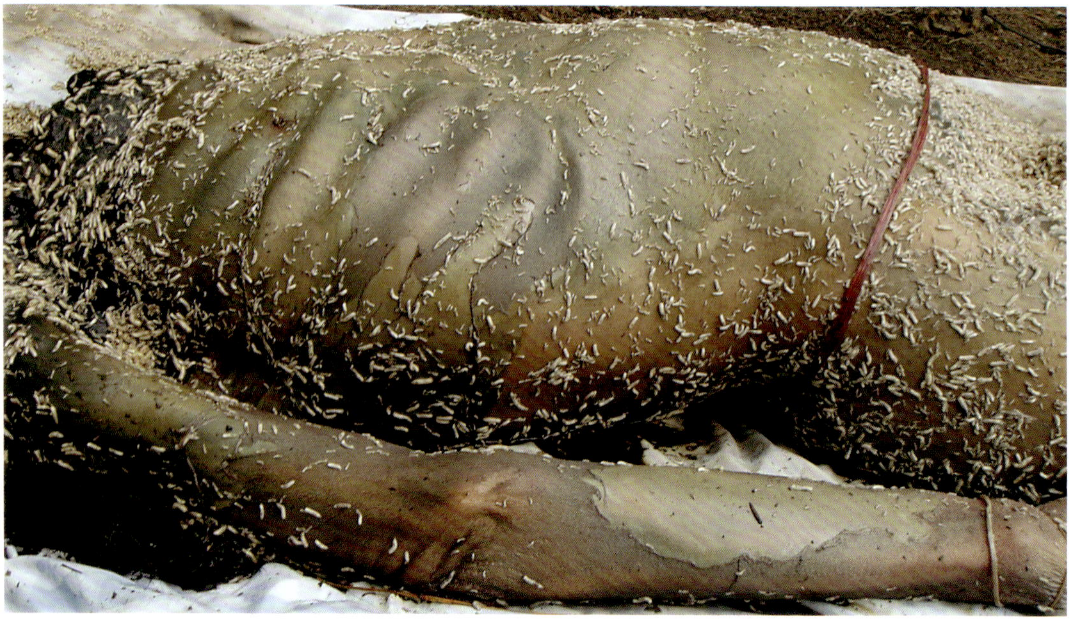

2007-4-4，16:56 尸表布满大小不一蝇蛆

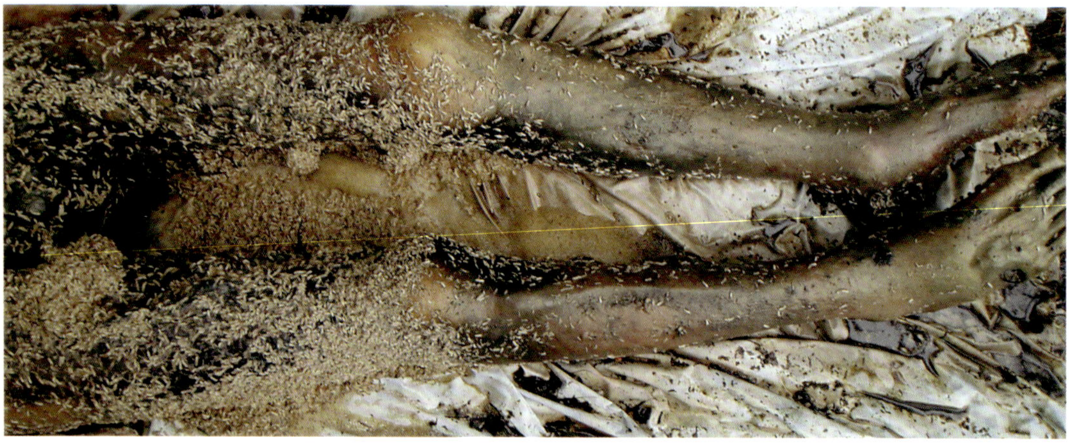

2007-4-4，16:56 下肢布满蛆虫

2007-4-4，16:57 头部情况

2007-4-4，16:57 放大后下肢现象

死后第 11 天（平均气温 8.25℃）

2007-4-5，15:22 全尸整体现象

2007-4-5，15:22
面颅露骨增多

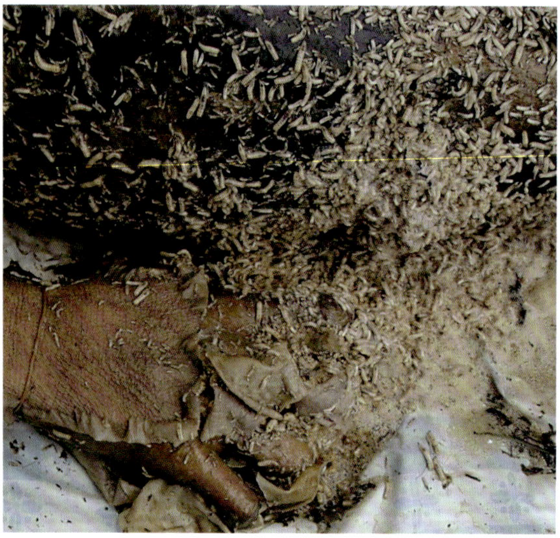

2007-4-5，15:22
右手部分表皮剥脱

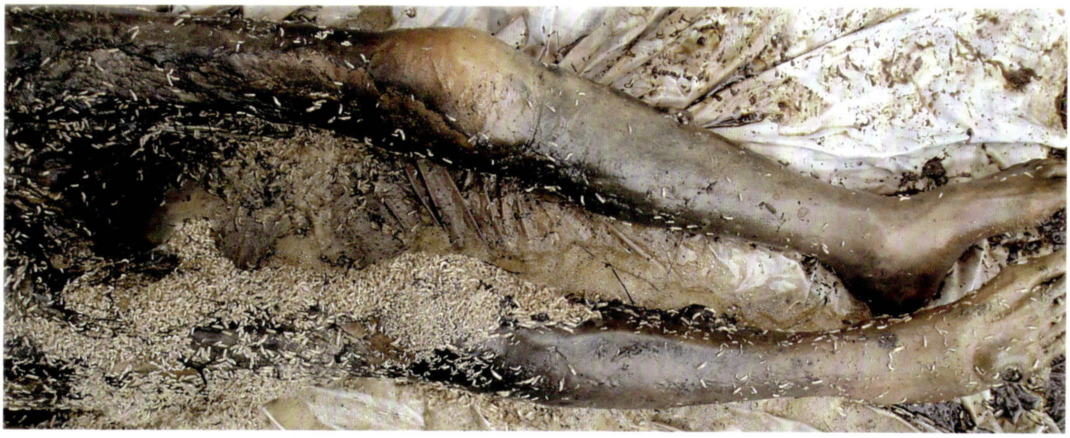

2007-4-5，15:23 右大腿蝇蛆活跃

2007-4-5，15:23 腹部隆起最高

2007-4-5，15:24 蝇蛆向胸腔方向侵蚀

2007-4-5，15:24 左侧观头面部现象

2007-4-5，15:25 前面观右大腿蝇蛆活跃

2007-4-5，15:25 左侧观右大腿内侧蝇蛆活跃

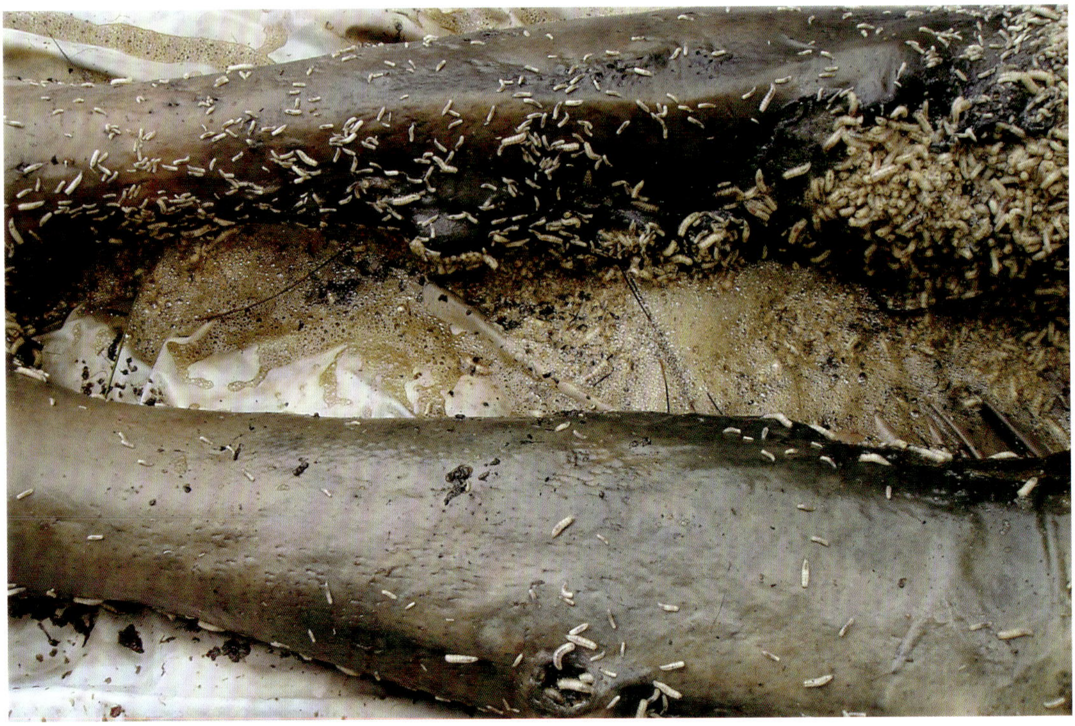

2007-4-5，15:26 右小腿内侧整体现象

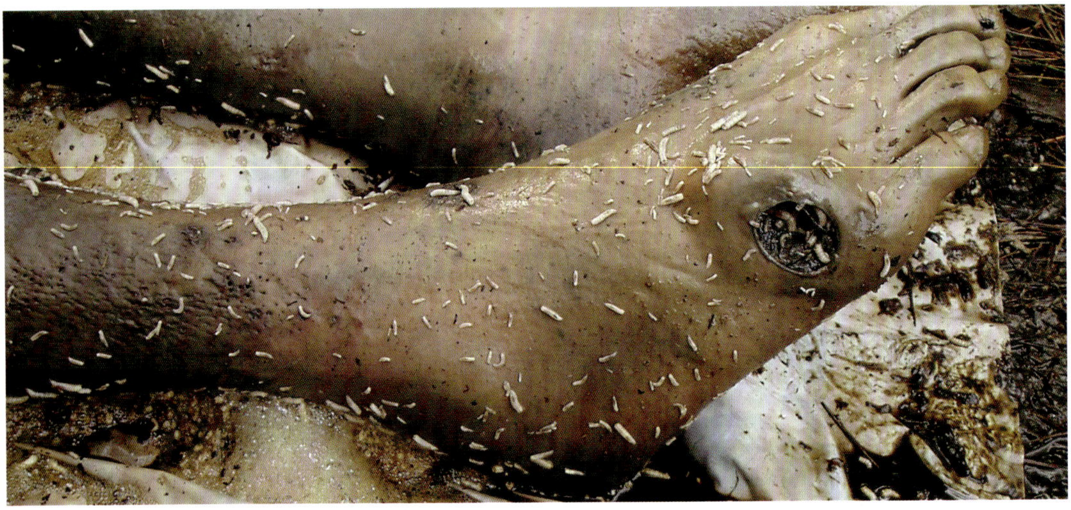

2007-4-5，15:26 右小腿下段见蝇蛆咬食造成的圆形小孔

死后第 12 天（平均气温 8.00℃）

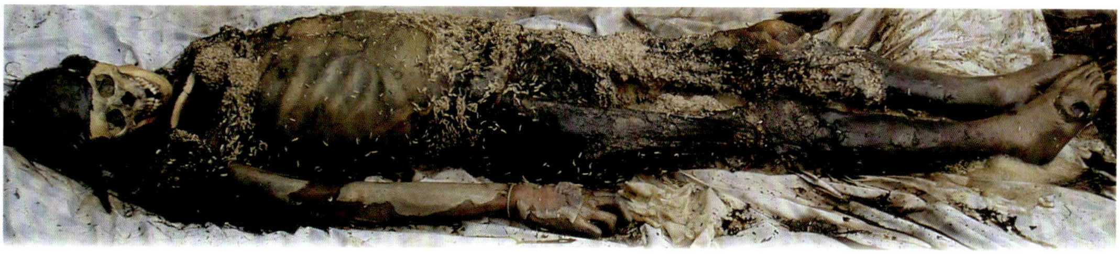

2007-4-6，15:12 全尸整体现象

2007-4-6，15:12 锁骨露出，胸段上缘蝇蛆活跃

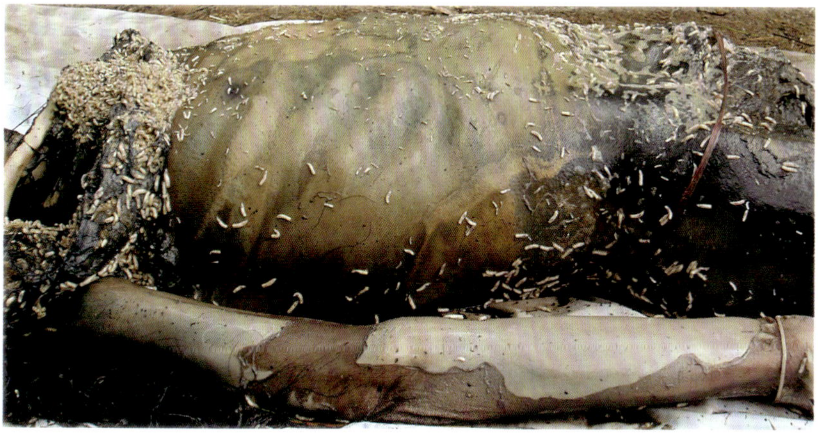

2007-4-6，15:12 腹部开始塌陷（由蝇蛆咬食腹壁穿孔所致）

2007-4-6，15:13 第 1、第 2 肋骨露出，胸段上缘蝇蛆活跃

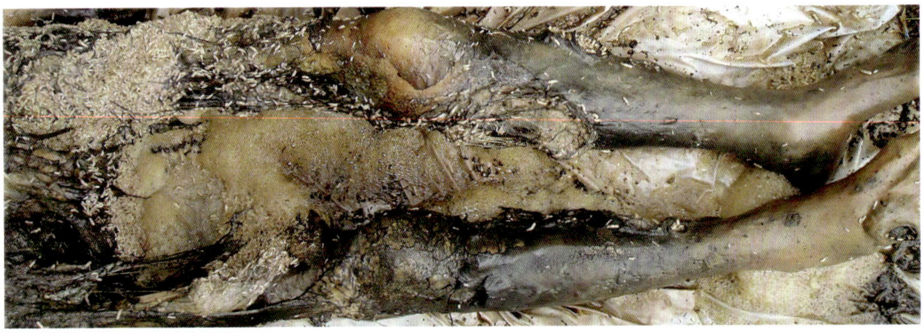

2007-4-6，15:13 前面观下肢现象

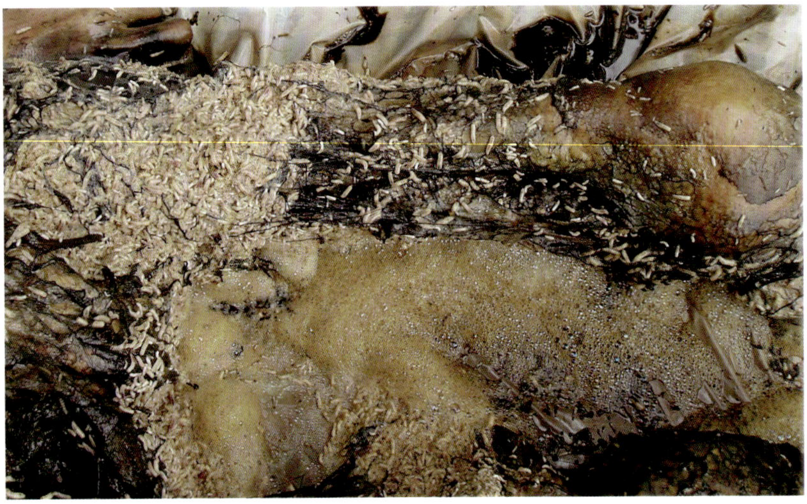

2007-4-6，15:13 右大腿蝇蛆活跃，并形成大片泡沫

2007-4-6，15:14 右手表皮全部剥脱，阴部蝇蛆活跃

2007-4-6，15:14 双侧小腿变为黑色

2007-4-6，15:14 左侧观右大腿内侧蝇蛆活跃，部分股骨露出

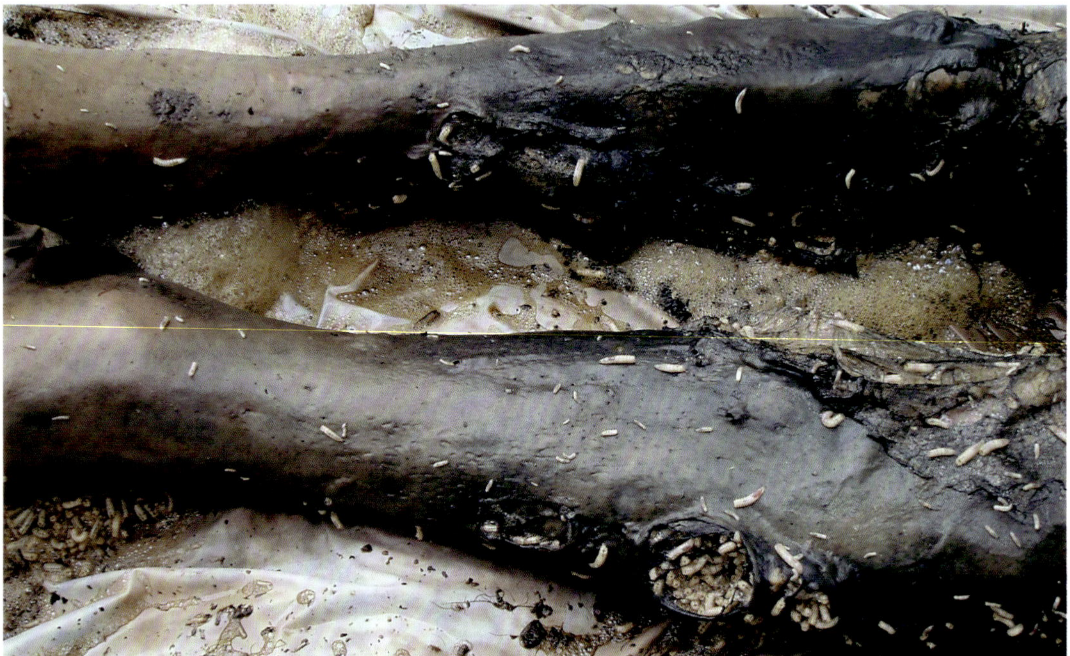

2007-4-6，15:14 左侧观双侧小腿被蝇蛆咬食出大小不一的圆孔

死后第 13 天（平均气温 4.65℃）

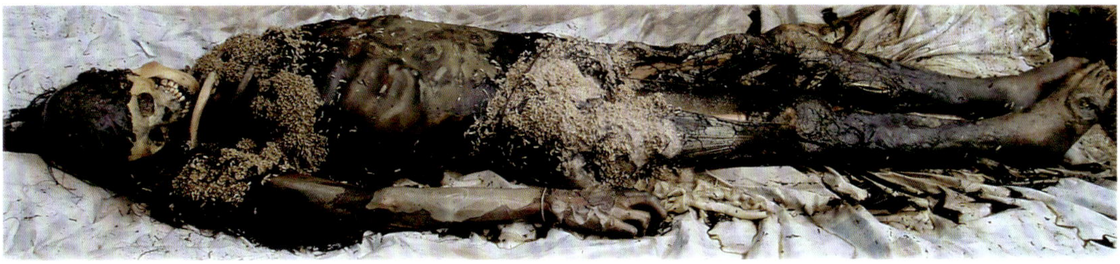

2007-4-7，16:01 全尸整体现象

2007-4-7，16:01 右侧 3 根肋骨露出

2007-4-7，16:01 颈椎露出

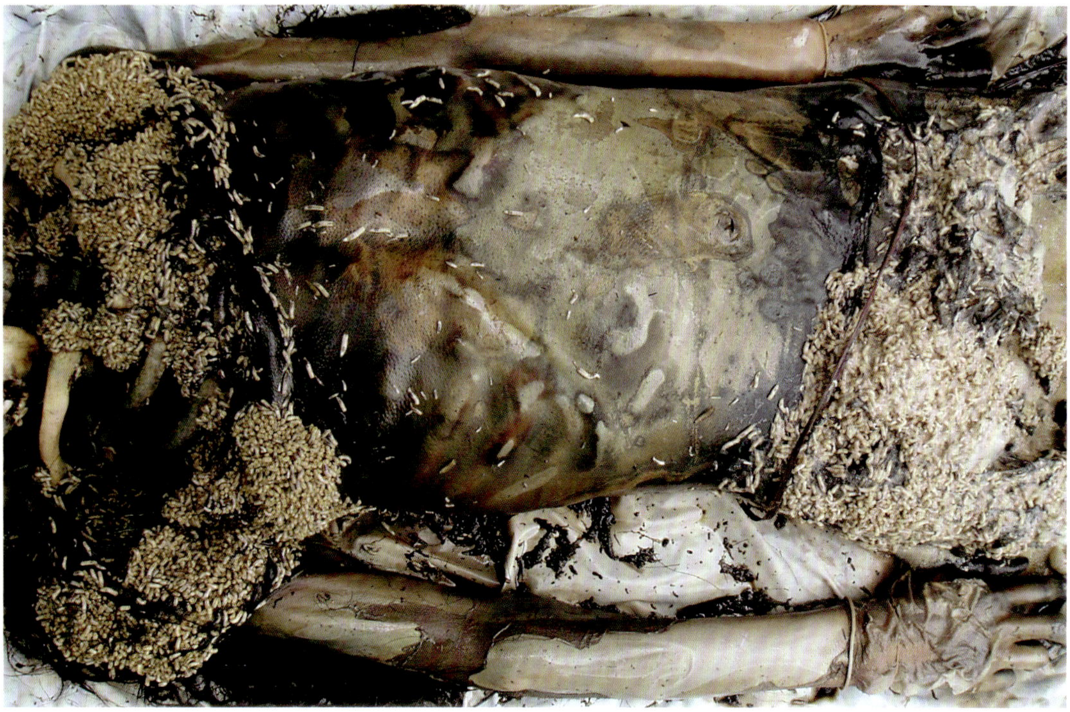

2007-4-7，16:01 躯干两端蝇蛆活跃

2007-4-7，16:01 下肢现象

2007-4-7，16:02　右侧髋部蝇蛆活跃

2007-4-7，16:02 右侧观左股骨部分露出，两腿间成堆泡沫是蝇蛆蠕动形成的

2007-4-7，16:02 小腿蝇蛆稀少

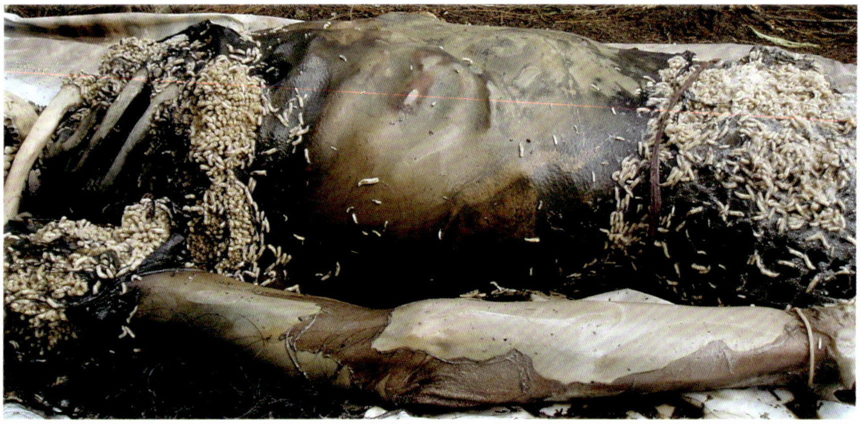

2007-4-7，16:03 躯干两端蝇蛆活跃

2007-4-7，16:03 左侧观右股骨大部露出，两腿间成堆泡沫是蝇蛆蠕动形成的

死后第 14 天（平均气温 8.25℃）

2007-4-8，16:03 全尸整体现象

2007-4-8，16:03
下腹部蝇蛆活跃

2007-4-8，16:03
侧面观胸腹部现象

2007-4-8，16:04 双肩部蝇蛆活跃

2007-4-8，16:04 下颌关节分离，部分脑颅露出

2007-4-8，16:04 盆腔及周边蝇蛆活跃，部分盆骨露出

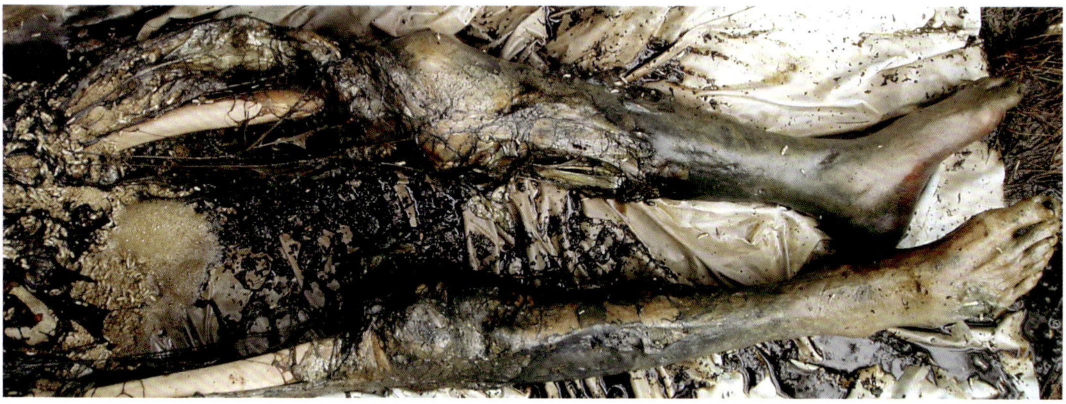

2007-4-8，16:04 左右股骨大部露出

2007-4-8，16:04 部分肱骨和肩胛骨露出

死后第 15 天（平均气温 7.60℃）

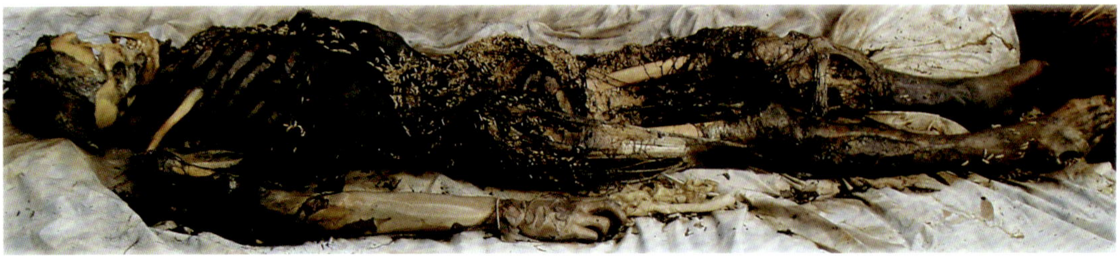

2007-4-9，16:17 全尸整体现象

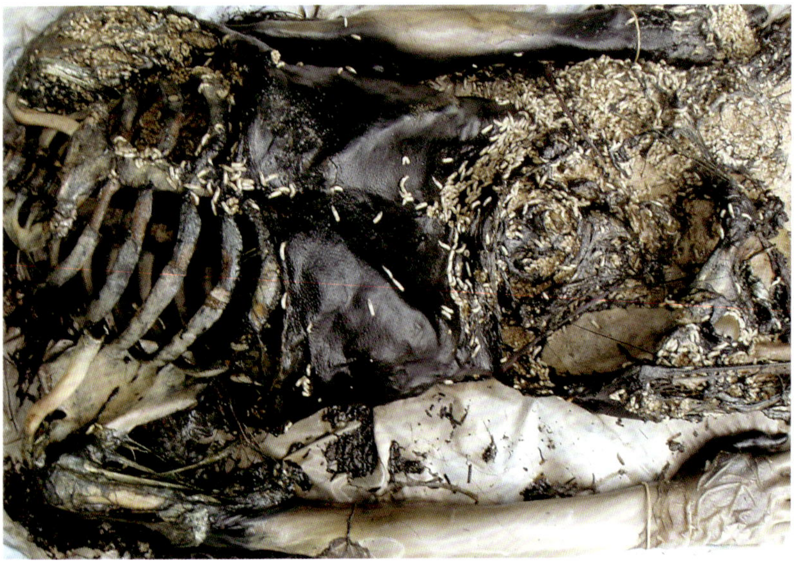

2007-4-9，16:18 左肩前部及左髋部蝇蛆活跃

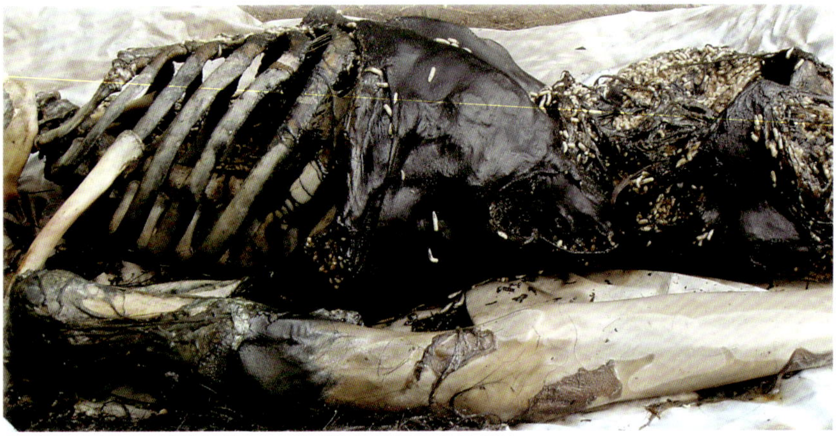

2007-4-9，16:18 肋骨露出增多

2007-4-9，16:18 正面观下肢现象

2007-4-9，16:19 左大腿上段蝇蛆活跃

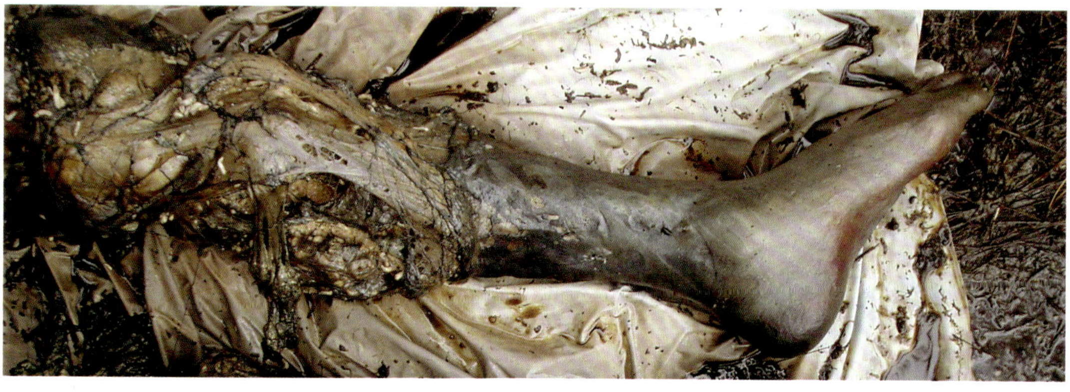

2007-4-9，16:20 左小腿蝇蛆活跃

死后第 16 天（平均气温 11.85℃）

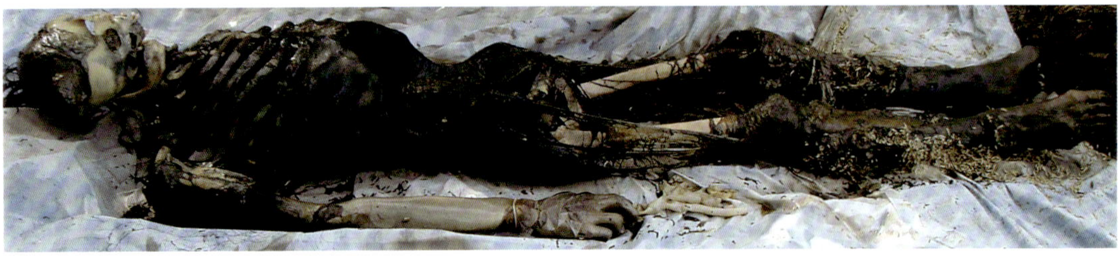

2007-4-10，15:17 全尸整体现象

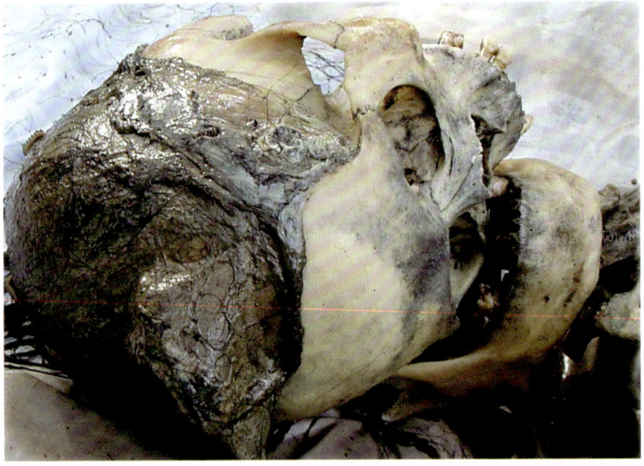

2007-4-10，15:45 脑颅露出增多

2007-4-10，15:45 肋骨、胸椎露出增多

2007-4-10，15:46 正面观胸腹部现象

2007-4-10，15:46 右侧观胸腹现象

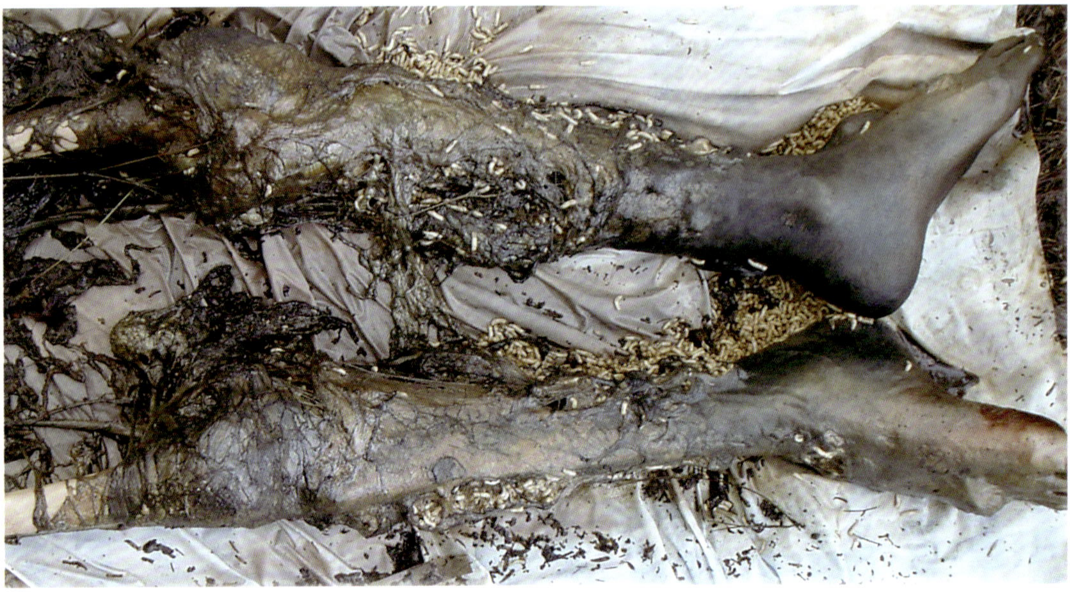

2007-4-10，15:47 右侧观小腿蝇蛆活跃

2007-4-10，15:47 前面观盆骨露出增多

2007-4-10，15:47 放大后的小腿现象

2007-4-10，15:48 左侧观小腿蝇蛆活跃

死后第 17 天（平均气温 13.50℃）

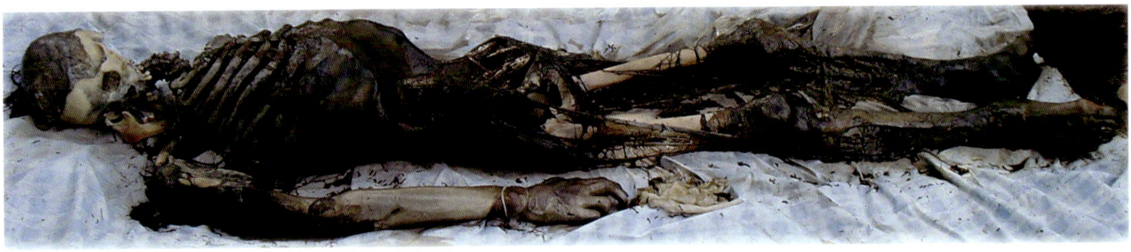

2007-4-11，15:57 全尸整体现象

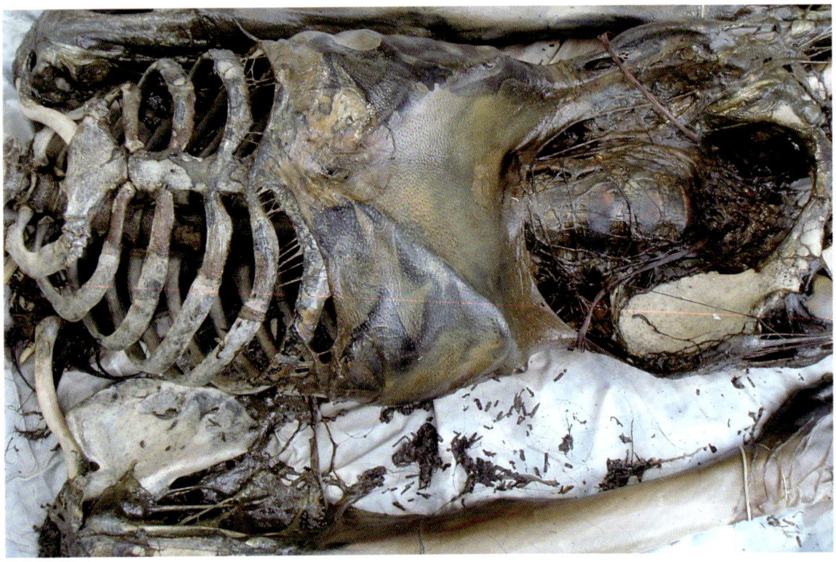

2007-4-11，15:58 腹部情况

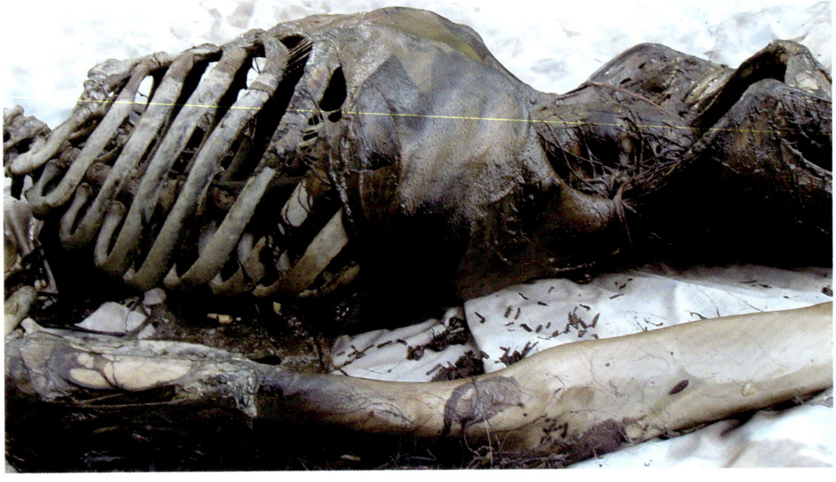

2007-4-11，15:58 右侧观腹部，未见明显蝇蛆活动

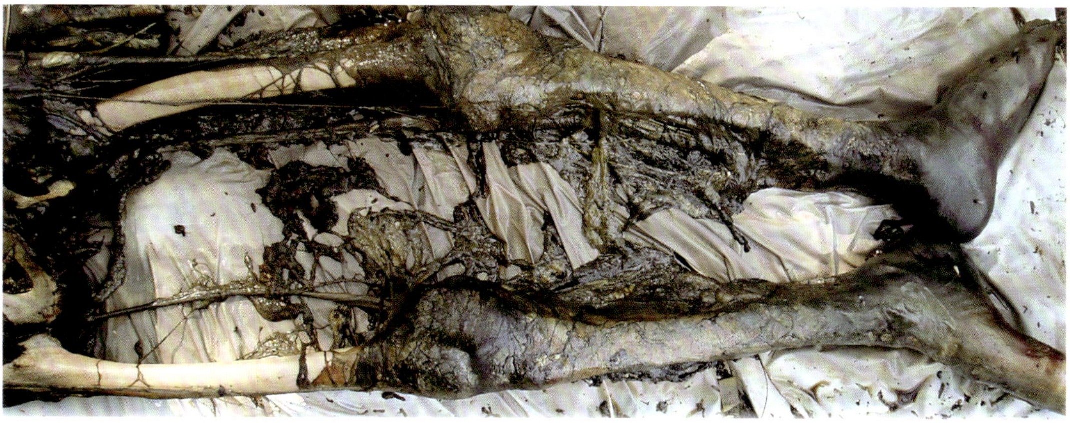

2007-4-11，15:59 右侧观下肢，未见明显蝇蛆活动

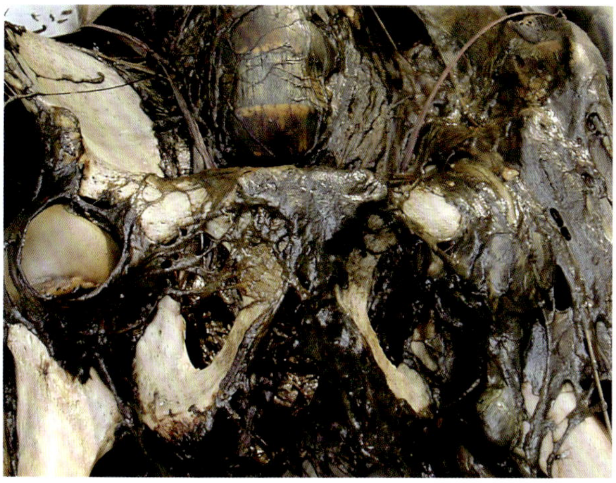

2007-4-11，15:59 前面观盆骨，未见明显蝇蛆活动

2007-4-11，16:00 上面观盆骨，未见明显蝇蛆活动

死后第 18 天（平均气温 14.50℃）

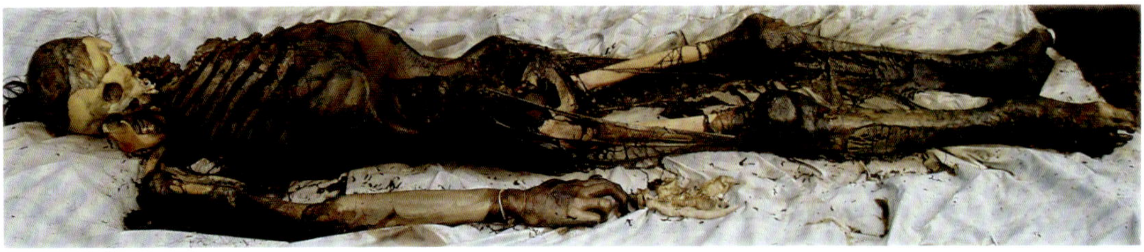

2007-4-12，17:24 全尸整体现象

2007-4-12，17:24 前面观未见明显蝇蛆活动

2007-4-12，17:24
腰椎右侧见 2 只蝇蛹

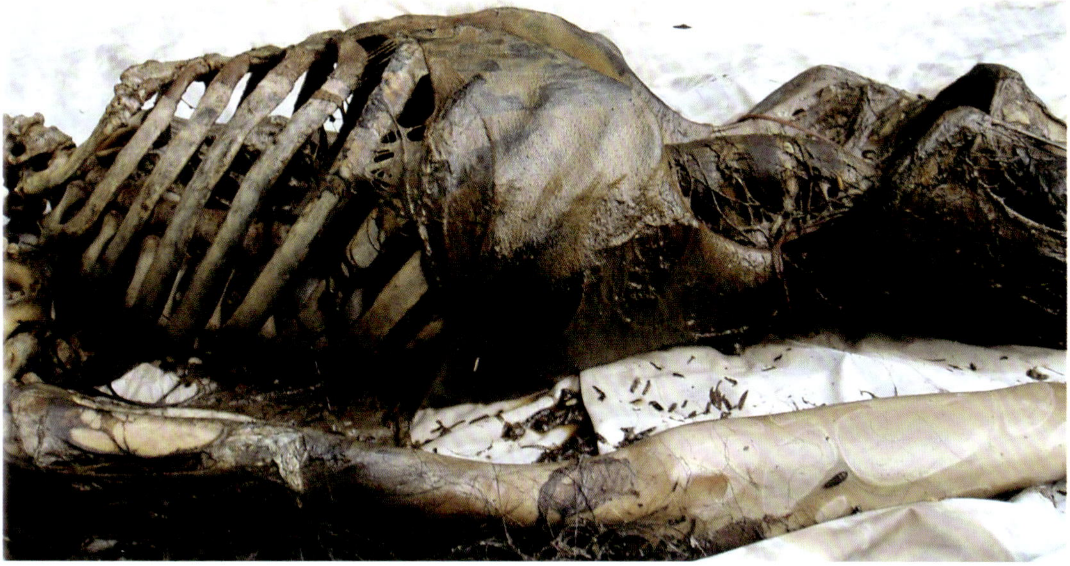

2007-4-12，17:24 胸腹部未见明显蝇蛆活动

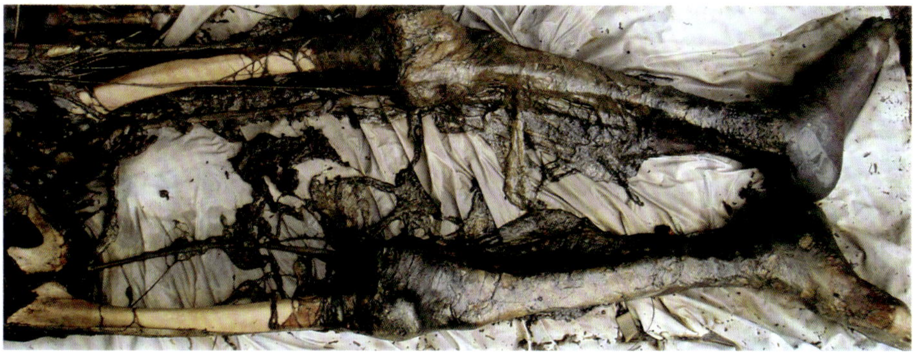

2007-4-12，17:25 下肢未见明显蝇蛆活动

2007-4-12，17:27 左臂未见明显蝇蛆活动

死后第 21 天（平均气温 17.25℃）

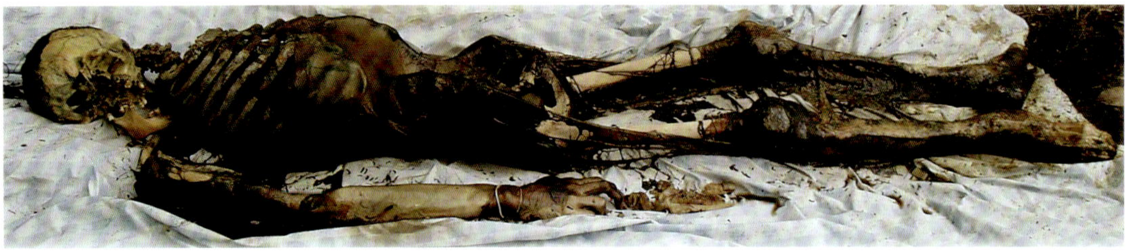

2007-4-15，17:08 全尸整体现象

2007-4-15，17:08 腹腔、腰椎两侧见若干蝇蛹

2007-4-15，17:10 腹腔、腰椎两侧及盆腔内见若干蝇蛹

2007-4-15，17:12 上面观腹腔现象

死后第31天（平均气温10.00℃）

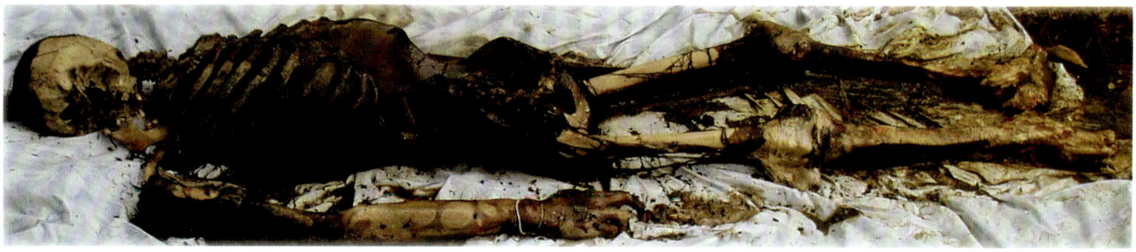

2007-4-25，17:30 全尸整体现象

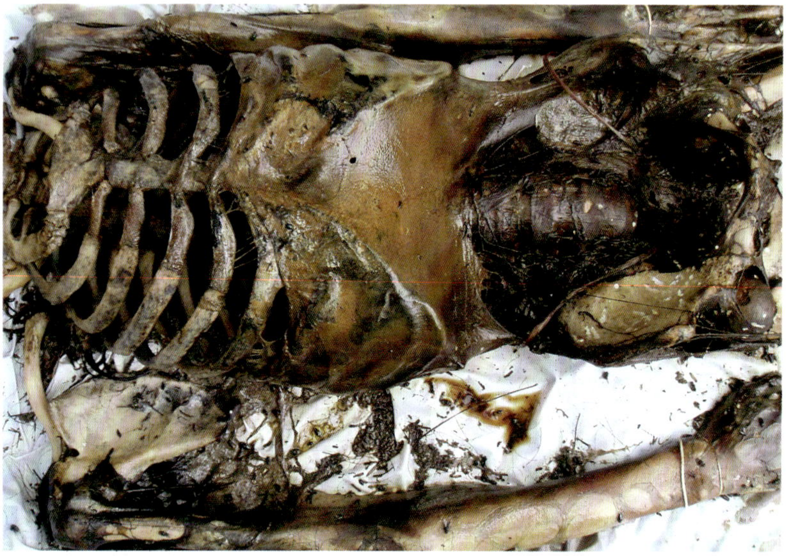

2007-4-25，17:31 胸腹部未见蝇蛆活动

2007-4-25，17:31 右侧观胸腹部现象

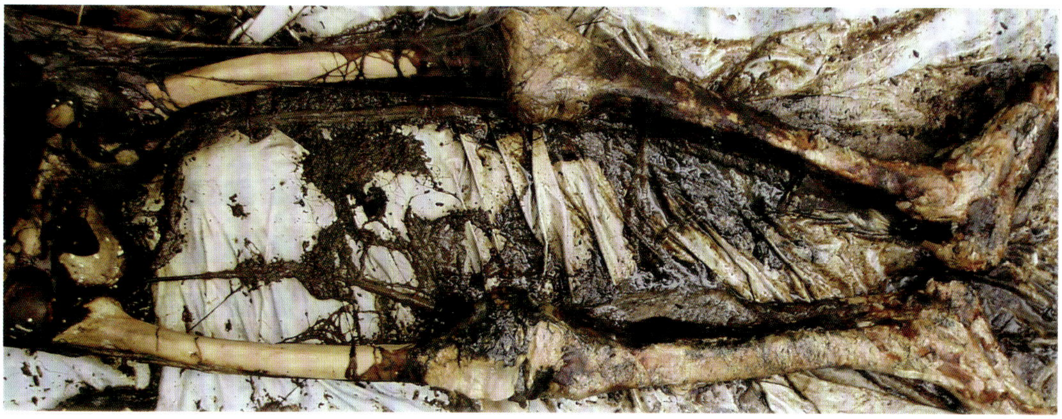

2007-4-25，17:32 两腿露骨增多

2007-4-25，17:33 上面观盆骨，见腰椎两侧及盆腔后部有若干蝇蛹和蛹壳

2007-4-25，17:33
前面观盆骨现象

死后第 43 天（平均气温 16.25℃）

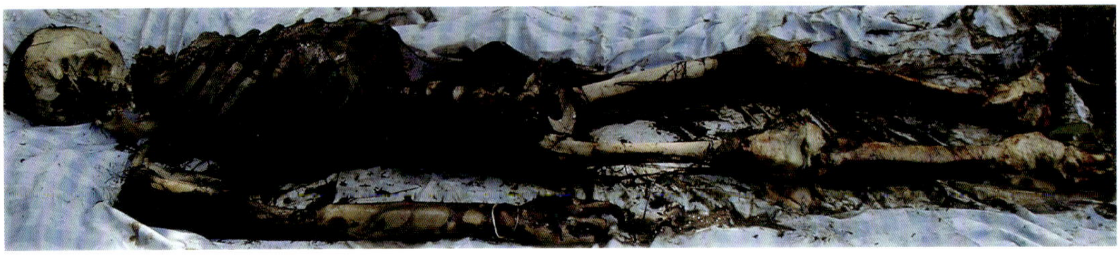

2007-5-7，15:34 全尸整体现象

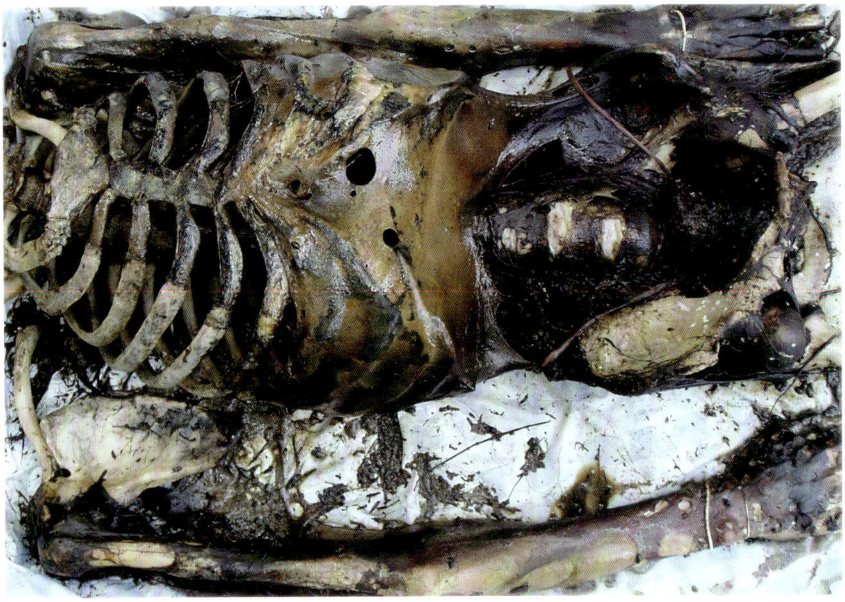

2007-5-7，15:34 胸腹部未见蝇蛆活动

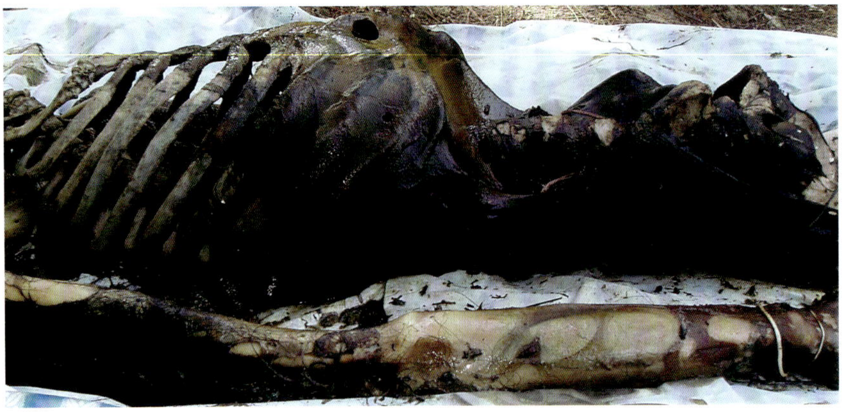

2007-5-7，15:34 右侧观胸腹部现象

2007-5-7，15:34 两腿露骨增多

2007-5-7，15:34
上面观盆骨，未见蝇蛆活动

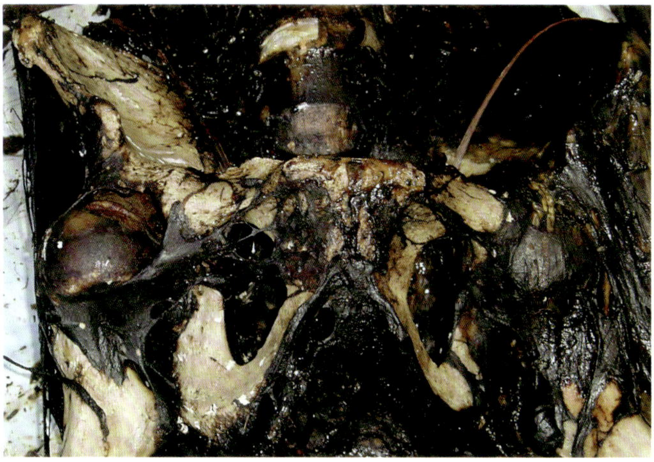

2007-5-7，15:34
前面观盆骨现象

死后第 55 天（平均气温 19.25℃）

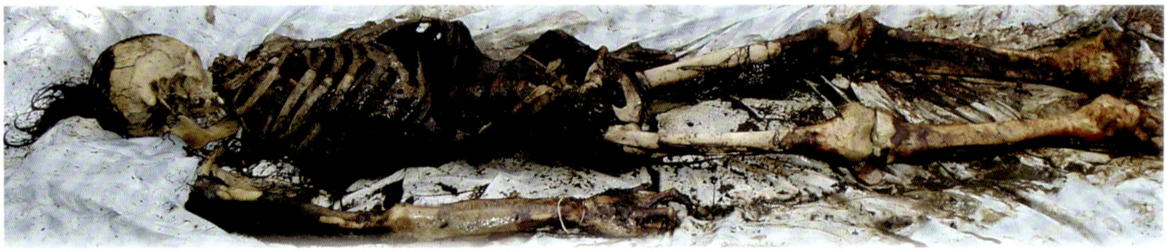

2007-5-19，14:59 全尸整体现象

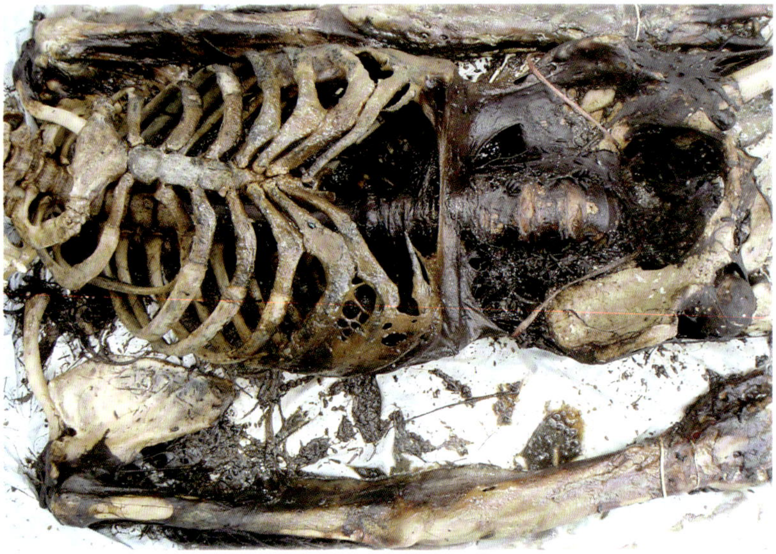

2007-5-19，15:00 胸腹部未见蝇蛆活动

2007-5-19，15:00 右侧观胸腹部现象

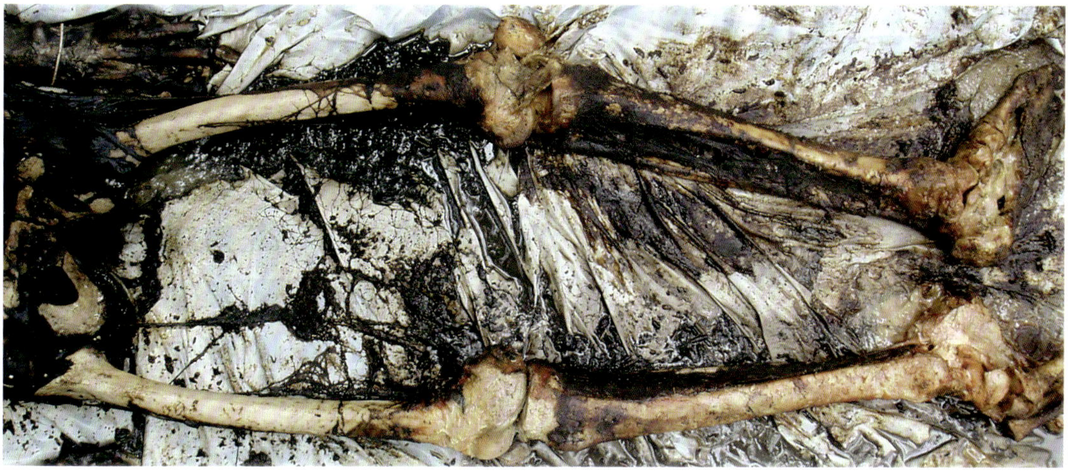

2007-5-19，15:01 两腿露骨增多

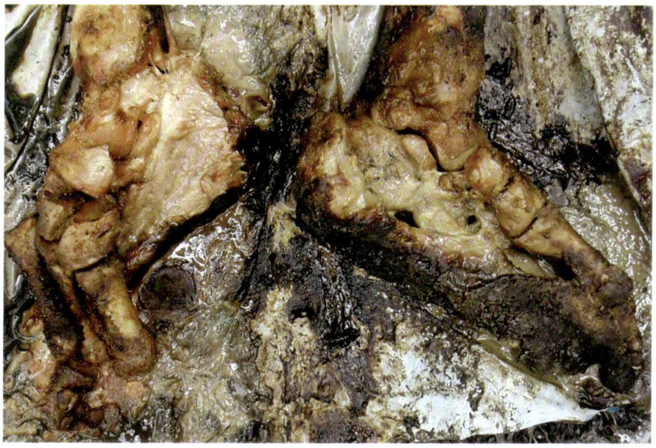

2007-5-19，15:02
部分趾骨露出

2007-5-19，15:03
前面观盆骨，未见蝇蛆活动

死后第 62 天（平均气温 18.00℃）

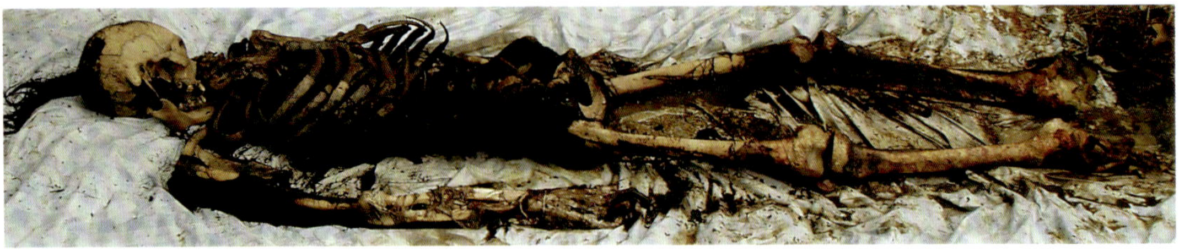

2007-5-26，15:57 全尸整体现象

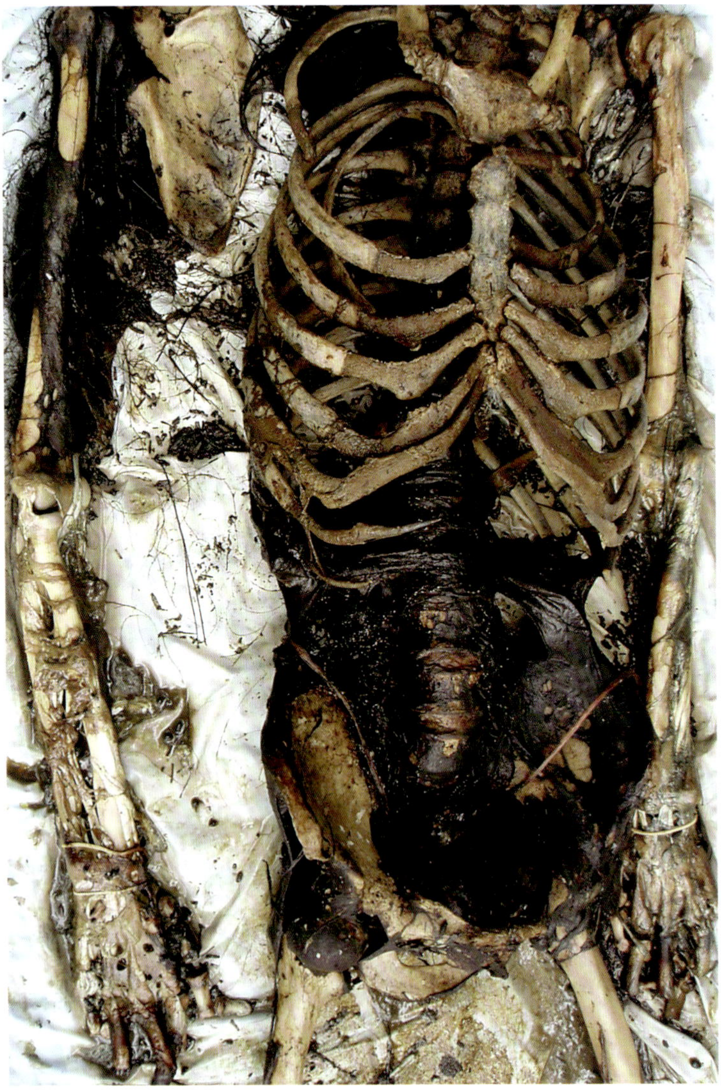

2007-5-26，15:57 上肢露骨增多

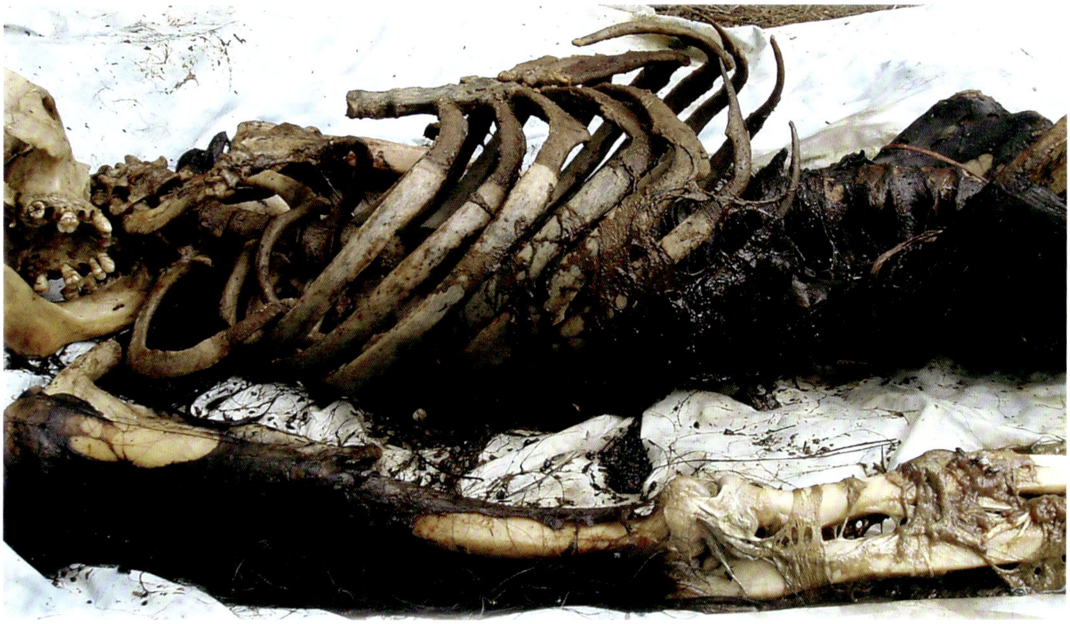

2007-5-26，15:58 部分胸肋关节分离

2007-5-26，15:59 膝关节分离

死后第 77 天（平均气温 16.75℃）

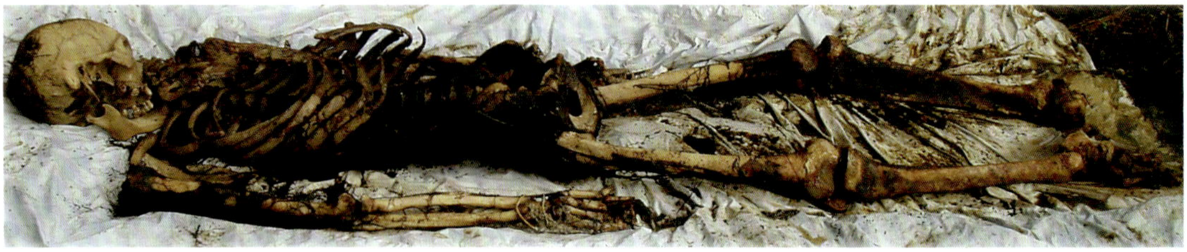

2007-6-10，8:04 全尸整体现象

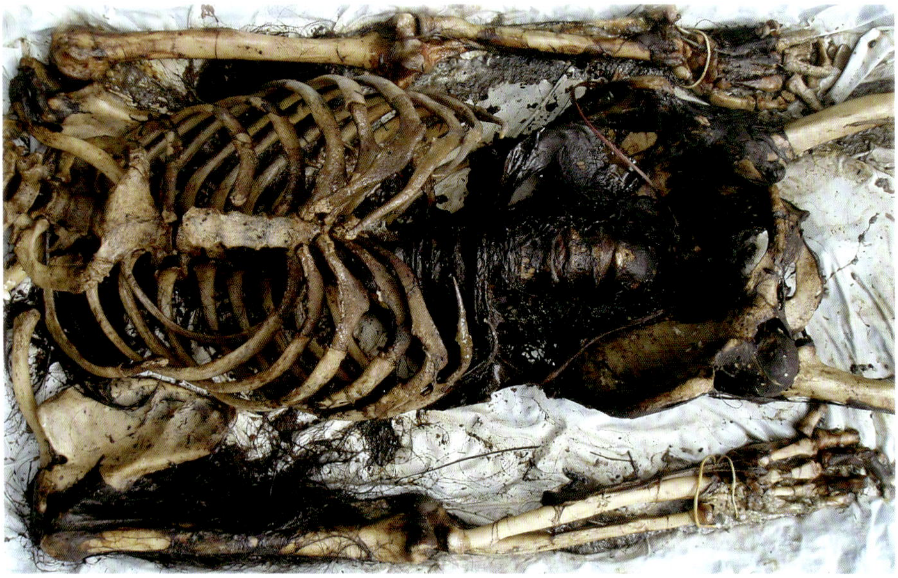

2007-6-10，8:04 上肢各关节部分分离

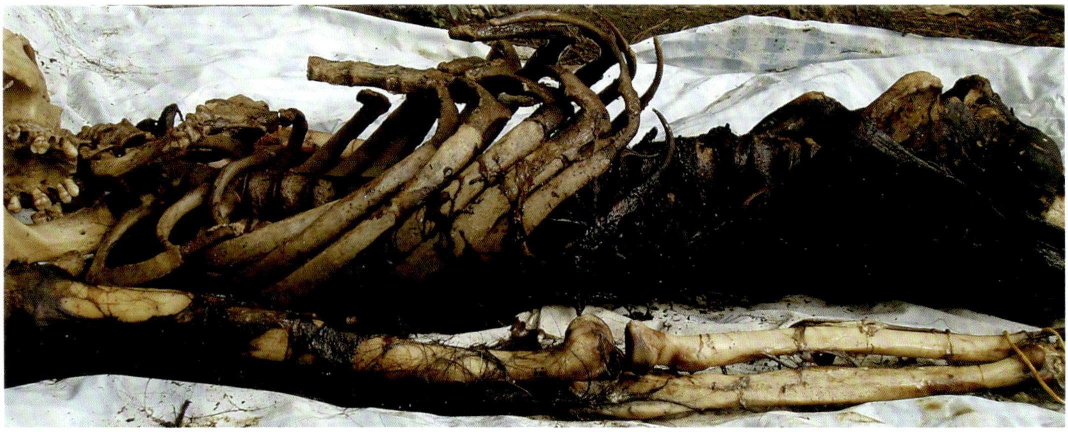

2007-6-10，8:05 胸腹部未见蝇蛆活动

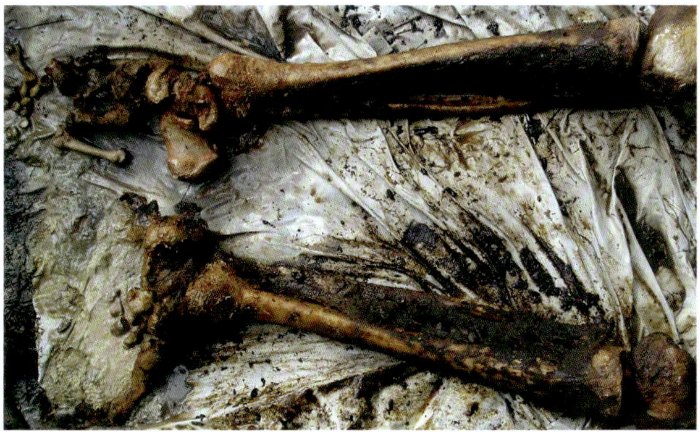

2007-6-10，8:07
下肢未见蝇蛆活动

2007-6-10，8: 07
蹠趾骨各关节分离

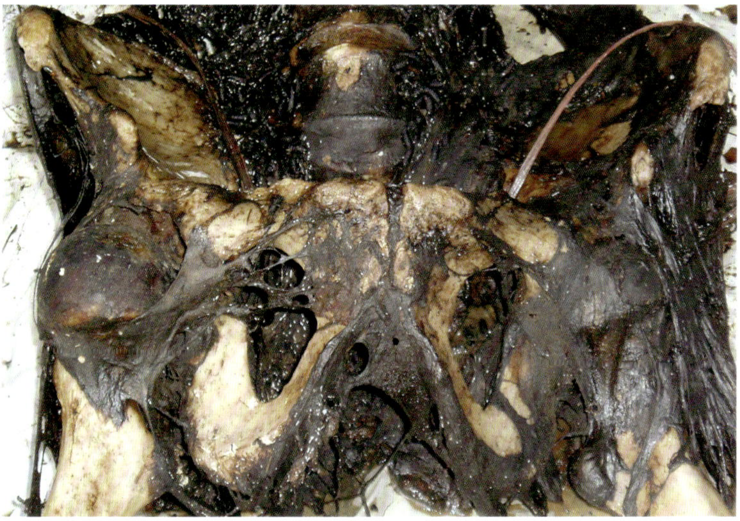

2007-6-10，8:08
前面观盆骨，未见蝇蛆活动

死后第 87 天（平均气温 23.50℃）

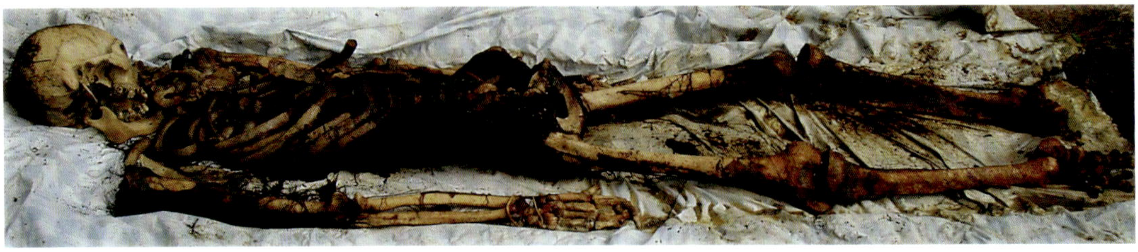

2007-6-20，10:14 全尸整体现象

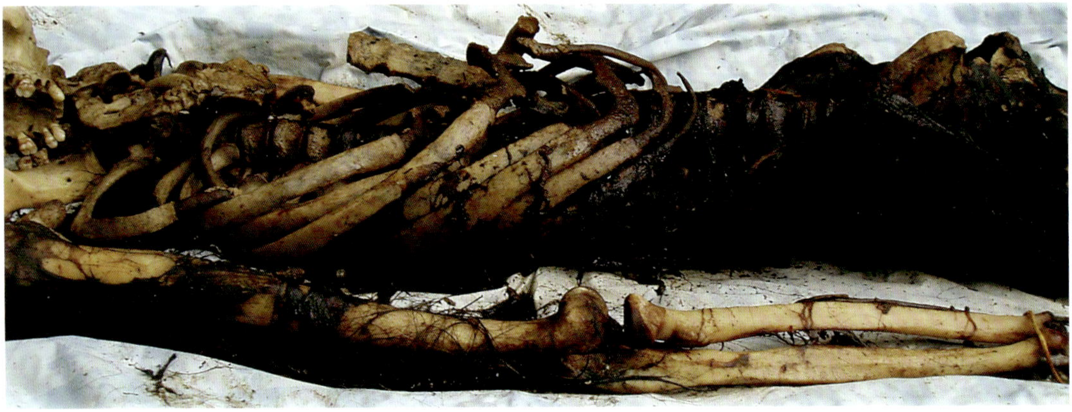

2007-6-20，10:14 右侧观胸腹部现象

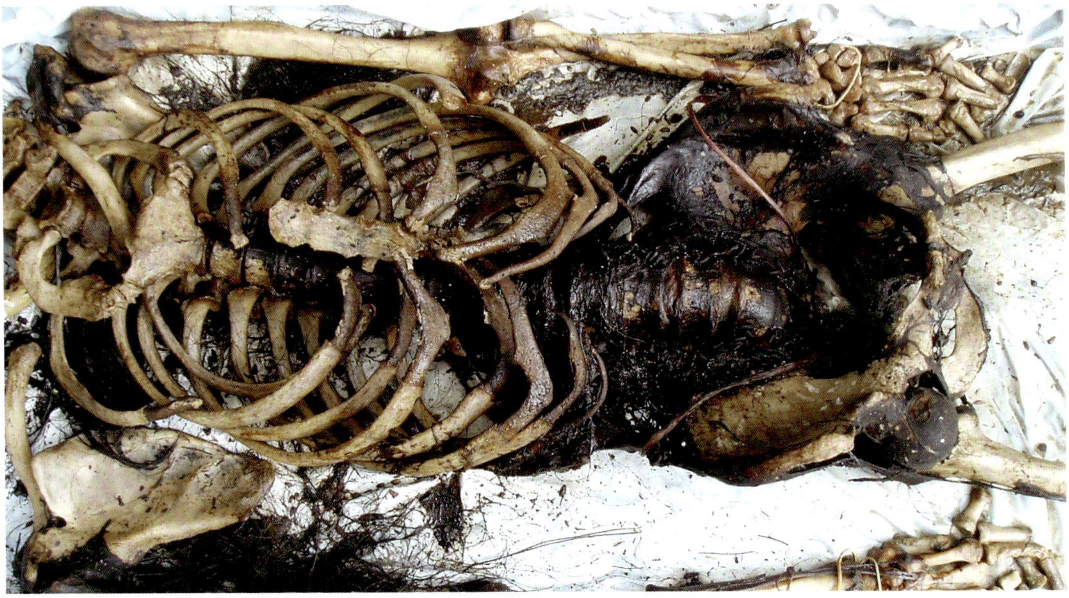

2007-6-20，10:14 胸腹部未见蝇蛆活动

2007-6-20，10:14 下肢未见蝇蛆活动

死后第 116 天（平均气温 24.00℃）

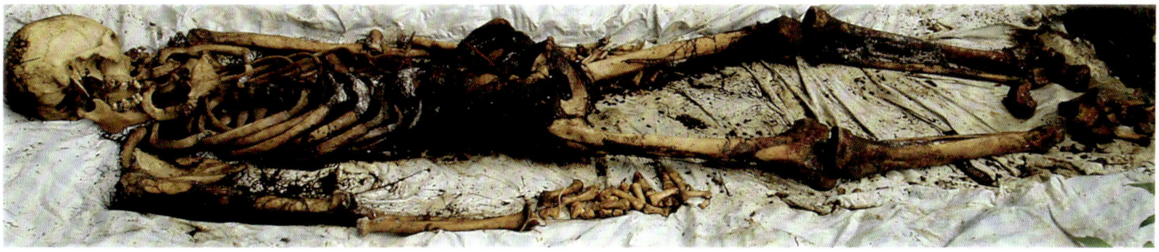

2007-7-19，13:02 全尸整体现象

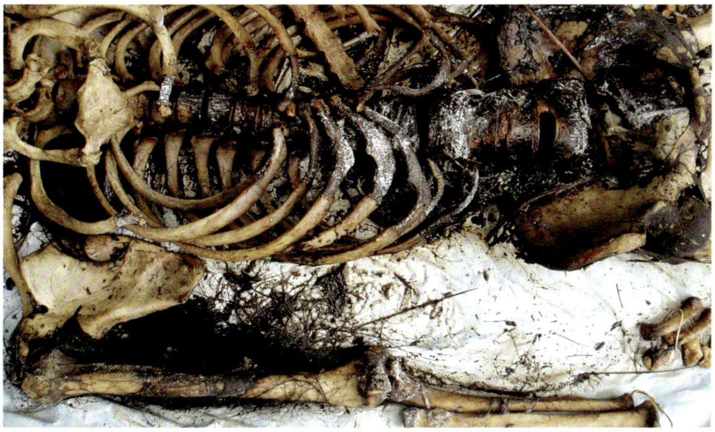

2007-7-19，13:02
胸腹部散见霉斑

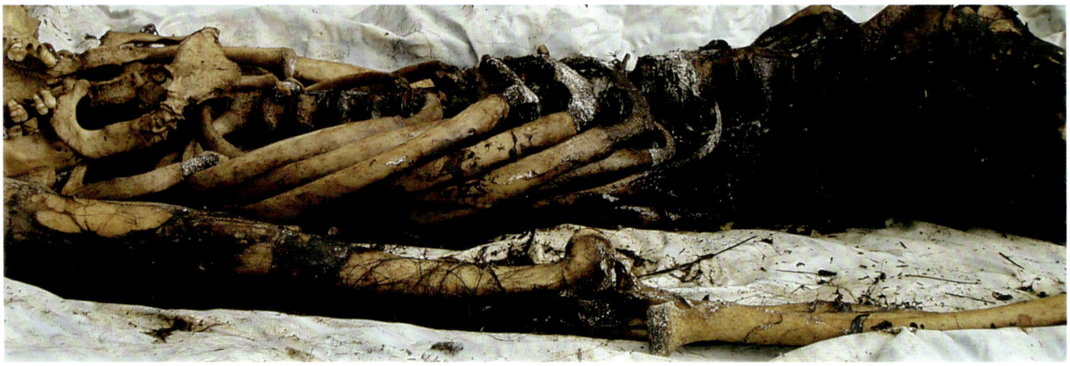

2007-7-19，13:03 右侧观胸腹部现象

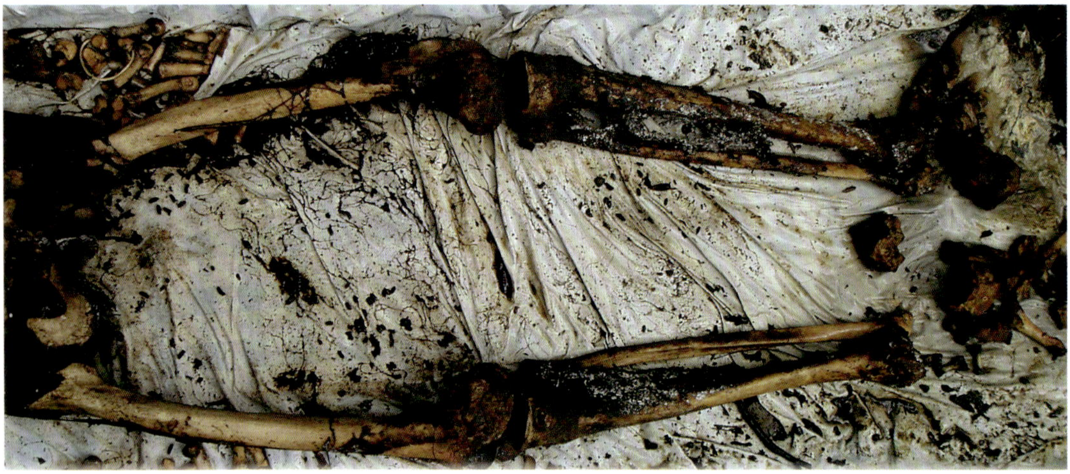

2007-7-19，13:03 下肢散见霉斑

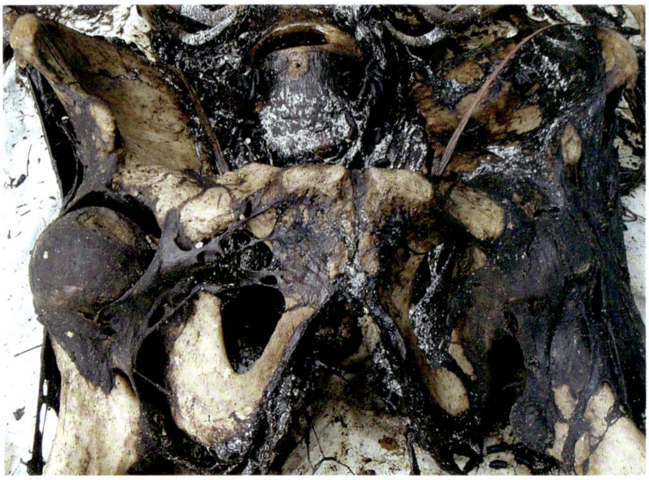

2007-7-19，13:04
盆骨散见霉斑

死后第 140 天（平均气温 22.25℃）

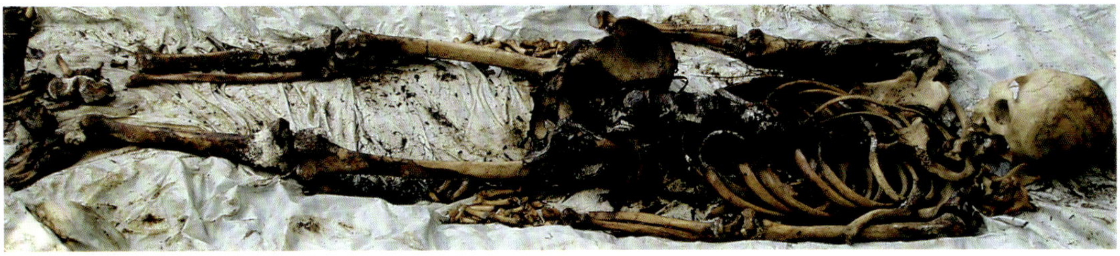

2007-8-12，16:07 全尸整体现象

2007-8-12，16:07 左侧观胸腹部现象

2007-8-12，16:08 左侧观下肢现象

2007-8-12，16:09 前面观盆骨现象

死后第 204 天（气温缺失）

2007-10-16，13:41 全尸整体现象

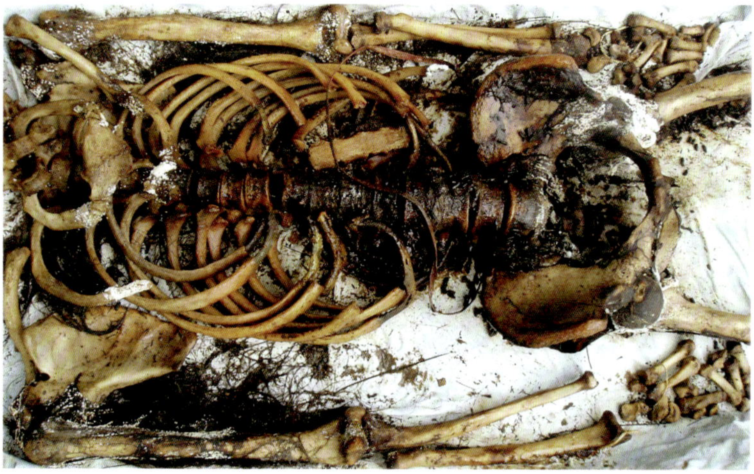

2007-10-16，13:41 胸腹部霉斑明显

2007-10-16，13:42 下肢局部霉斑明显

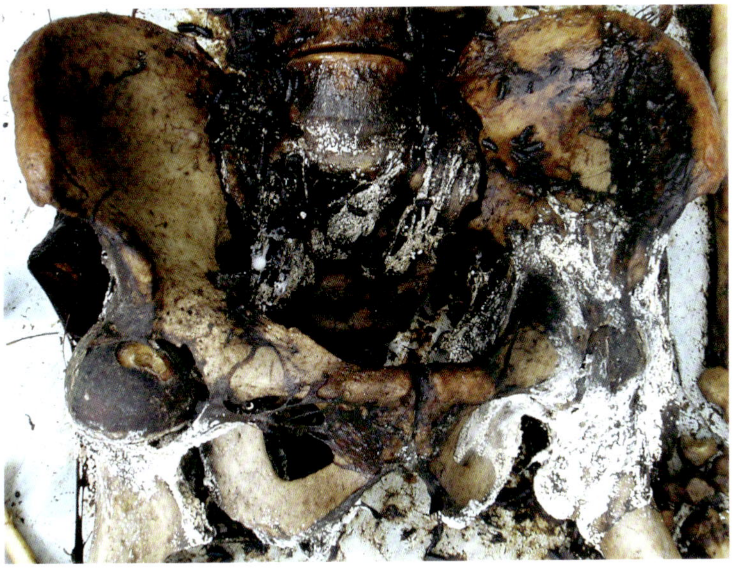

2007-10-16，13:42 盆骨局部霉斑明显

死后第 247 天（气温缺失）

2007-11-28，14:54 全尸整体现象

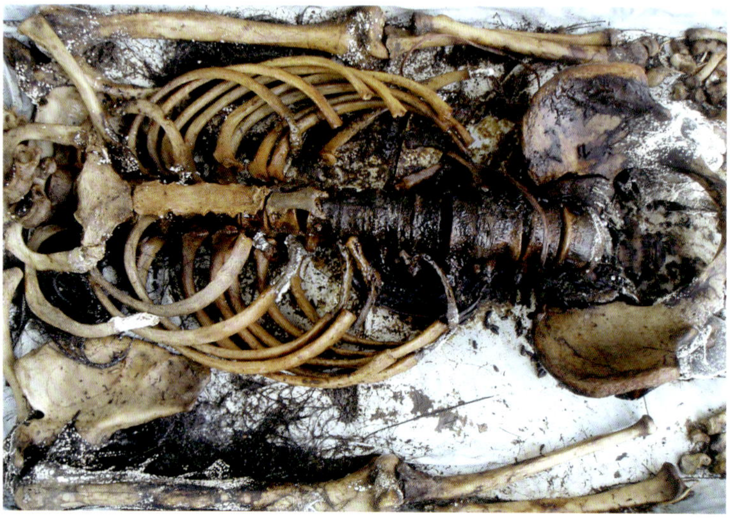

2007-11-28，14:55
胸腹部局部霉斑更加明显

2007-11-28，14:56
盆骨局部霉斑更加明显

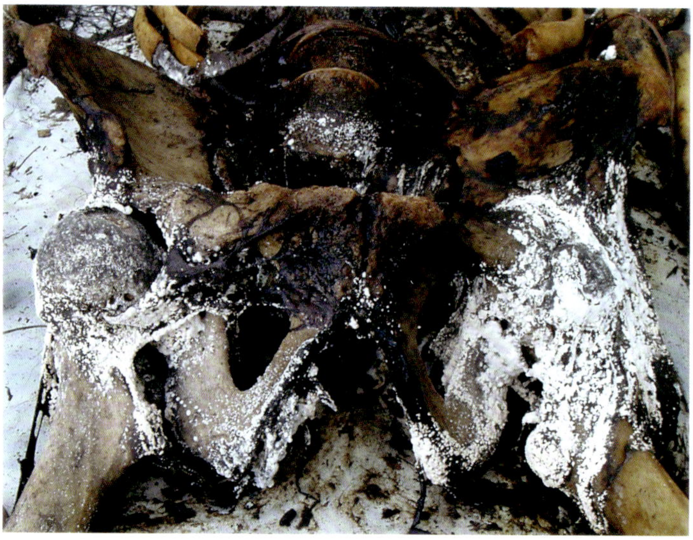

2007-11-28，14:56
下肢局部霉斑更加明显

第二章

不同尸体现场的案例尸体变化与死后经过时间

案例 1

2007 年 7 月 28 日，某县两河乡亮山村一村民在亮山村 12 组与 13 组交界处马槽坑内发现一具尸体。调查死者发现，与某省某县公安局协查的 2007 年 7 月 24 日失踪的唐某某相符，经死者妻子段某某等家属辨认，死者确定是唐某某。

失踪时间：2007 年 7 月 24 日。

尸检照相时间：2007 年 7 月 30 日 12:58 ~ 13:59。

死亡经过时间：7 天左右。

该期间当地温湿度：气温 22 ~ 33℃，相对湿度 75%。

该案例由盘州市公安局刑警大队陈旭、薛仕刚提供。

现场及尸体变化见以下各图：

2007-7-30，具体时间缺失，现场马槽坑

2007-7-30， 具体时间缺失，近距离观看马槽坑

2007-7-30，12:58 右面观尸体现象

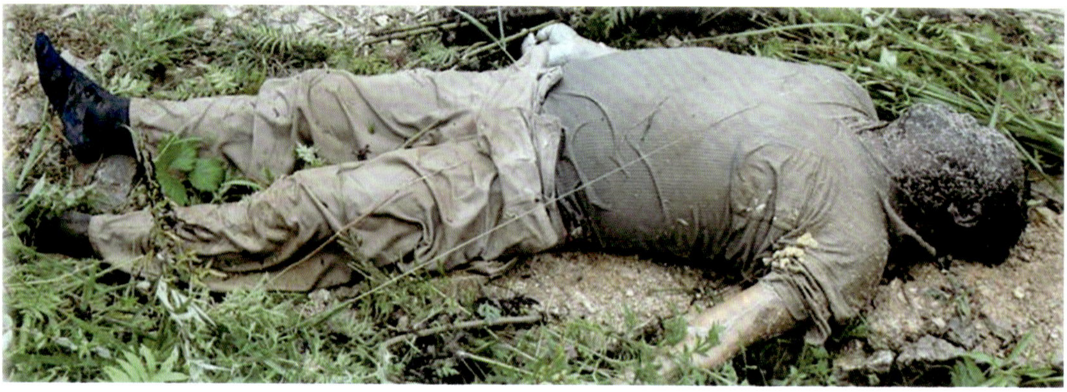

2007-7-30，13:03 左面观尸体现象

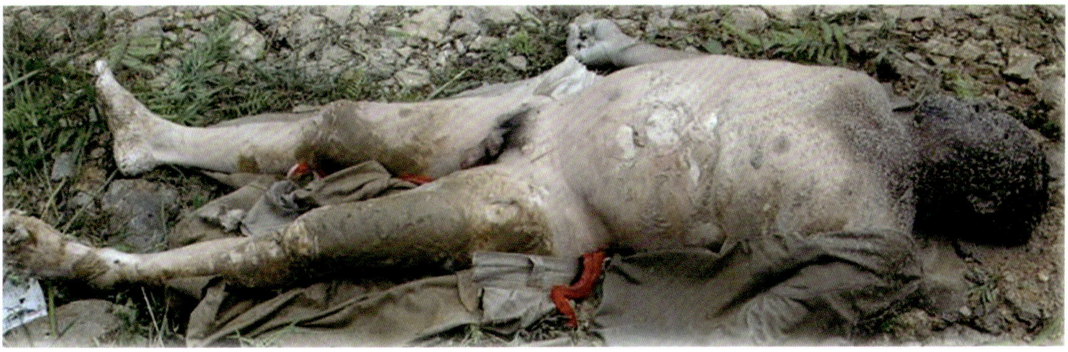

2007-7-30，13:21 尸体巨人观

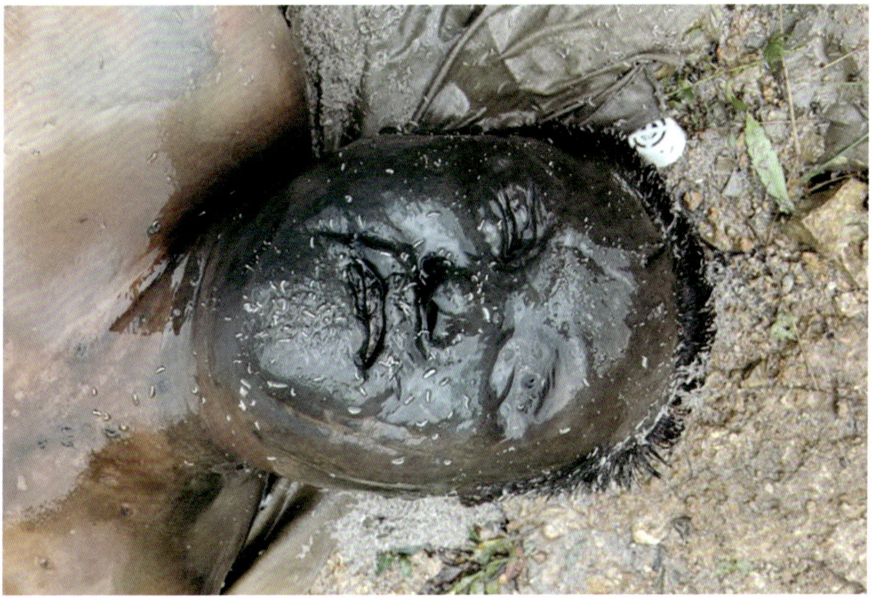

2007-7-30，13:22 面部现象

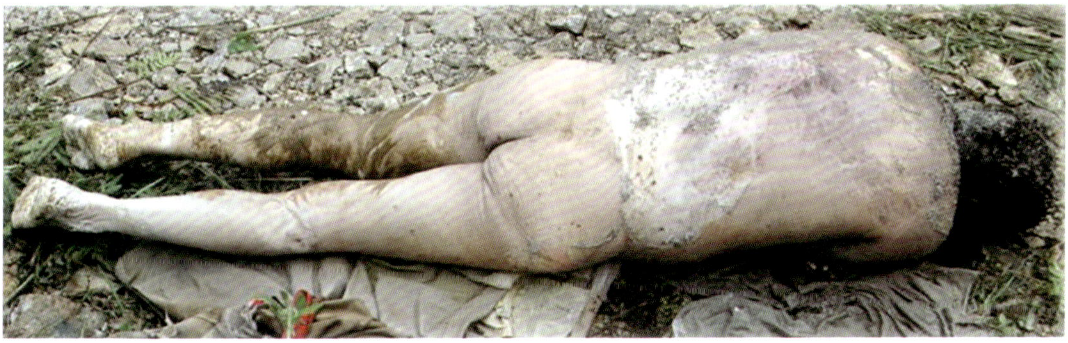

2007-7-30，13:23 尸体背面观

2007-7-30，13:30 头部后面观

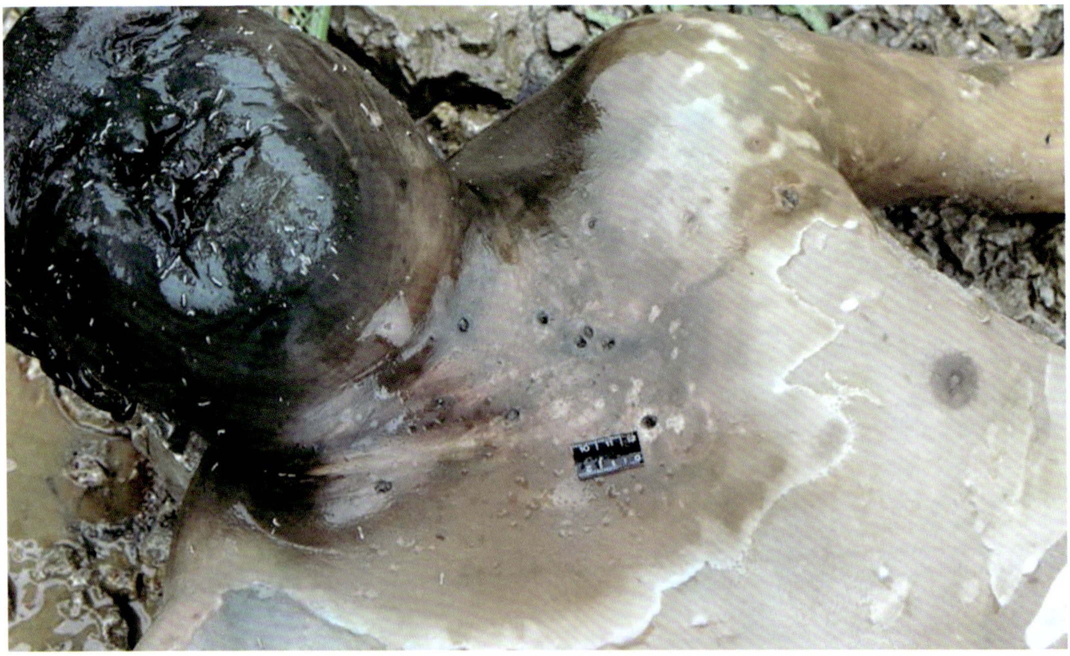

2007-7-30，13:59 颈前见蝇蛆进入皮下造成大小不等的圆孔

案例 2

2009 年 6 月 29 日 14 时 35 分左右，在某镇杜鹃西路雍正皇桶浴洗浴中心与金帝酒楼两栋楼之间的夹道中间一楼地面发现一具男尸。

经查实，死者系 2009 年 6 月 26 日 22 时左右酒后跌落至此夹道中间一楼地面死亡。

尸检照相时间：2009 年 6 月 30 日 9:45~9:55。

尸体检验：上穿铅灰色夹克，白色短袖 T 恤；腰系“七皮狼”黑色皮带；下穿深蓝色牛仔裤；脚穿棕色帮、白底板休闲鞋，白色袜子。

尸表检验：尸体呈半坐位，头北脚南，经拍照固定后将尸体移到西园殡仪馆停尸房内检验。

尸长 155 厘米，发育正常，营养中等，尸体腐败呈巨人观。尸斑暗紫红色，位于腰部、臀部未受压处，指压不褪色。尸僵存在于四肢关节，强硬。头发黑色，青年头，头顶部发长 6 厘米，双眼球突出，角膜混浊，双眼球结膜见出血点。舌位于门齿外 1 厘米，颈部未见勒、扼、压痕及索沟。前胸壁见 17 厘米 ×7 厘米皮下出血；左肩前侧见 20 厘米 ×10 厘米皮下出血，左上臂上段后侧见 10 厘米 ×10 厘米皮下出血，左肩胛部见 10 厘米 ×10 厘米皮下出血；右锁骨经肩部至右肘部见 25 厘米 ×10 厘米皮下出血，右肘至上臂中段外下斜向内上见 13 厘米 ×7 厘米皮下出血；左食指、中指末节背侧表皮剥脱；右胸背部见 30 厘米 ×20 厘米皮下出血；右腰部脊柱旁见 5 厘米 ×1.3 厘米、1 厘米 ×0.5 厘米创，该创表皮剥脱，皮下出血，创缘不整齐，创壁不光滑。创角不规则，创腔内见组织间桥深达皮内。四肢关节未见骨折脱位。余尸表未见异常。

头部解剖：按层次切开，头皮、皮下未见异常，颅骨未见骨折，脑膜未见破裂，大脑蛛网膜下腔广泛出血，脑沟变窄，脑回增宽，脑组织开始液化，颅底骨以蝶鞍区为中心呈放射状出血。

颈部解剖：按层次切开，颈部皮下组织、肌肉及大血管未见异常，舌骨右支附着肌肉出血，甲状软骨及环状软骨无骨折。

胸、腹部解剖：按层次切开，右胸壁见 16 厘米 ×16 厘米肌肉出血；胸骨柄与胸骨体交界处横行骨折，右第 2、第 3、第 4 前肋近胸骨处骨折，左第 3 前肋骨折；纵隔出血；左侧胸腔积血，量 200 毫升；双肺淤血；左侧后腹膜下见 8 厘米 ×6 厘米出血；胃内容物呈乳糜状，可辨米粒、酸菜及豆腐等成分。

背部解剖：按层次切开，背部皮下肌肉见 32 厘米 ×20 厘米出血；第 12 胸椎处完全折断，椎体呈粉碎性骨折，第 11 胸椎横突骨折；右第 12 后肋骨折。

损伤分析：以上损伤外轻里重，损伤广泛，为多发性骨折，符合高坠伤特点。

死亡经过时间：3.489 天（83.75 小时）。

该期间当地温湿度：气温 20 ~ 30℃，相对湿度 70%。

该案例由盘州市公安局刑警大队陈旭、薛仕刚提供。

现场及尸体变化见以下各图：

2009-6-30，具体时间缺失，现场外的街道

2009-6-30，具体时间缺失，案发现场位于雍正皇桶浴洗浴中心与金帝酒楼两栋楼之间的夹道中

2009-6-30，具体时间缺失，发现尸体的位置

2009-6-30，具体时间缺失，现场尸体姿态

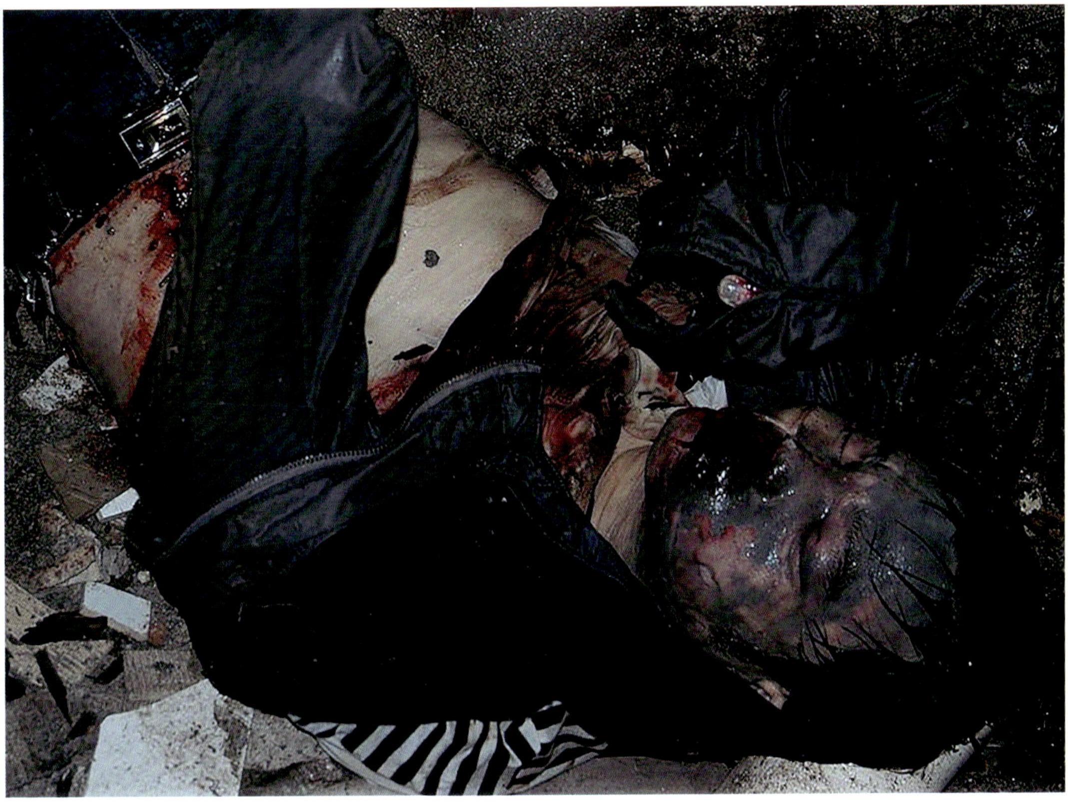

2009-6-30，具体时间缺失，现场初检尸体现象

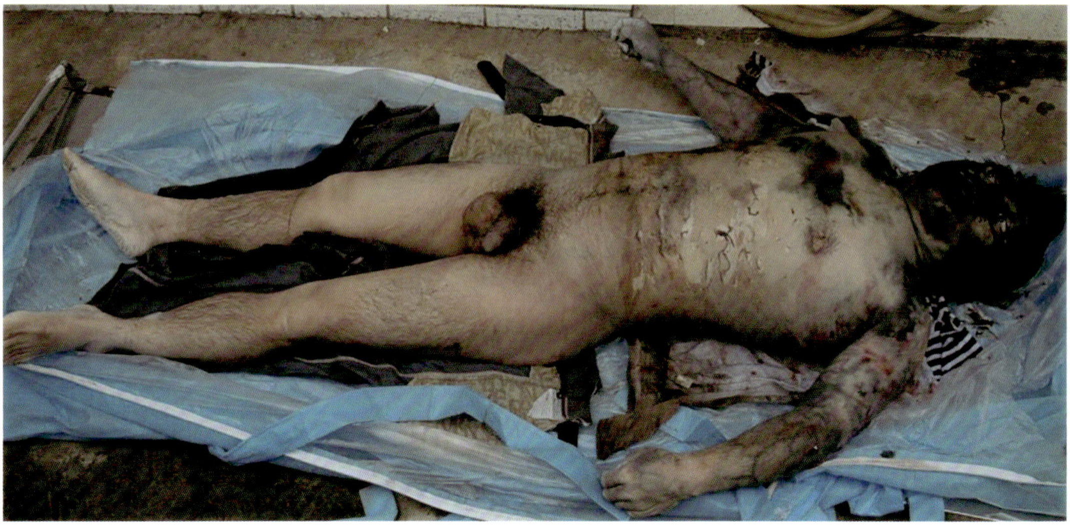

2009-6-30，9:53 见阴囊气肿，腹部隆起，胸前部分表皮分离，双上肢见腐败静脉网，头部巨人观

2009-6-30，9:53 正面观头部巨人观

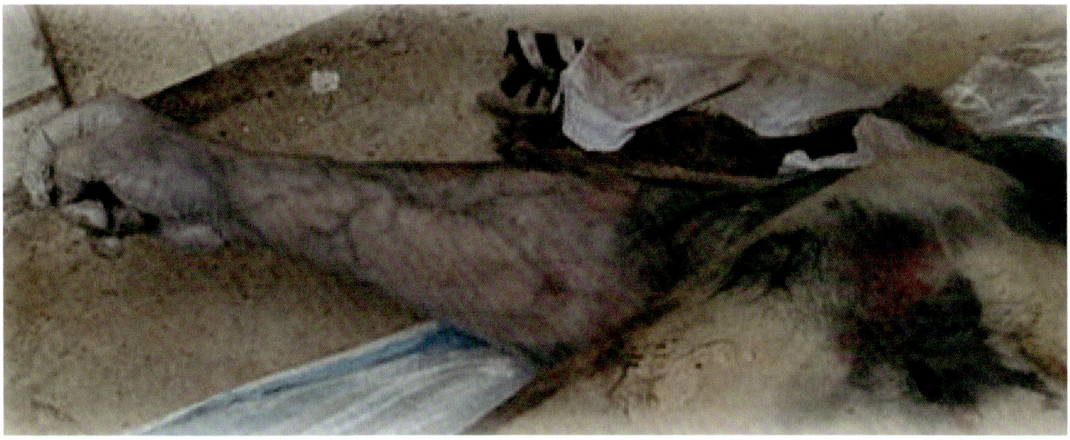

2009-6-30，9:53 右上肢腐败静脉网

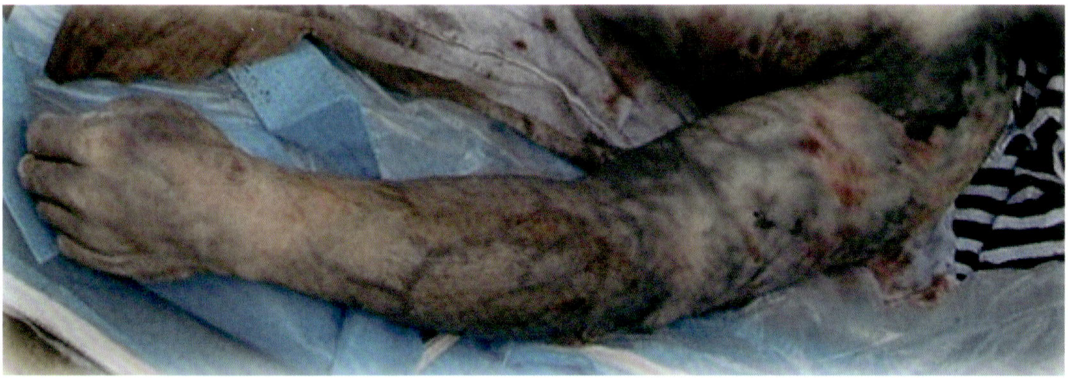

2009-6-30，9:53 左上肢腐败静脉网

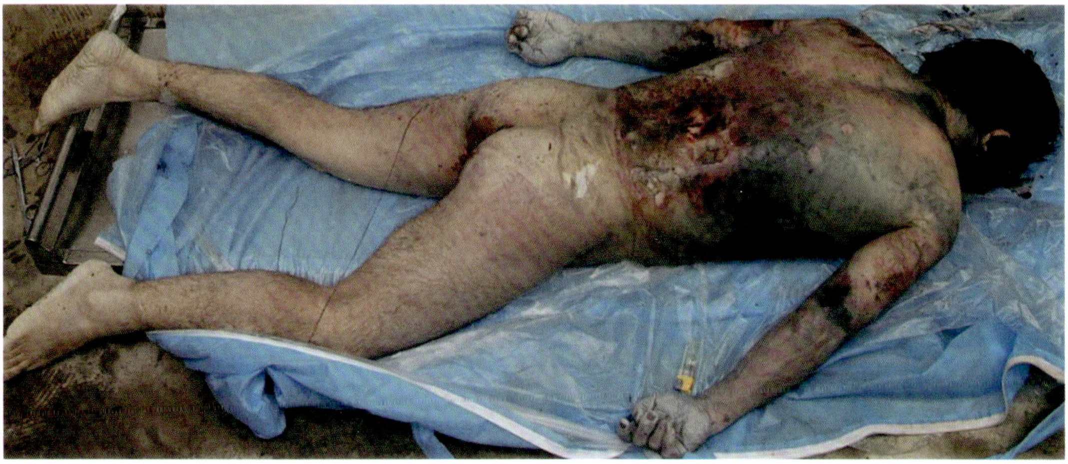

2009-6-30，9:55 背面观

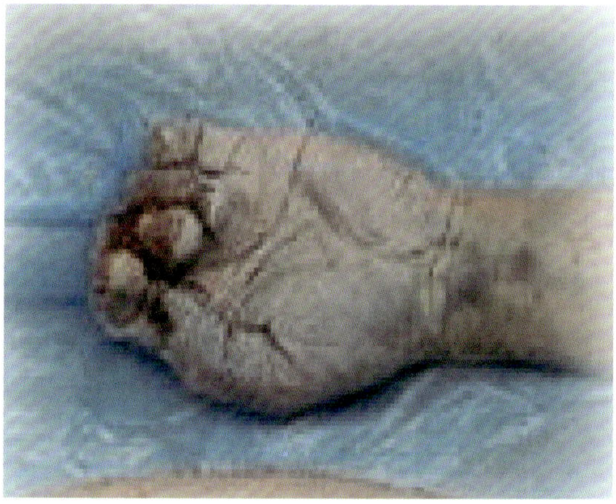

2009-6-30，9:55 漂白起皱的左手掌表皮

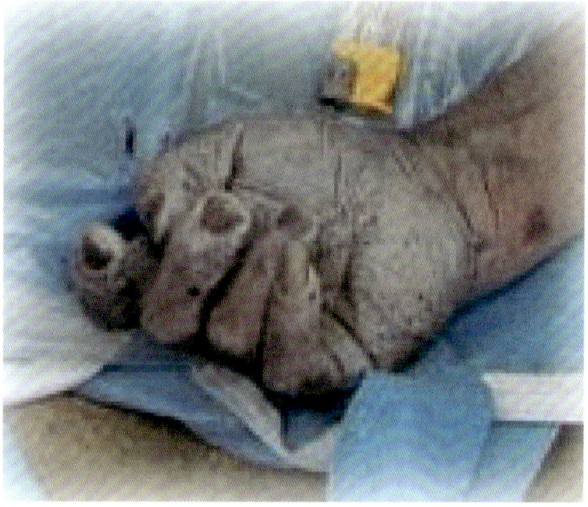

2009-6-30，9:55 漂白起皱的右手掌表皮

2009-6-30，9:55 漂白起皱的左脚底表皮

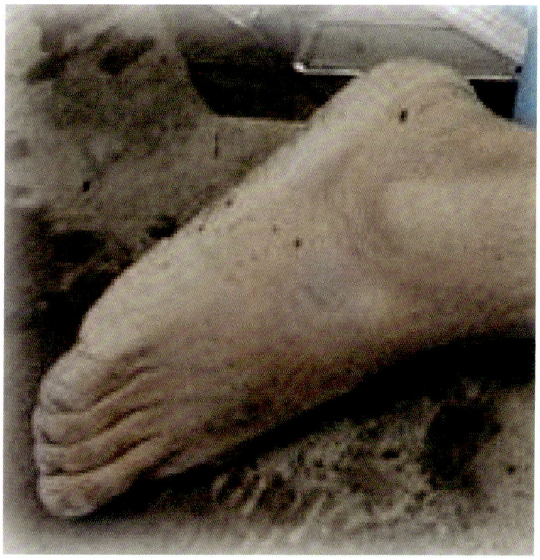

2009-6-30，9:55 漂白起皱的右脚表皮

案例3

2009年9月17日17时左右，在某县第一民族中学洗浴中心二楼一房间内发现一具女尸。死者呈半仰卧位，靠于房间右角上。尸长158厘米，留女式长发，发长20厘米，面部被长发遮盖，颈部戴有黑绳白玉串珠项链1条。上身穿白底红花短袖女装1件，白色胸罩1件；下身穿黑色紧身裤1条，粉色内裤1条，身下水泥楼板地面上留有大面积暗褐色血迹，光脚。

尸体高度腐败，呈巨人观状。体表腐败水泡形成，尤以躯干为甚。颜面蝇蛆生长附着，蝇蛆最长0.5厘米。眼球突出，瞳孔混浊，唇黏膜及口腔未见破损，下颌左右中、侧切牙齿脱落4枚，牙龈正常，下颌下缘见一陈旧性疤痕。颈软，躯干无明显外伤，腹部膨隆，十指甲青紫，两腿间见一死后分娩胎儿，经脐带与胎盘相连。胎儿已成型，长30厘米，男性，十指已分离，体表无损伤。

枕顶部皮下见一8.0厘米 ×5.0厘米头皮下淤血，颅腔见脑组织腐败呈液化状，未见出血征象，颅底正常。

颈部肌群出血，以甲状软骨两侧为甚，打开气管，管腔内黏膜呈广泛性充血。

双肺明显淤血，呈暗红色样改变，心脏软化，未见血液存留。

肠管充气，肝、脾、肾、胰等脏器无异常。胃脏排空，黏膜完好，未闻及特殊气味。

死亡经过时间：在未抓到犯罪嫌疑人时，根据尸体现象及尸体检验鉴定书中记载的蝇蛆最长0.5厘米的资料，推断死者的死亡经过时间应是2.602天（62.448小时），其主要依据是气温在18.1~26℃，平均气温21.7℃，蝇蛆每天生长0.304厘米，而长度为0.5厘米的蛆，说明已在尸体上生活了1.644天，再加上卵期0.958天。

犯罪嫌疑人归案后交代，杀人的时间是2009年9月15日凌晨2时左右，被害人死亡经过时间为2.708天(65小时)。

该期间平均气温21.63℃,最高气温26℃,最低气温18.10℃。

实际死亡经过时间与推测的时间仅差0.106天（2.552小时），说明利用蝇蛆在尸体上的生活规律推测死亡经过时间是非常有参考价值的。

该案例资料由杨明提供。

现场及尸体变化见以下各图：

2009-9-17，19:09 案发现场

2009-9-17，19:09 尸体现场

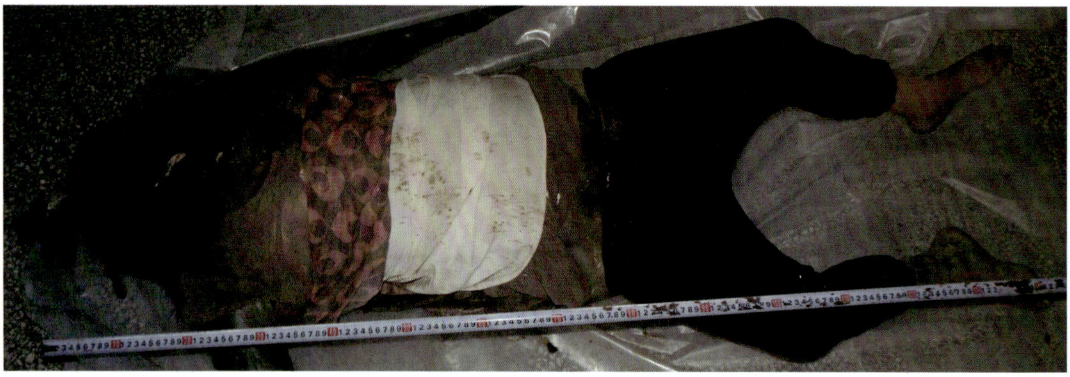

2009-9-18，9:13 尸体概况

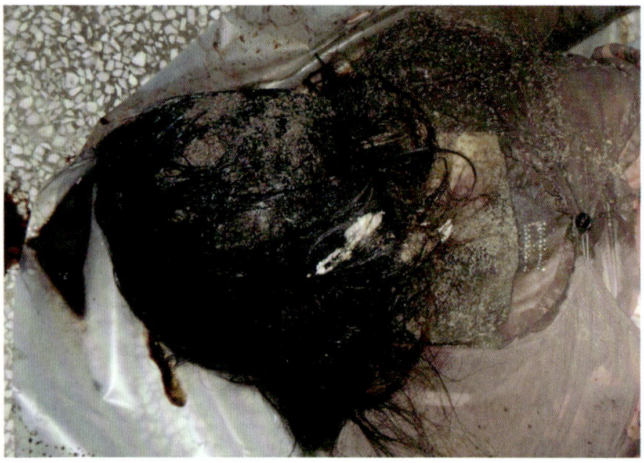

2009-9-18，9:13 头部布满蝇蛆

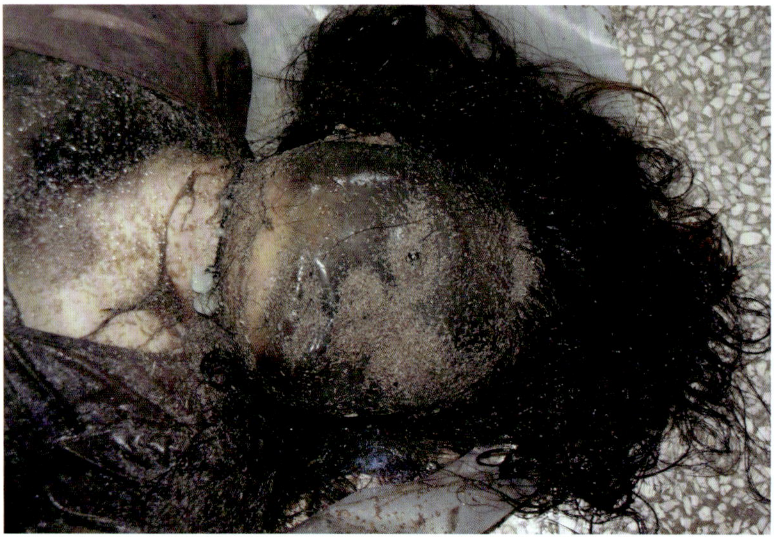

2009-9-18，9:15 面部布满蝇蛆

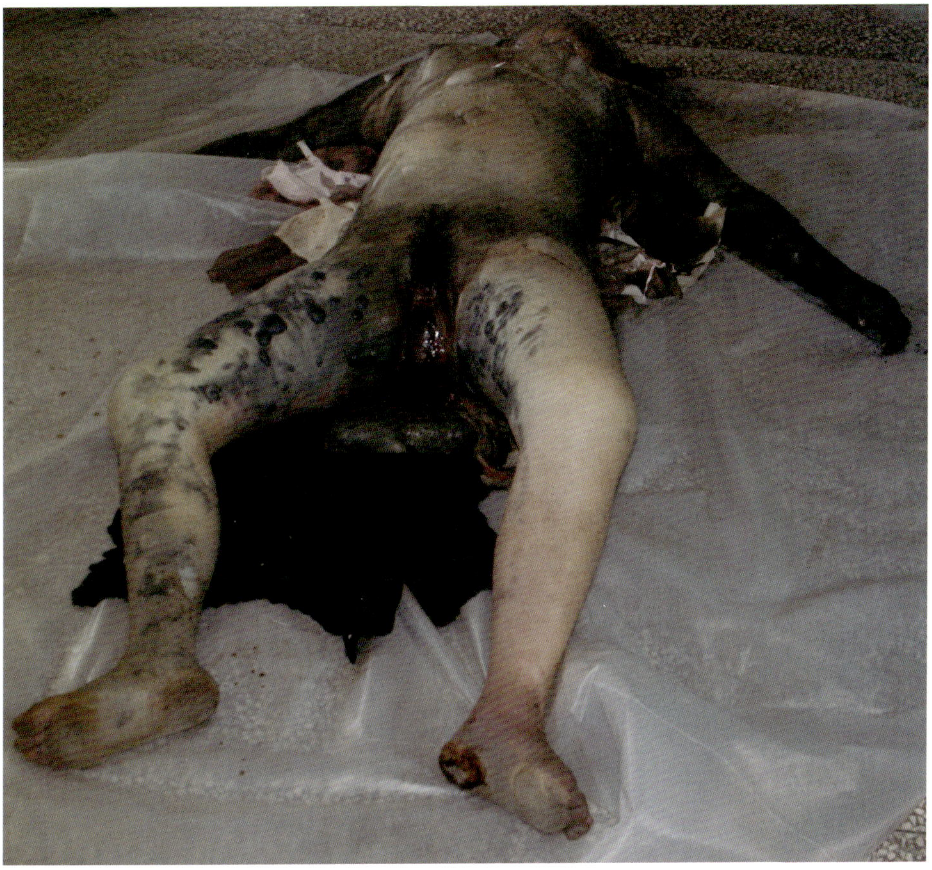

2009-9-18，9:22 大腿内侧布满腐败水泡，并见死后分娩的婴儿

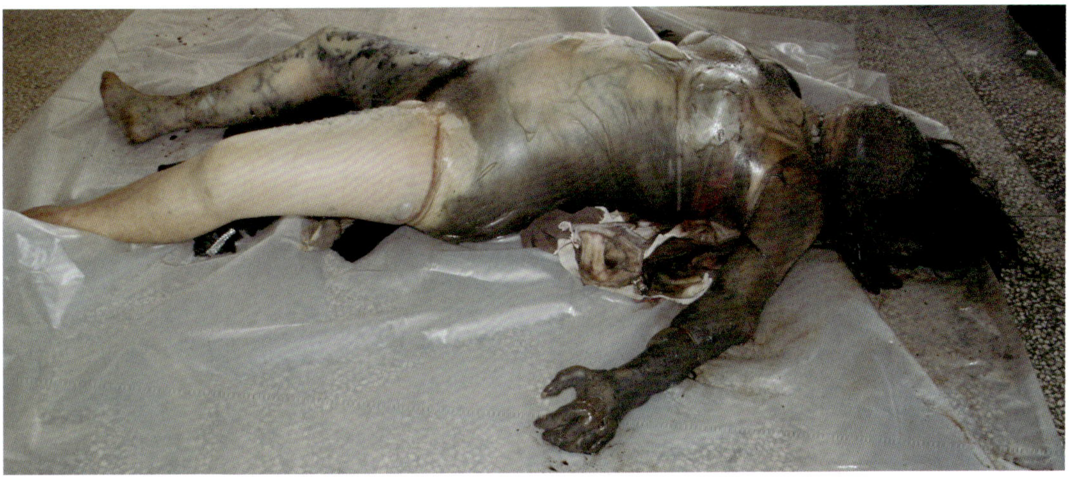

2009-9-18，9:24 左侧观

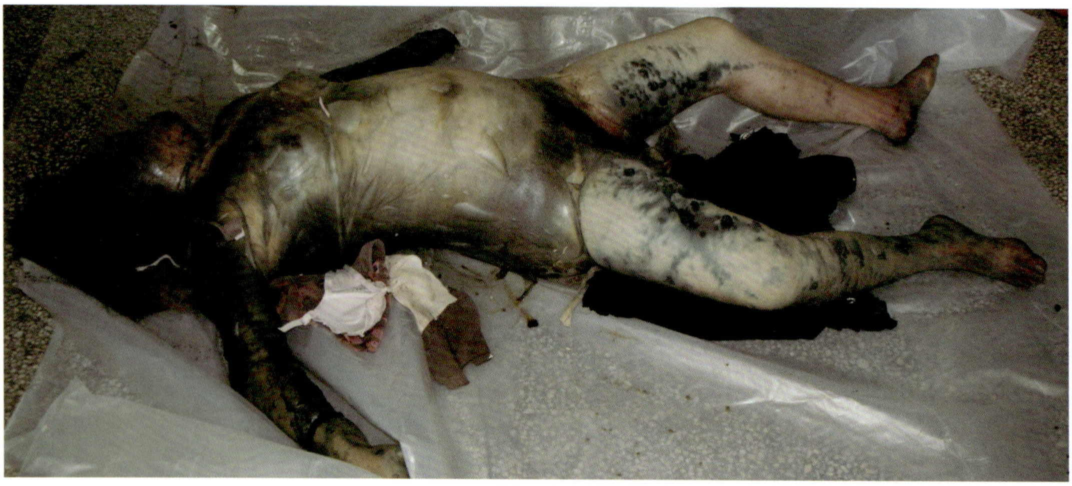

2009-9-18，9:24 右侧观

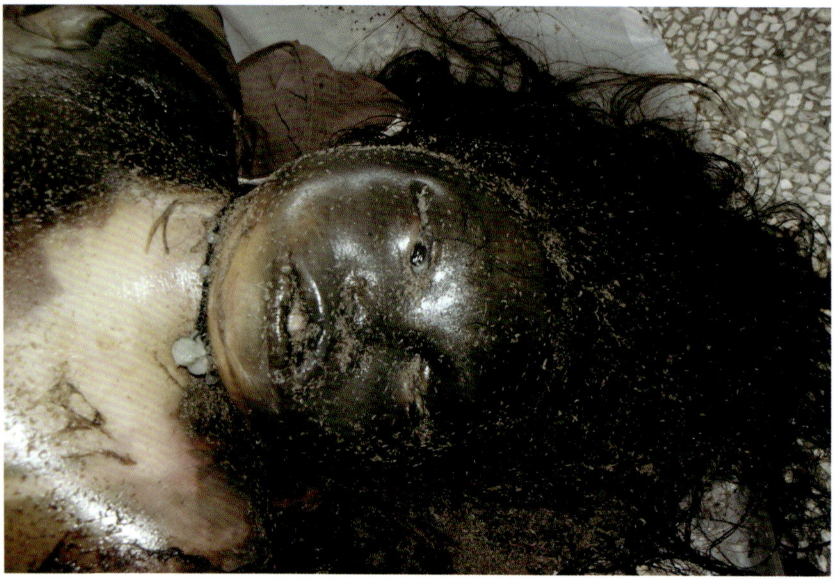

2009-9-18，9:26 前面观面部

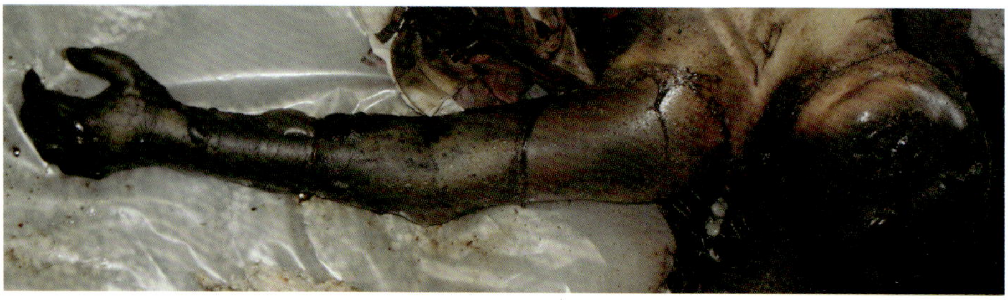

2009-9-18，9:27 左臂见腐败水泡

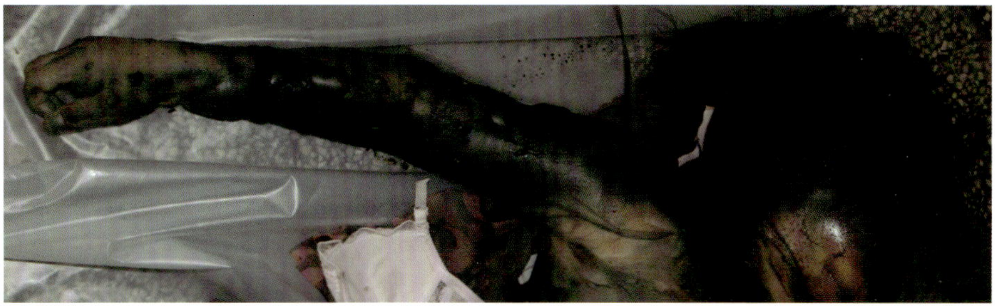

2009-9-18，9:27 右臂见腐败水泡

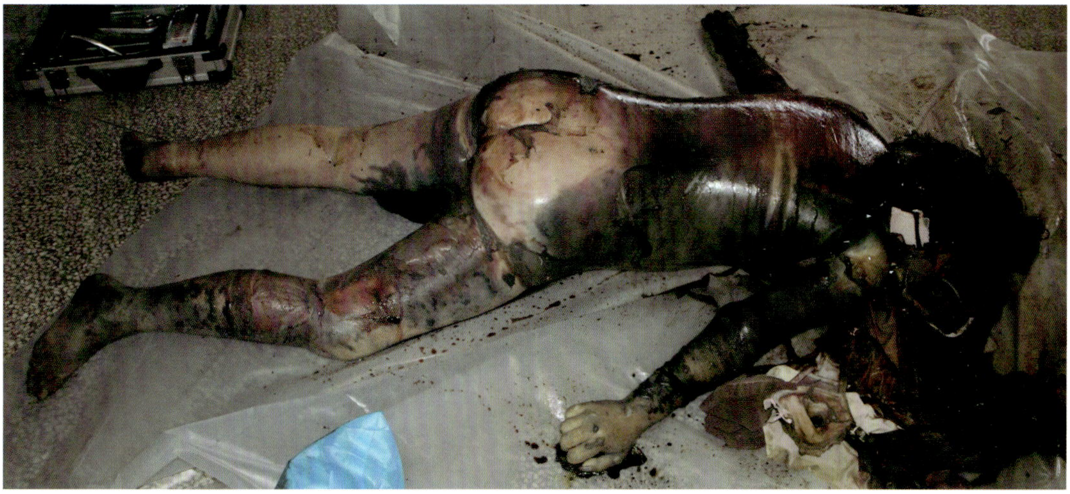

2009-9-18，9:31 右侧观尸体背面现象

2009-9-18，9:31 后面观臀部大部表皮剥脱，右大腿后见腐败水泡

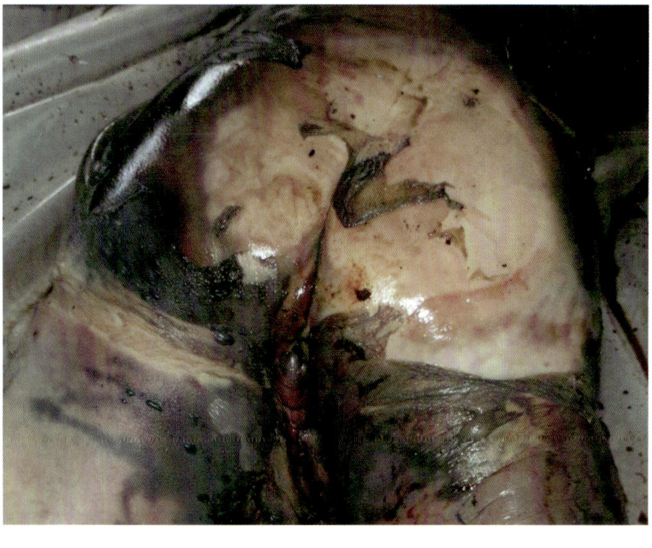

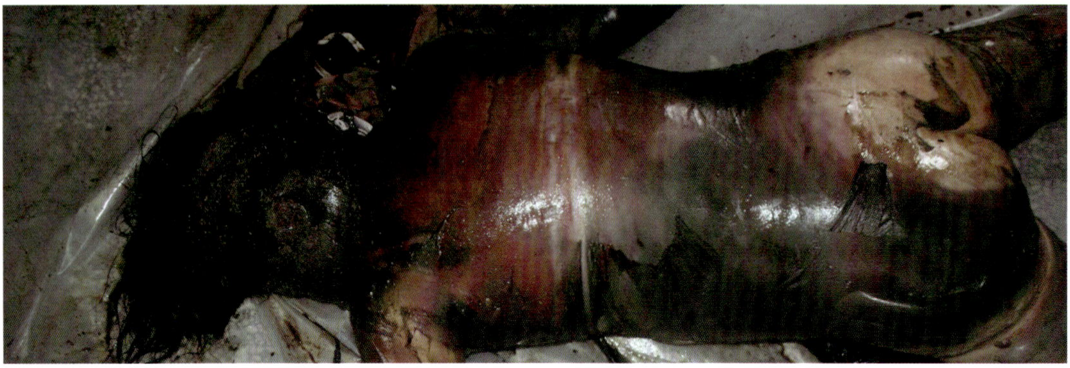

2009-9-18，9:32 左侧观背面大部表皮剥脱

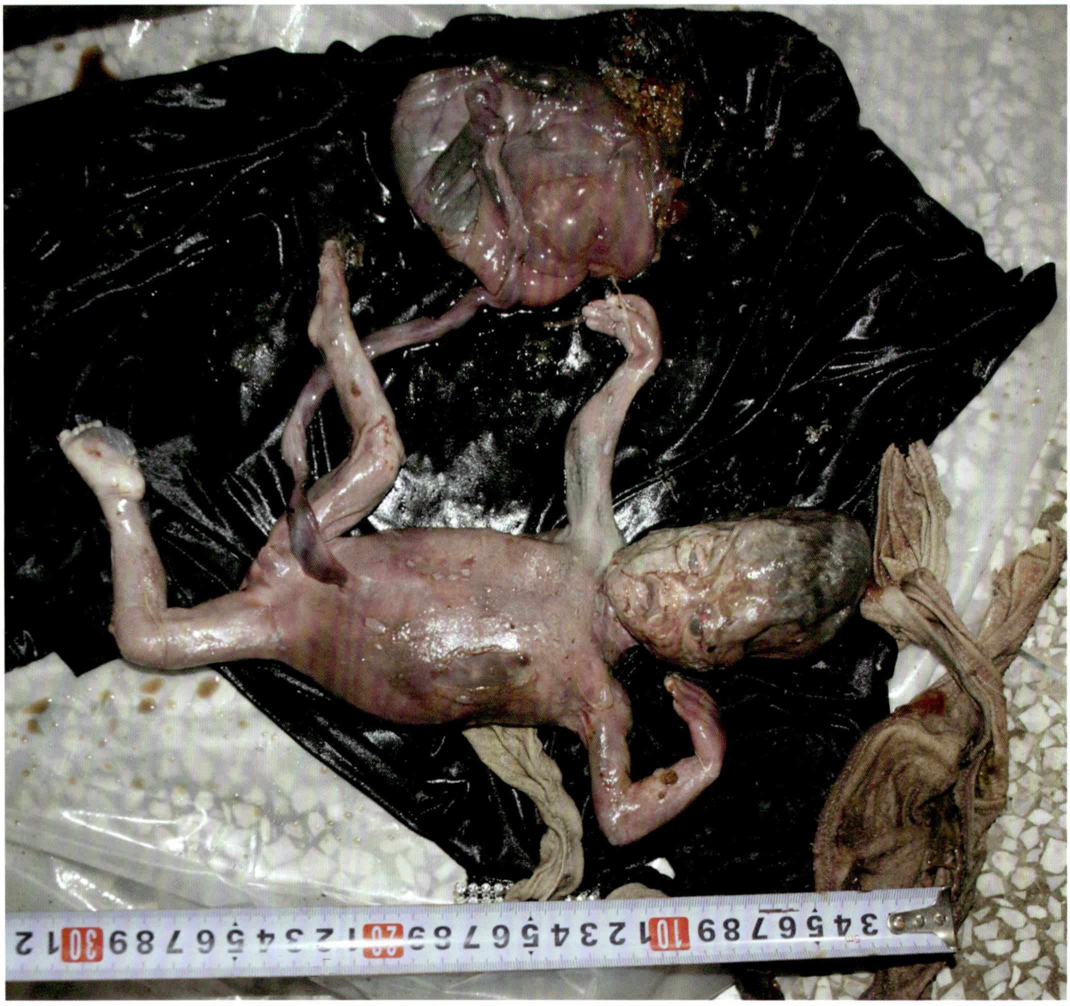

2009-9-18，10:47 死后分娩的婴儿

案例 4

2010 年 5 月 20 日 10 时许，某市城关镇居民胡某被他人杀死在汽车站后面的出租屋内。

犯罪嫌疑人余某某交待，2010 年 5 月 6 日 24 时许，其与女友胡某在城关镇九街汽车站旁的出租屋内因纠纷发生争执，后用菜刀将胡某杀死。

尸体上身着吊带睡衣，下半身裸体，赤足。皮肤腊黄，部分皮革样变，尸斑位于躯干背侧，片状，指压不褪色。尸僵存在于四肢关节，强硬。头发黑色，长发，顶部发长 20.0 厘米。双眼微睁，双眼球脱水，眼眶凹陷。双眼、口、鼻见尸霉，双外耳道未见异常。右颧部见 2.0 厘米和 7.0 厘米划痕。颈前部见 12.5 厘米 ×4.8 厘米创，创口被尸霉覆盖，无表皮剥脱、皮下淤血，创缘整齐，创壁光滑，创腔无组织间桥、右深左浅；颈部左侧见两皮瓣形成，钝性分离，双侧胸锁乳突肌、气管、食管、右颈总动脉、右颈内静脉离断，第 6 颈椎椎体前侧见 3 处平行劈裂骨折。左肩部前侧至左第 2 肋间由上至下分别见 6.5 厘米、6.0 厘米、9.0 厘米、10.0 厘米划痕；右锁骨外上方见 4.3 厘米划痕；右锁骨肩部见 2.0 厘米划痕；上胸部见 8.0 厘米 ×1.5 厘米、7.5 厘米 ×0.7 厘米、4.5 厘米 ×0.5 厘米及散在指头大小表皮剥脱，皮革样变。右肩部前侧见 3.5 厘米 ×2.3 厘米皮下出血；左上臂外侧见 18.5 厘米 ×1.0 厘米表皮剥脱，皮革样变，其上段见 9.5 厘米划痕，中段见 2.0 厘米划痕。右大腿上段外侧见 3.8 厘米 ×3.0 厘米、右小腿中段外侧见 2.5 厘米 ×1.3 厘米、0.3 厘米 ×0.3 厘米皮下出血。腹部、会阴、脊柱、双手及左下肢未见异常。头皮、皮下、颅骨、硬脑膜、脑组织及颅底均未见异常。胸腹壁、肋骨、纵膈、心、肺、胃、肝、脾、肠、肾、子宫均未见异常，子宫内见一金属环，胃内空虚。

死亡经过时间：17.458 天（418.99 小时）。

该期间当地温湿度：平均气温（18.638 ± 5.948）℃，最高气温 29℃，最低气温 12℃；相对湿度 70%。

该案例由陈旭、薛仕刚提供。

现场及尸体变化见以下各图：

2010-5-20，具体时间缺失，城关镇九街全景

2010-5-20，具体时间缺失，出租屋

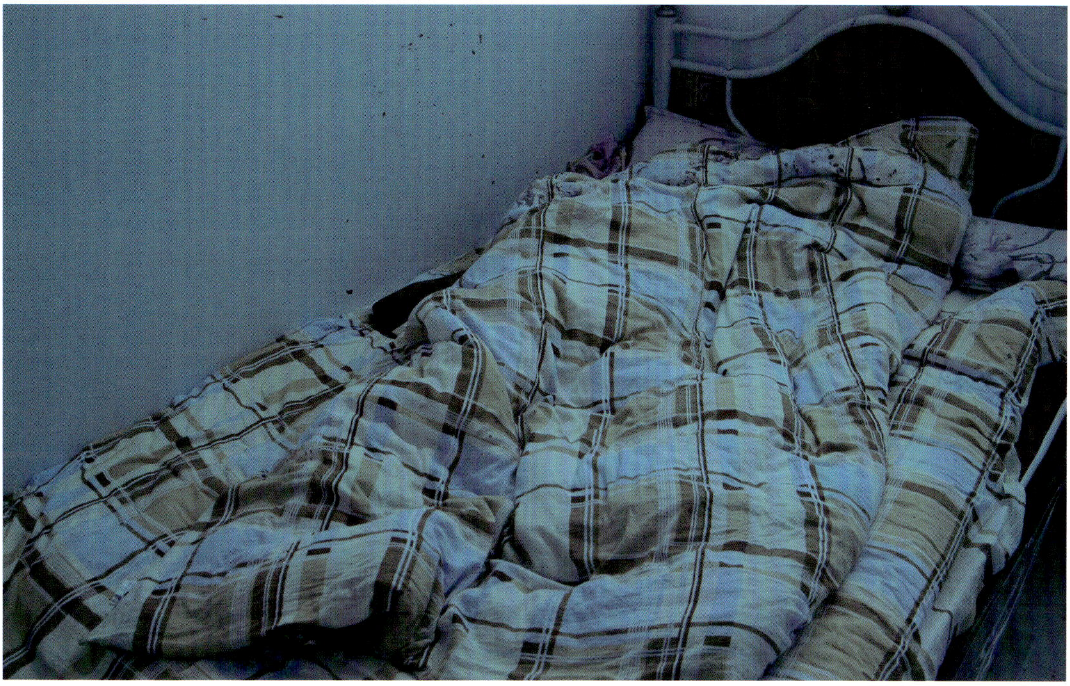

2010-5-20，15:19 死者被被子盖着

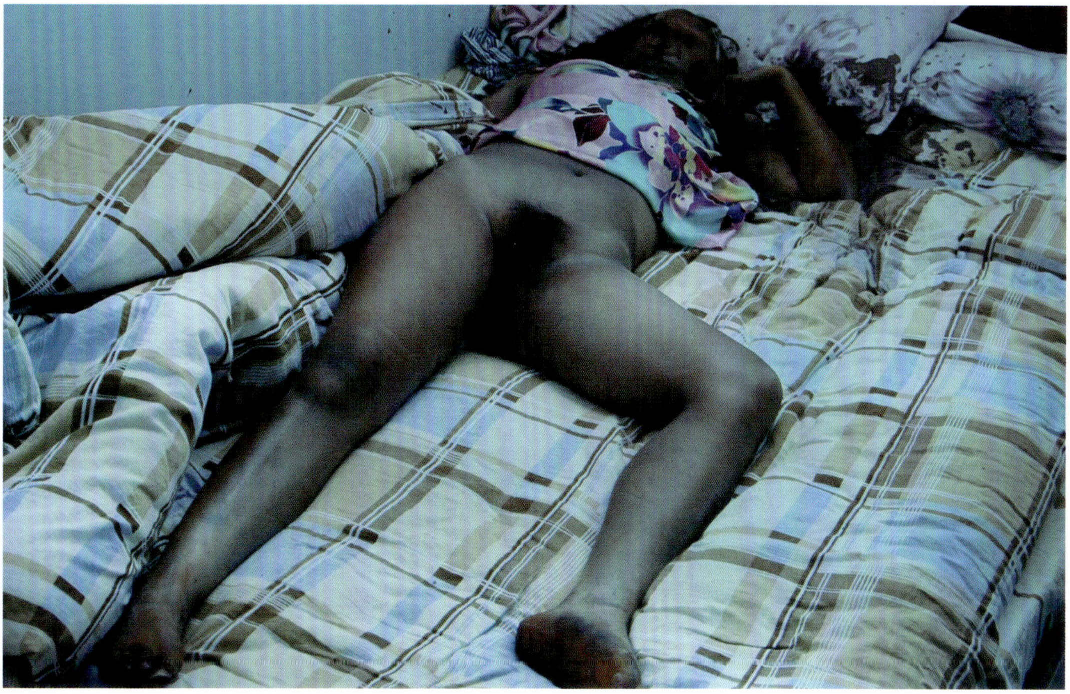

2010-5-20，15:20 死者姿态

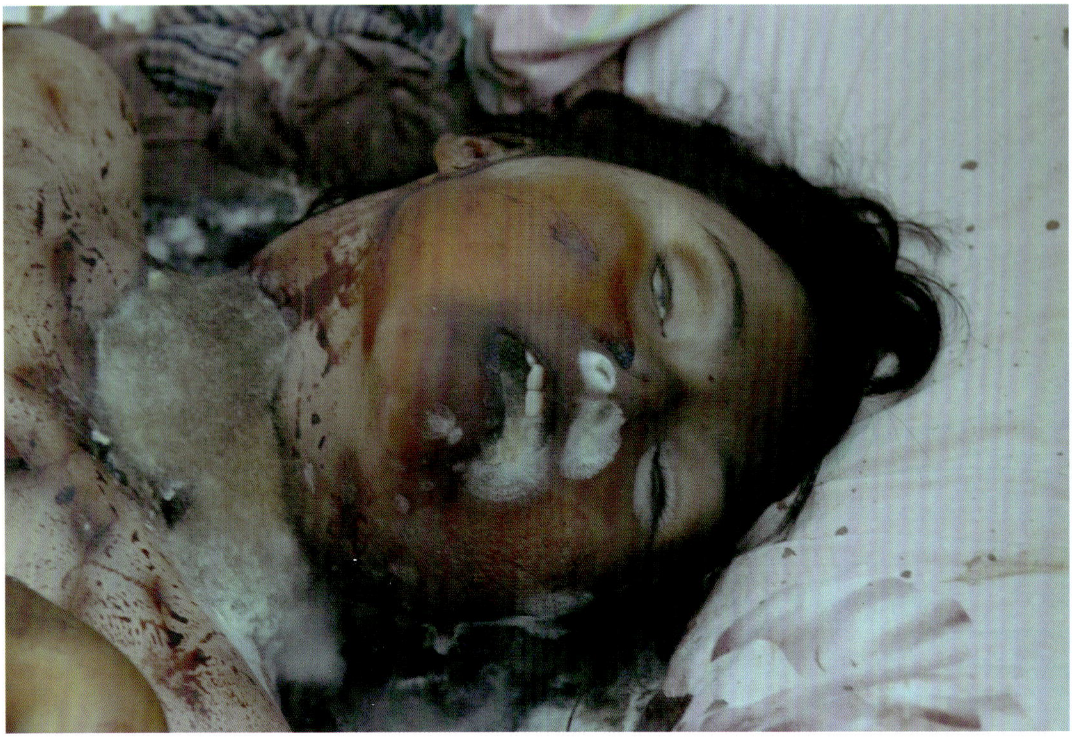

2010-5-20，15:20 见口鼻及颈部有霉斑

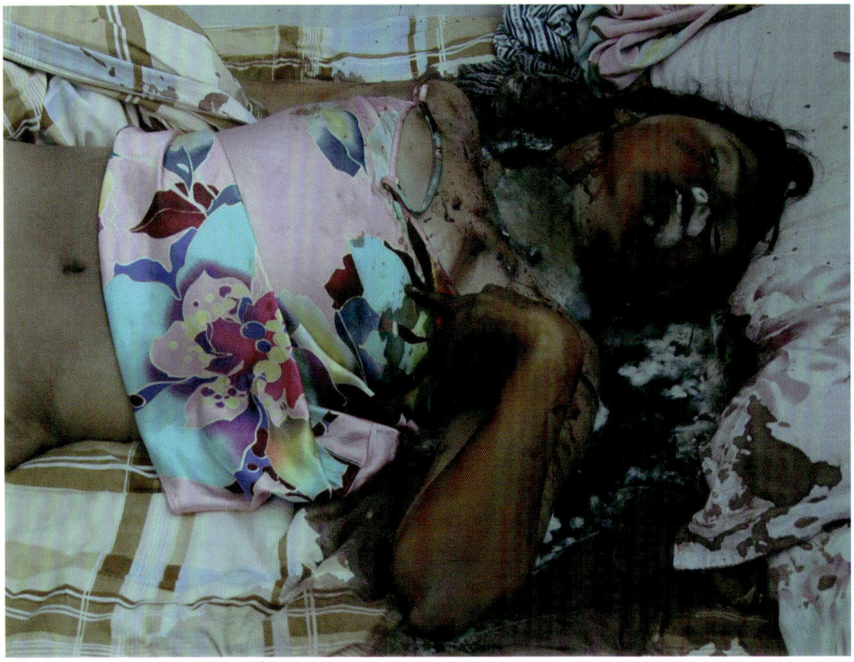

2010-5-20，15:21 见枕部左右床单有霉斑

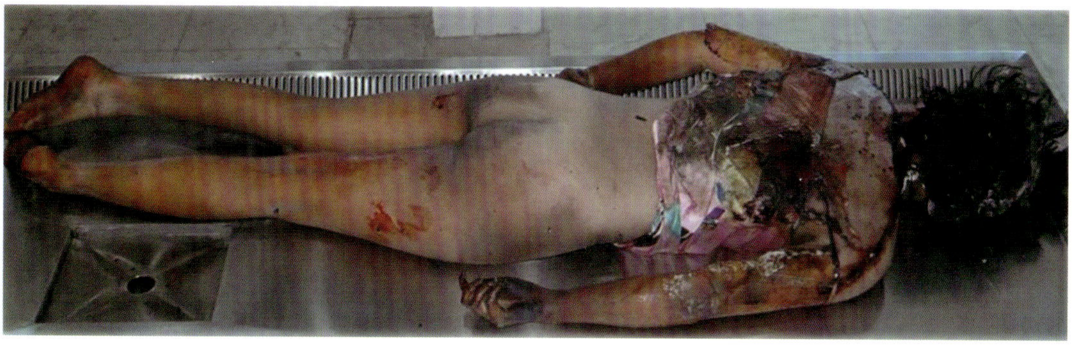

2010-5-24，11:05 见背面有散在灰白色霉斑

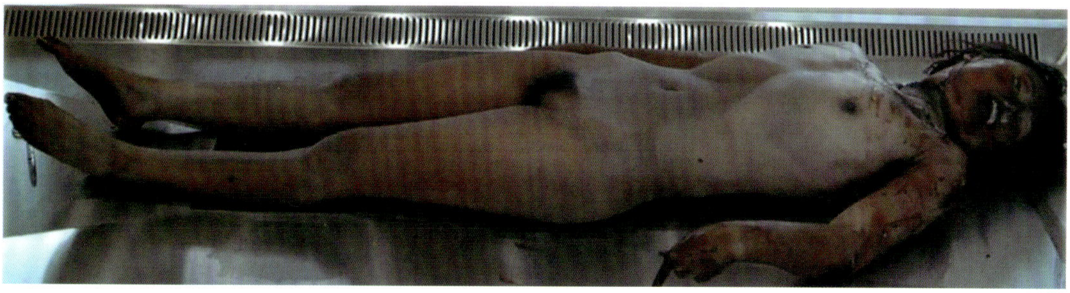

2010-5-24，11:08 见腹面有散在灰白色霉斑，无明显腐败现象

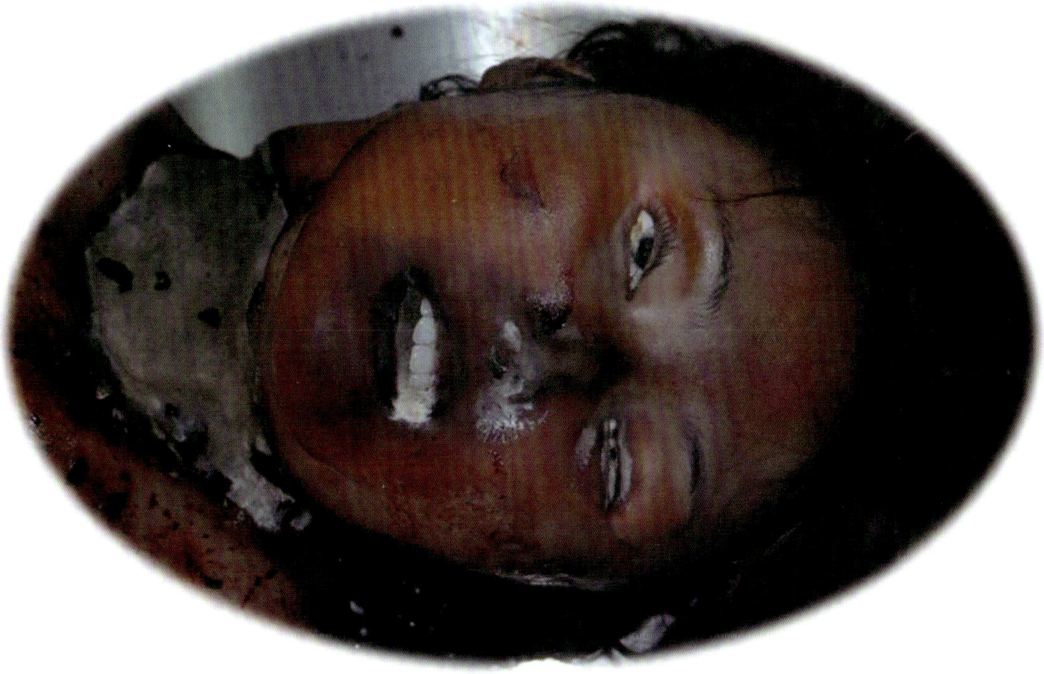

2010-5-24，11:09 见颈部创口及五官处有灰白色霉斑

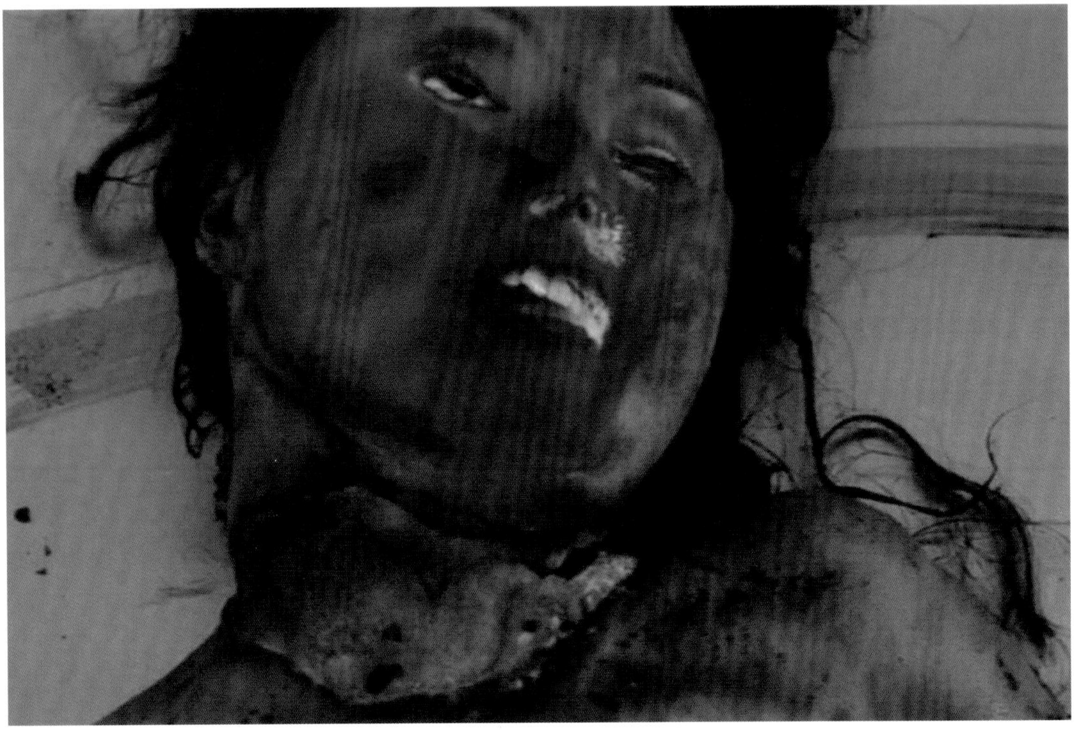

2010-5-24，11:18 见颈部创口及五官处有灰白色霉斑

案例 5

2012 年 12 月 25 日 19 时许，潘某某酒后因家庭琐事与其兄及母亲发生争吵，并扬言要杀死他们二人。潘某某从家中拿出一把菜刀准备与其兄打架，后菜刀被其母亲抢下。潘某某又从家中拿出一把尖刀，出来后与其兄相遇，并发生抓扯。在抓扯过程中，潘某某被其兄用尖刀刺中胸部后死亡。

2013 年 1 月 2 日 14 时 26 分至 15 时 24 分，在死者兄潘某某见证下，在某乡某村潘某某的坟墓处对其尸体进行开棺检验。

尸检照相时间：2013 年 1 月 2 日 14:26~15:24。

死亡经过时间：8 天左右（埋葬 6 天）。

该期间当地温湿度：气温 6 ~ 12℃，相对湿度 50%。

该案例由贞丰县公安局法医李虎、黔西南州公安局法医龚胜提供。

现场及尸体变化见以下各图：

2013-1-2，14:26 指认坟墓

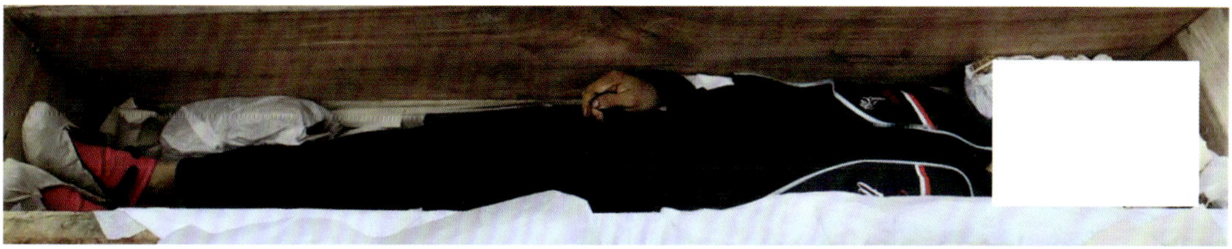

2013-1-2，14:45 棺内尸体状况

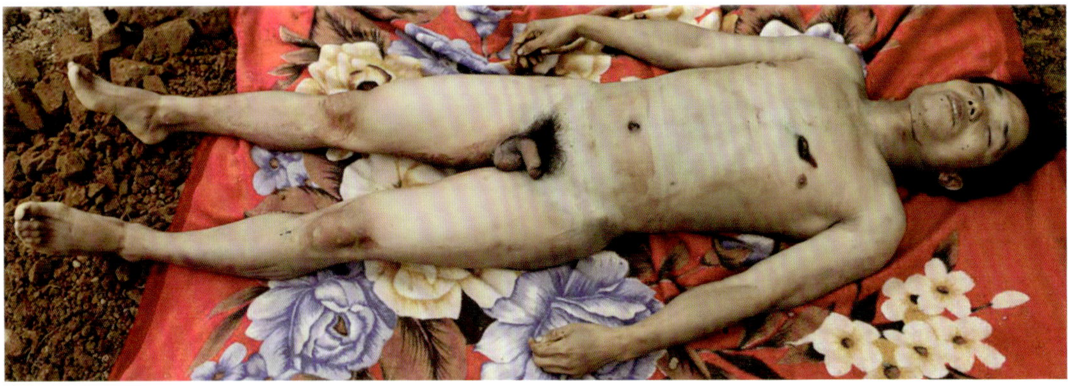

2013-1-2，14:50 腹面观尸体无明显腐败现象，尸僵已缓解

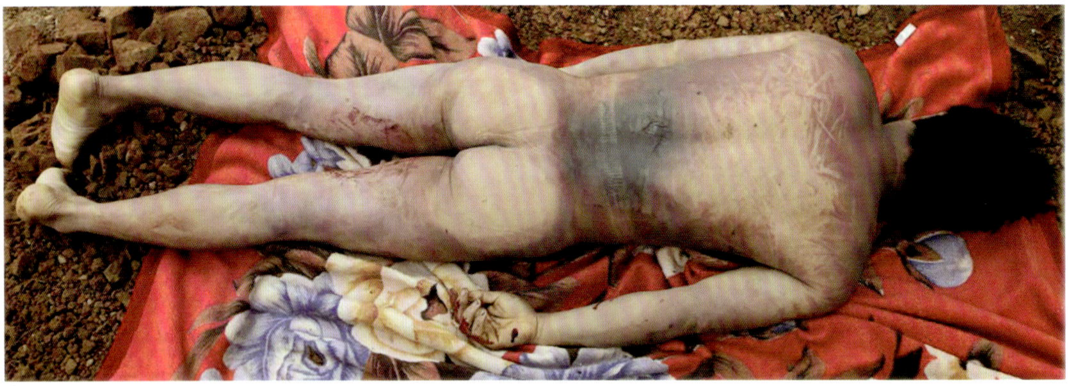

2013-1-2，14:52 背面观尸斑暗红色，存在于腰背等低下未受压部位，指压不褪色

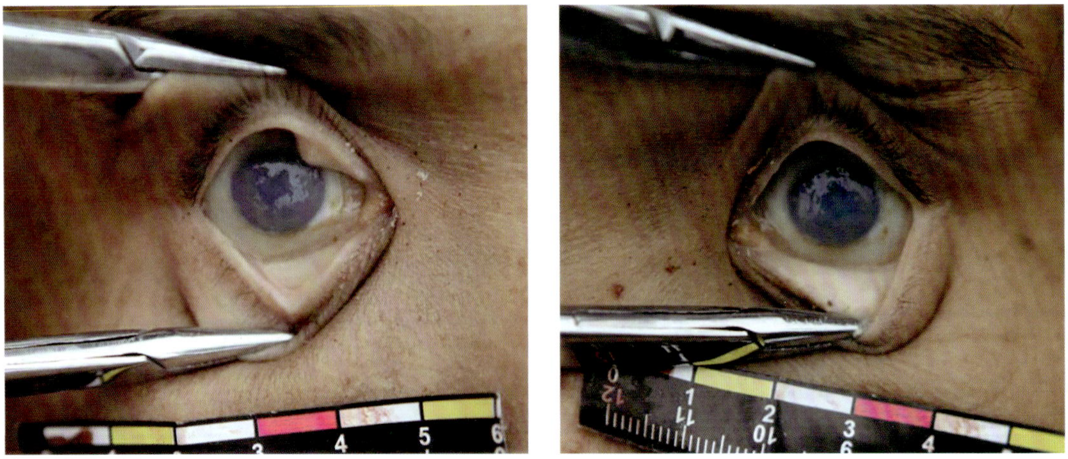

2013-1-2，14:56 双眼角膜中度浑浊

案例 6

2016 年 8 月 14 日 10 时，在某县拉荣大坝下游河边发现一具尸体。后经多方查找，疑似贞丰县某村的黄某某（失踪）。经死者家属进行辨认后，确认其就是 8 月 13 日中午出去玩后一直未归家的黄某某。

2016 年 8 月 15 日 6 时 17 分至 10 时 47 分对尸体进行检验。尸体高度腐败呈巨人观，角膜重度浑浊，瞳孔不可视，双手掌及足掌皮肤呈手套样改变，阴茎及睾丸肿胀膨出，死后排便。

死亡时间推断：据尸检情况，结合调查材料，推断死亡时间为 2016 年 8 月 13 日 15:00~17:00。

死亡经过时间：48 小时左右。

该期间当地温湿度：气温 26 ~ 30℃，相对湿度 70%。

以上资料由法医李虎、黄文艳、王梅提供。

现场及尸体变化见以下各图：

2016-8-15，5:15 案发现场

2016-8-15，5:15 尸体现场

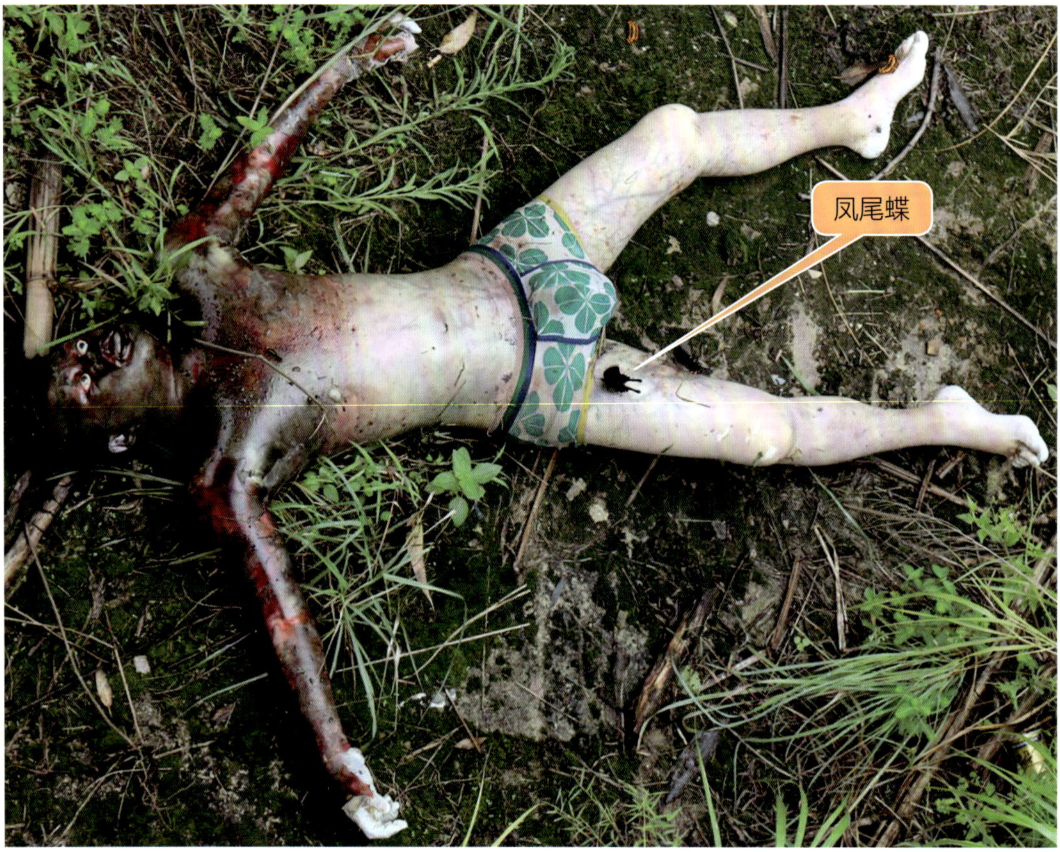

2016-8-15，10:14 尸体巨人观，右侧大腿前内侧见 1 只凤尾蝶

2016-8-15，10:35 双手皮肤手套样

2016-8-15，10:36 阴囊气球样

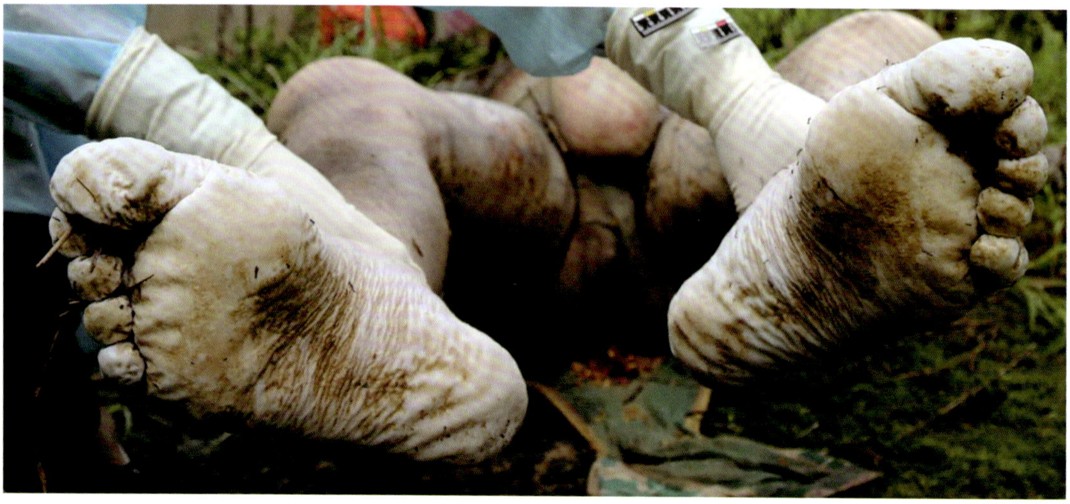

2016-8-15，10:37 双脚底皮肤漂白皱缩

2016-8-15，10:47 背面观尸体现象

案例 7

2017 年 2 月 2 日，某县一水窖内发现一具尸体。经现场勘验后，将尸体打捞出并运至尸体解剖室保管。经多方工作及 DNA 检验认定，该无名女尸系某县某村村民刘某某。经侦查，王某某有重大作案嫌疑。后王某某交代，其 2017 年 1 月 1 日 20 时许邀约刘某某去镇上吃烧烤，返回至水窖处，两人发生争吵，王某某抓扯刘某某头发，将其额部、枕部等处撞击在水窖边上的一块石头上。见刘某某没气后，王某某将其外衣、裤子、内裤、鞋子脱下，并将刘某某尸体扔进水窖内，将脱下来的外衣、裤子、内裤、鞋子丢进河内。

死者上身穿黑色加绒背心，下身赤裸，左足穿白底印花棉袜，右足为赤足。黑色背心左侧肩带位于左肩部，右侧肩带滑脱，前后襟下缘翻卷于腰腹部。无任何随身物品。

尸长 149 厘米，发育正常，营养中等。尸体已高度腐败，黄色长发，发根处为黑色，顶部发长 60 厘米。额颞顶部见一 26.0 厘米 ×9.0 厘米皮肤挫伤区域，该区域内见不规则皮肤缺损，边缘伴有蝇蛆啃食痕迹。额部右侧见一 0.7 厘米 ×0.3 厘米挫裂口。顶部左侧分别见 3.5 厘米 ×0.5 厘米、3.0 厘米 ×0.6 厘米头皮挫裂创，周围伴有头皮挫伤。枕部右侧见一 5.0 厘米 ×3.0 厘米不规则头皮挫裂创，周围伴头皮挫伤，且蝇蛆附着，皮瓣向右下翻卷，深达骨质。双眉部位可见纹眉痕迹，右耳郭外缘至背侧见一 2.5 厘米 ×1.0 厘米纵行挫裂口。双耳道无异物。外鼻无异常，鼻腔内无流血、流液。口唇轻度发绀，口腔黏膜无损伤，口腔内无异物，舌于齿间，左右上正切牙、侧切牙为镶牙，余牙齿无松动、脱落，齿龈发绀。左髂部见一 3.5 厘米 ×2.0 厘米皮肤出血；右髂部见 2 条斜形皮肤出血，长度均为 5.0 厘米 ×0.3 厘米，且 2 条相距 2.2 厘米；骶尾部见一 3.5 厘米 ×3.0 厘米表皮剥脱；右侧臀部见一 3.0 厘米 ×2.0 厘米皮肤出血。左前臂中上段至腕部见 12.0 厘米 ×4.0 厘米皮肤出血区域，且该区域内可见 5.0 厘米 ×2.5 厘米皮肤淤青并向尺侧延伸；右前臂中下段见数条陈旧性横行疤痕，右腕部至右手背部见 10.0 厘米 ×8.0 厘米皮肤出血，以桡侧为重。左大腿上段外侧见 12.0×10.0 厘米皮肤出血区域，左大腿内侧见 26.0 厘米 ×15.0 厘米皮肤青紫区域，左小腿胫前部见 6.0 厘米 ×5.0 厘米皮下出血；右大腿上段外侧见 7.0 厘米 ×3.0 厘米皮肤出血，右大腿中上部内侧见 19.0 厘米 ×12.0 厘米皮下出血区域，右小腿胫前部见散在的皮下出血。双手及双足呈手套、袜套样改变。余尸表未见异常。

头枕部右侧见大片头皮下淤血，延伸至项部肌肉组织，双侧颞肌无出血淤血，枕部右侧头皮挫裂创对应枕骨见一类三角形凹陷性骨折。锯开、取下颅盖骨，颅骨内板无损伤，硬脑膜完好无损，脑组织自溶，右侧颅后窝见一“U”字形骨折线延伸至枕骨大孔。

颈、胸腹部皮下肌肉组织无出血淤血，舌骨、甲状软骨、胸骨及肋骨无骨折。切开气管，气管内壁充血并有小片状泥沙粘附，右侧支气管壁亦可见泥沙粘附。双侧胸腔可见少量腐败液，心包内见少量腐败液，心脏外观大小正常，腹腔无积血、积液，腹腔内脏器无损伤。胃空虚，胃内食物性状不可辨，为食糜样，量约 60 毫升。余无异常。

死亡经过时间：31 天。

该期间平均气温 7.015℃，最高气温 20℃，最低气温 -3℃。

该案例由张华清、吴次丹、聂国彦提供。

现场及尸体变化见以下各图：

2017-2-2，17:10 水窖

2017-2-2，17:14 水窖口

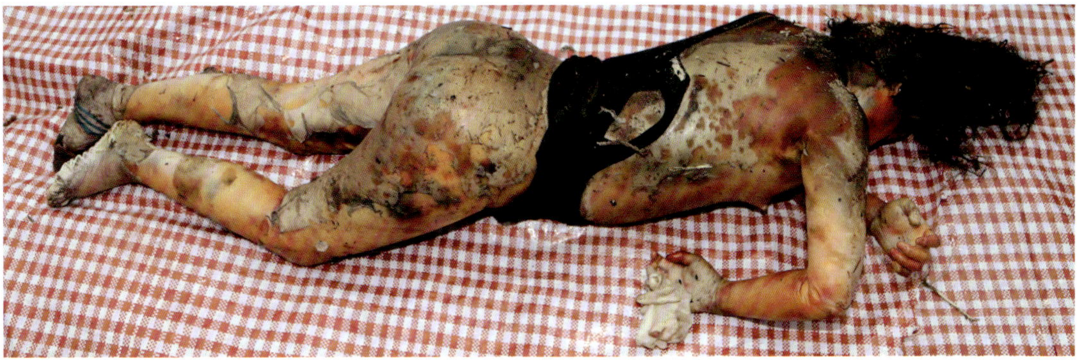

2017-2-3，18:18 水中尸体现象（全身表皮剥脱）

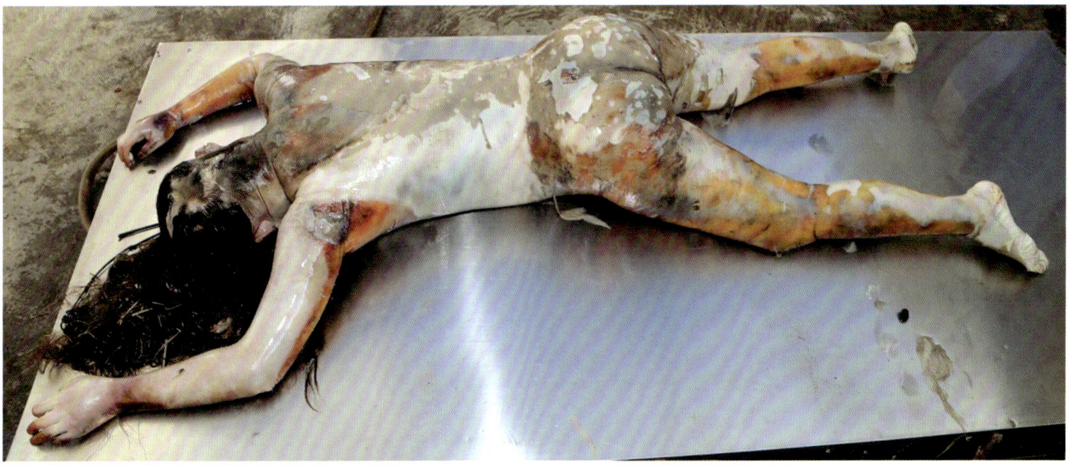

2017-2-4，16:47 水中尸体现象（背面观）

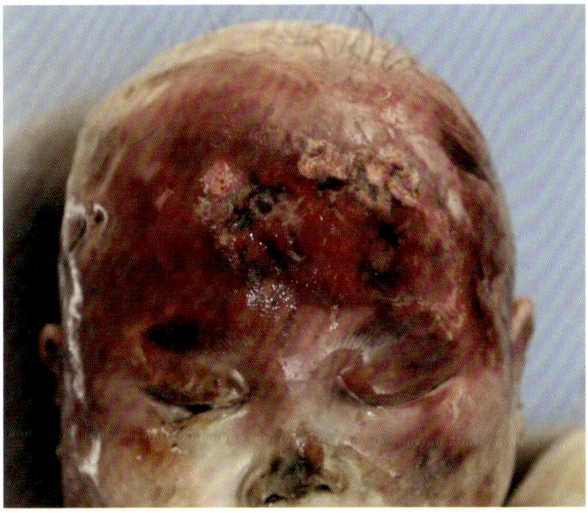

2017-2-4，17:23 额部见挫伤

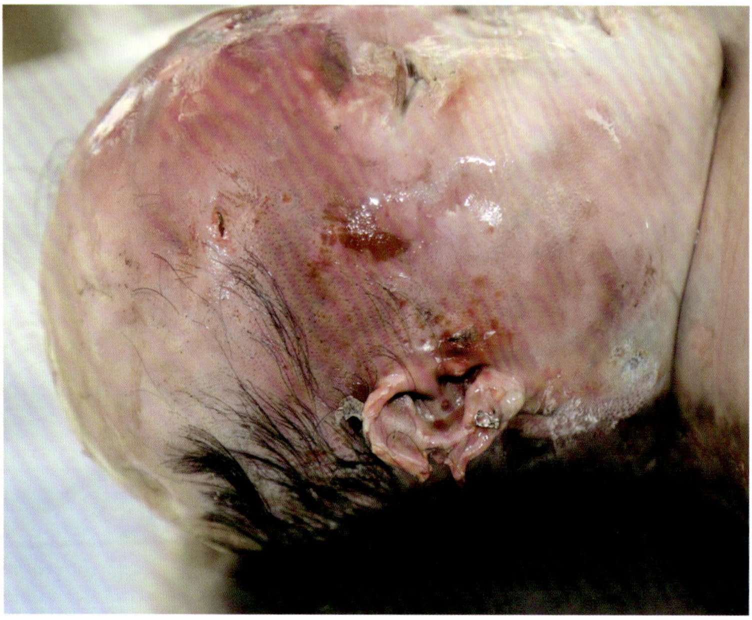

2017-2-4，17:23 头部右侧及耳郭有钝器伤

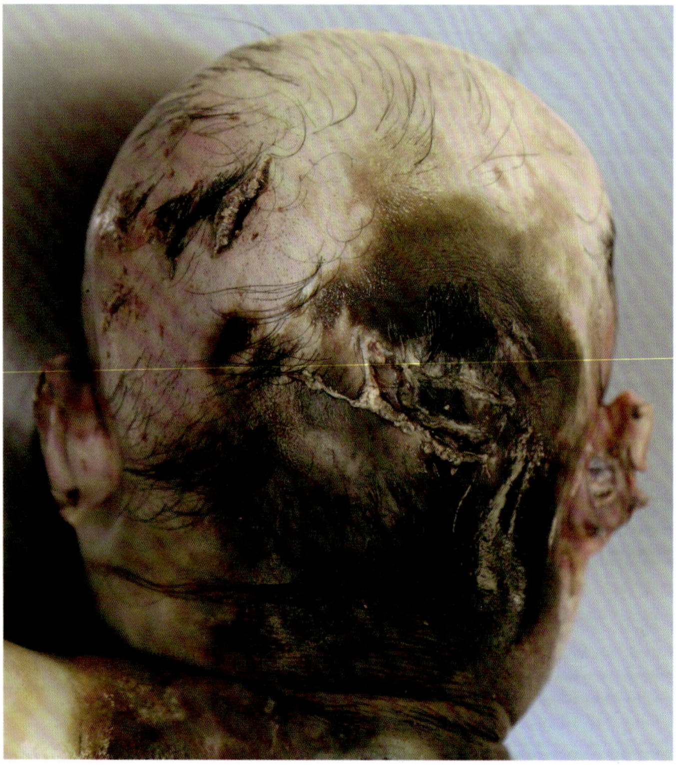

2017-2-4，17:56 头枕部见挫裂创

案例 8

2017 年 3 月 3 日 15 时 29 分在某工厂的化粪池内发现一具女尸，经辨认死者系 2 月 7 日失踪的陈某。

尸体现场勘验时间：2017 年 3 月 3 日 16:44~18:48。

尸检室检验时间：2017 年 3 月 3 日 21:51~23:15。

死者上身穿黄色针织衫，衣服被反脱至后肩背部，内穿粉红色内衣，下身穿黑色加绒棉裤，裤子被脱至小腿下段并外翻，赤足。其中，黄色针织衫左肩胛腋后线处见一横形破口，长 1.7 厘米；左腰背部见一横形破口，长 2.2 厘米。

死者为中年女性，尸长 156 厘米，发长 35 厘米，发育正常，营养中等。全身腐败肿胀，腹部膨隆，尸僵已缓解，尸斑呈暗紫红色位于背侧未受压处，指压不褪色。头颅五官无畸形，未扪及骨折及异常。双侧瞳孔圆形等大，直径 0.5 厘米。

头面部未见外伤，未扪及骨折，颈项部未见勒压痕及外伤。前胸乳头周边、上中腹部可见黄红色皮革样变，质地较硬呈片状，未见明显生活反应。左腋部腋后线处见 2.1 厘米 ×0.9 厘米哆开创口，合拢长 2.5 厘米，创缘整齐，创道斜向内上进入胸腔，创口周围组织血染明显，翻动尸体见血性液体大量流出；左腰背部肩胛线处见 2.5 厘米 ×0.9 厘米的斜行创口，合拢长 2.6 厘米，创缘整齐，深达肌层，未进入胸腔，两创口因腐败故创角形态特征不明显。双上肢未见明显外伤，双手掌皮肤褶皱“手套”形成；右大腿根部前侧至右膝部前侧、左膝部前侧均见片状黄红色皮革样变，质地较硬，未见明显生活反应；双脚掌皮肤褶皱“脚套”形成。余体表未见其他明显外伤痕。

死亡经过时间：25 天左右。

该期间平均气温 11.35℃，其中最高气温 23.5℃，最低气温 0.9℃。

现场及尸体变化见以下各图：

2017-3-3，16:44 尸体现场概貌

2017-3-3，16:45 近观化粪池

2017-3-3，18:17 化粪池内尸体

2017-3-3，18:18 近观化粪池内尸体

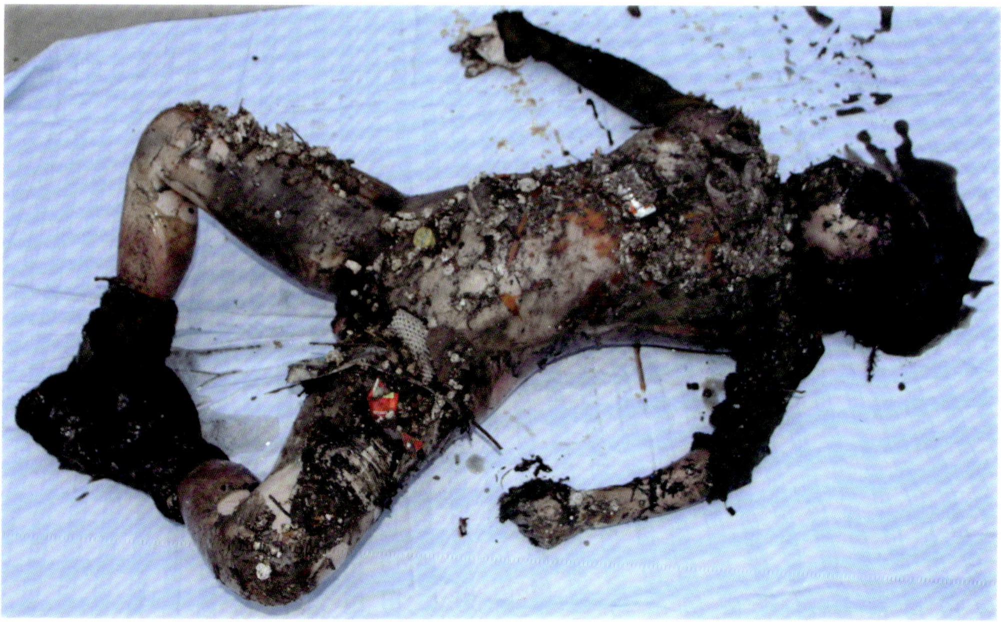

2017-3-3，18:44 打捞起来的尸体姿态

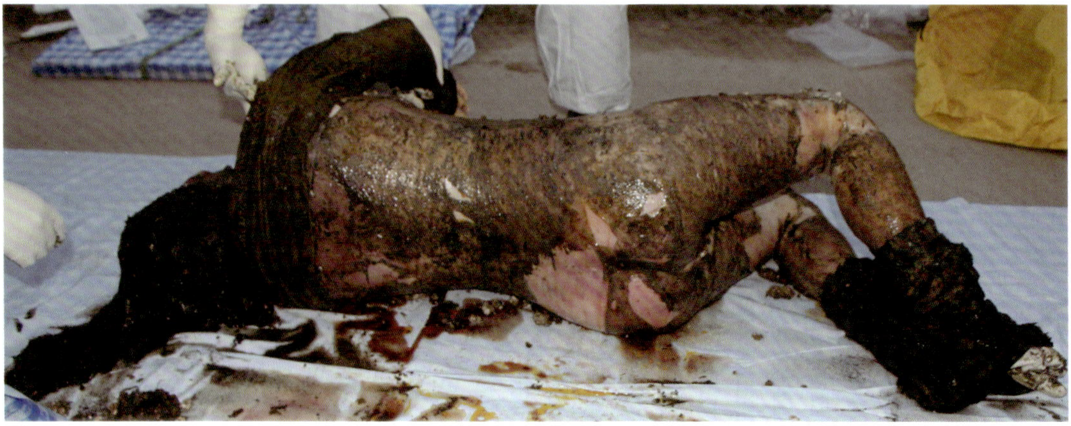

2017-3-3，18:48 尸体背面现象

2017-3-3，21:51 尸体面部现象

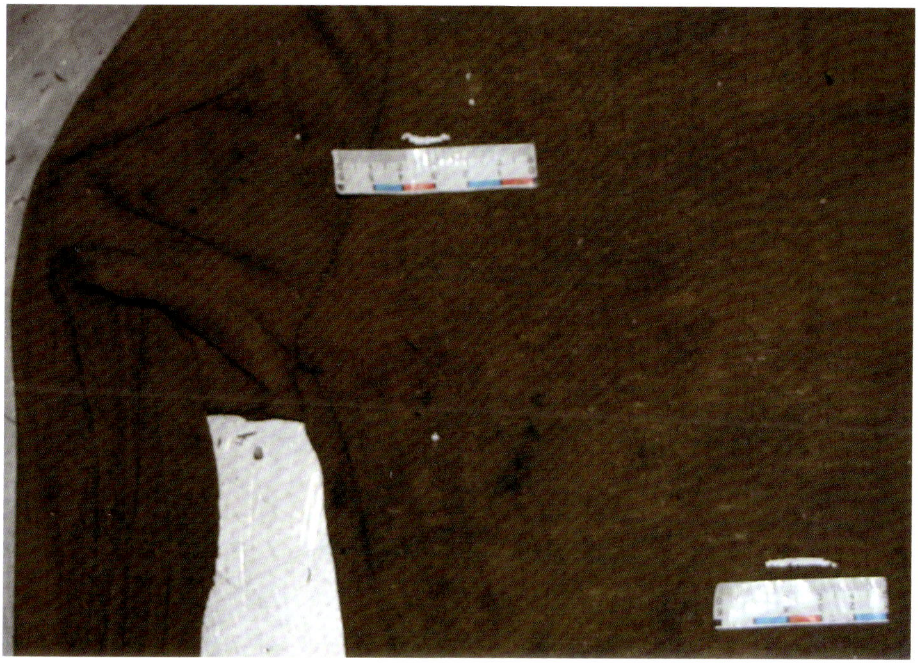

2017-3-3，22:07 尸体衣服上的刺破口

2017-3-3，22:07 放大后的刺破口

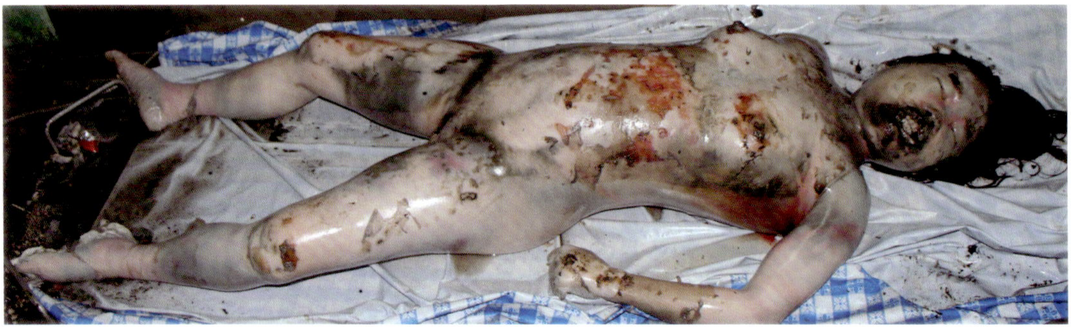

2017-3-3，22:13 左侧观尸体现象

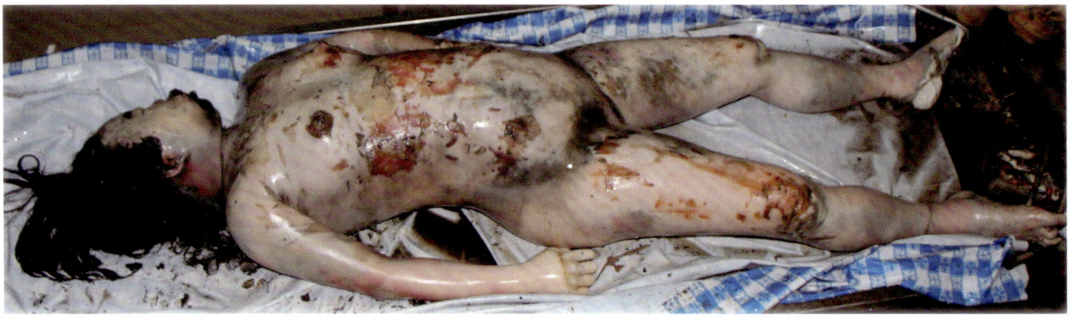

2017-3-3，22:13 右侧观尸体现象

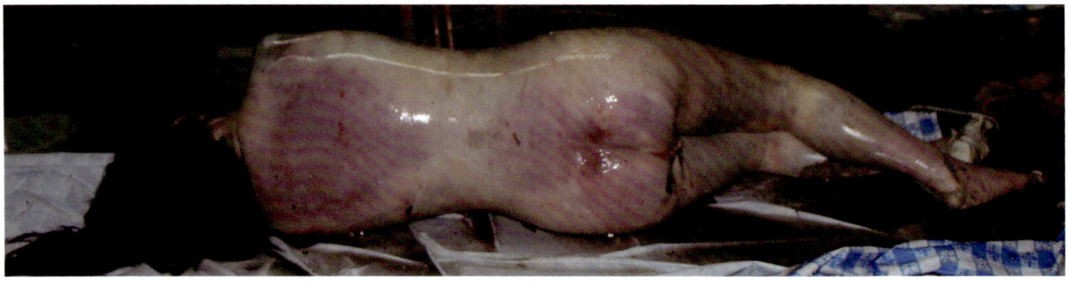

2017-3-3，22:17 背面观尸体现象

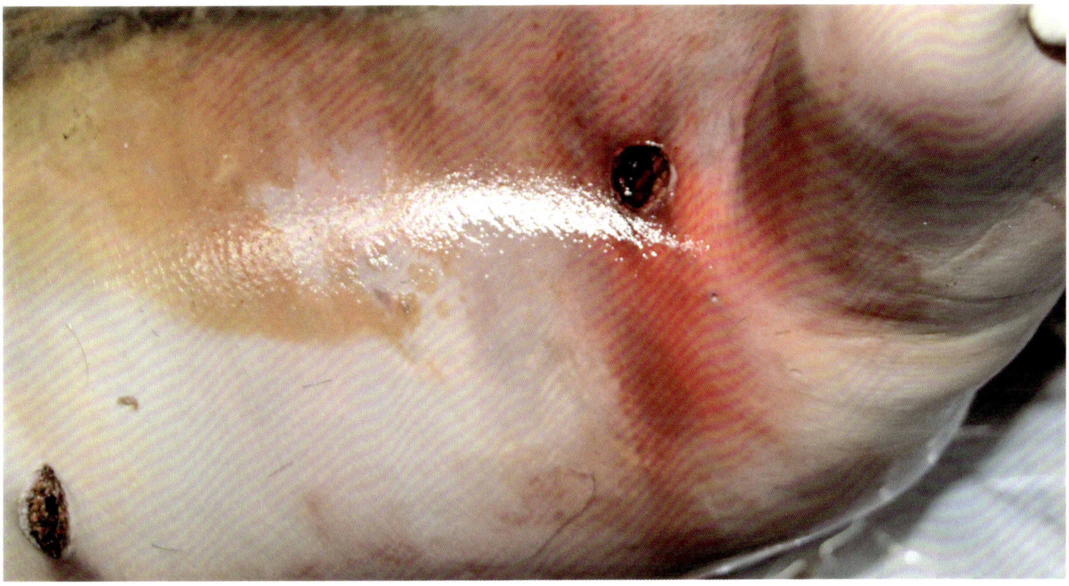

2017-3-3，22:26 尸体左腋下及左腰部刺创

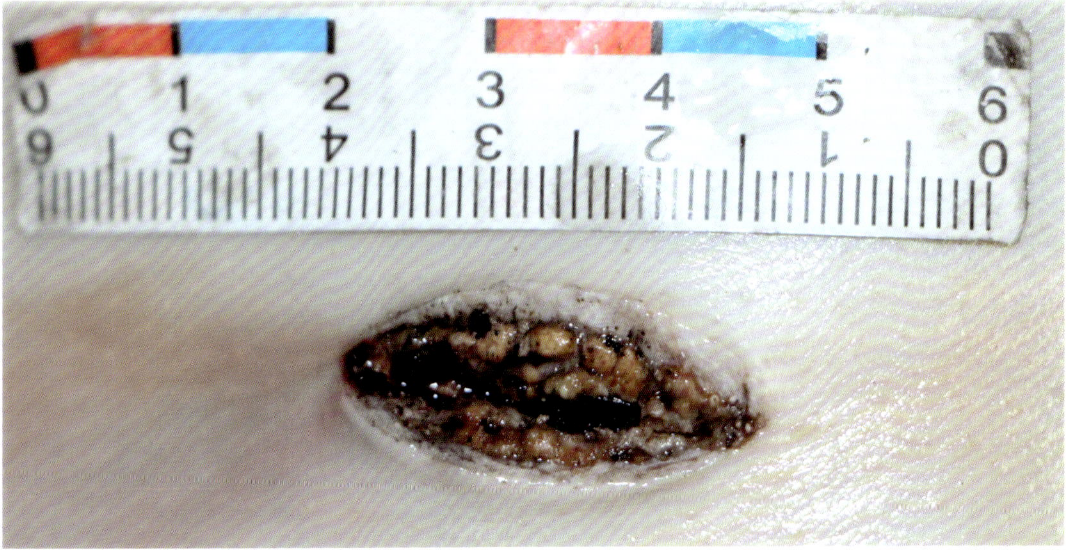

2017-3-3，22:26 尸体左腰部刺创放大观

案例 9

2017 年 5 月 2 日凌晨林某失踪，6 月 13 日家属于一倒坑（小型天坑）内发现林某尸体。

尸检显示，尸体已腐败，轻度巨人观，尸身长 168.0 厘米；尸斑存于尸体头枕部、肩背臀部及双下肢后侧，指压不褪色；尸僵已缓解。

头面部：头发大部分已脱落，剩余部分黑色，长 3.0 厘米；双眼腐败不可窥。额部颜色较深，右侧顶枕部有 2 处头皮挫裂口，分别为 5.5 厘米 ×2.5 厘米、5.7 厘米 ×2.0 厘米，创缘不整齐，创壁不光滑，创道深达颅骨，创周未见明显生活反应；左侧颞部有 25.0 厘米 ×13.0 厘米范围内片状皮肤颜色改变；左侧鼻腔经面颊部至左侧耳屏处有 1 条暗红色流注状改变；右侧额顶部及面颊部皮肤颜色较深；上牙安装义齿。

颈项部：颈部皮肤腐败，部分皮肤缺损。颈前部见 3 处皮肤擦伤，分别为 5.0 厘米 ×1.0 厘米、2.5 厘米 ×0.8 厘米、2.2 厘米 ×0.5 厘米，周围未见明显生活反应。

胸腹部：腐败，皮肤颜色较深，右侧胸部第 3、第 4 肋间锁骨中线外有一类圆形皮肤缺损，直径为 2.5 厘米，周围未见生活反应；右侧胸部第 4、第 5 肋间锁骨中线上有一类圆形皮肤凹陷，直径约 4.5 厘米，周围未见明显生活反应；右侧下腹部、髂腰部、大腿外侧皮肤腐败，部分缺损。

背部：右侧肩峰端有一皮肤缺损，为 2.0 厘米 ×1.0 厘米，周围未见明显生活反应；右侧肩胛区有一类圆形皮肤缺损，直径为 1.6 厘米。左侧背部见条片状皮肤擦伤，周围未见明显生活反应。

四肢部：左前臂下段背侧有一皮肤及组织缺损，为 3.0 厘米 ×2.0 厘米，肌腱外露；右上臂上段前侧有一类圆形皮肤缺损，直径为 3.2 厘米，周围未见明显生活反应；右侧肘关节后侧有一类圆形皮肤缺损，直径为 0.4 厘米，周围未见明显生活反应；右前臂尺侧皮肤颜色改变；右手中指近节指骨背侧有一皮肤缺损，为 1.5 厘米 ×1.0 厘米，部分皮瓣形成。右侧足底部见 1.8 厘米 ×1.4 厘米皮肤缺损，周围未见明显生活反应。

肛门、会阴部：腐败，皮肤颜色较深。

死亡经过时间：42 天左右。

该期间此地平均气温 16.86℃，其中最高气温 30.2℃，最低气温 6.7℃。

现场及尸体变化见以下各图：

2017-6-14，13:36 抛尸现场概貌

2017-6-14，16:45 往倒坑里倒泥土的入口

2017-6-14，16:45
泥土往下流向

2017-6-14，16:57
倒坑下尸体位置

2017-6-14，17:10 倒坑下泥浆中的尸体

2017-6-14，17:12 放大观倒坑下泥浆中的尸体

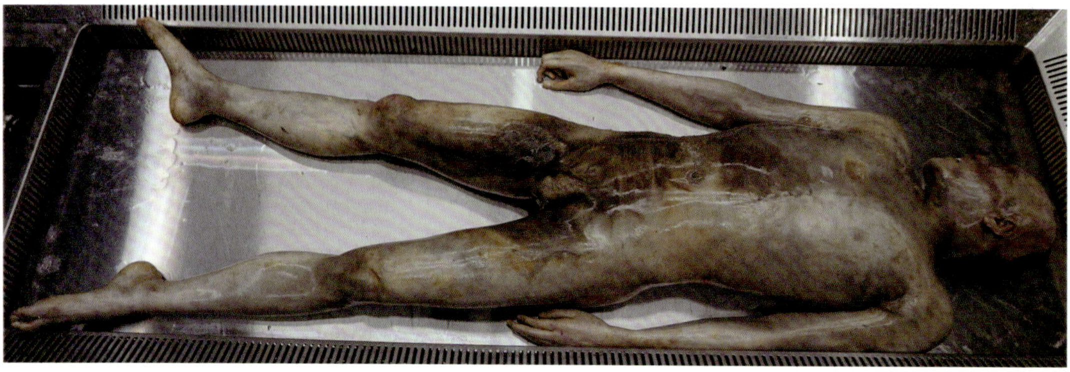

2017-6-15，9:56 前面观尸体现象

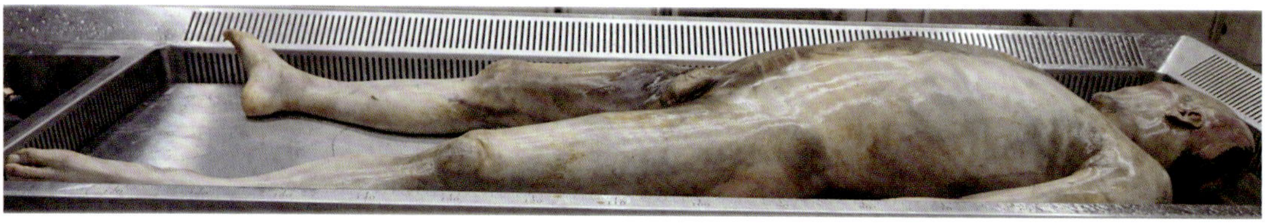

2017-6-15，9:57 左侧观尸体现象

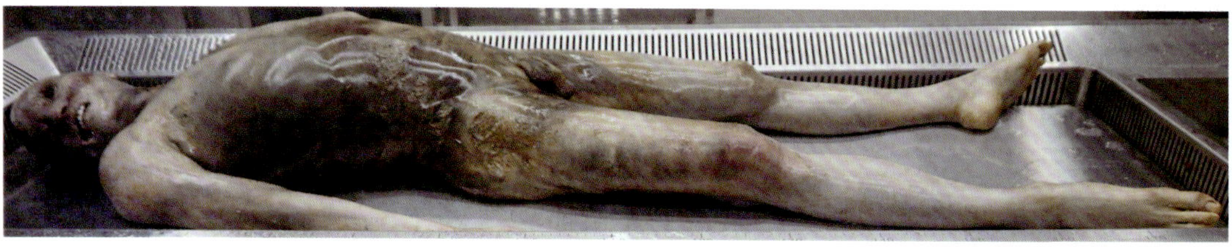

2017-6-15，9:57 右侧观尸体现象

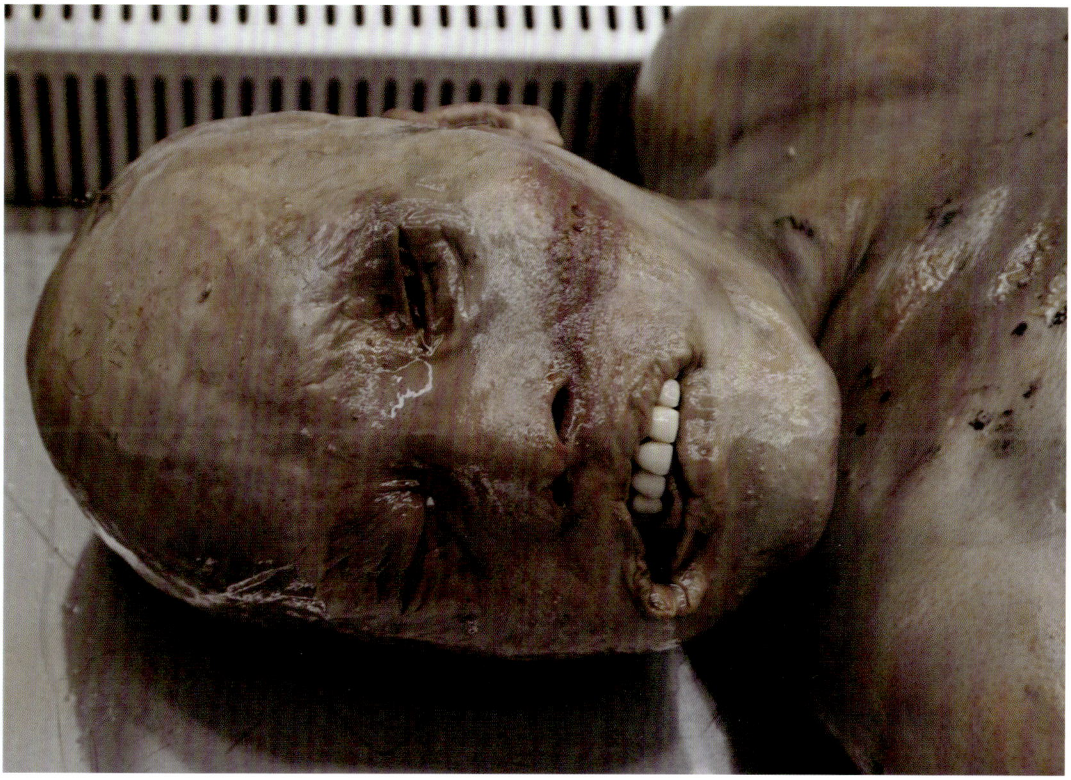

2017-6-15，9:57 尸体面部现象

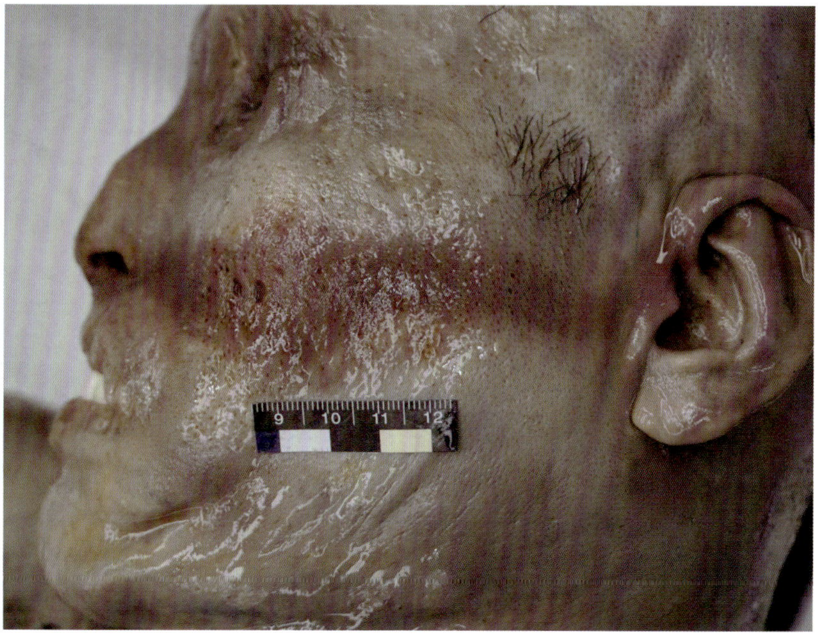

2017-6-15，10:04 左侧面部见 1 条暗红色条状现象

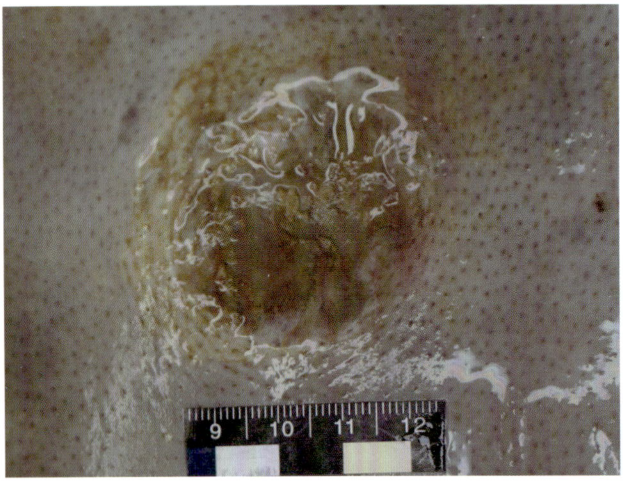

2017-6-15，10:04
右胸第 4、第 5 肋间锁骨中线上有一类圆形皮肤凹陷，直径约 4.5 厘米

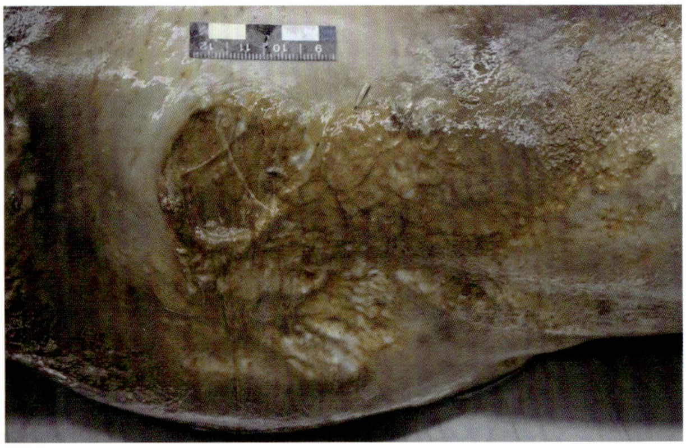

2017-6-15，10:06
右髋外侧有类圆形皮肤缺损并见蛆虫

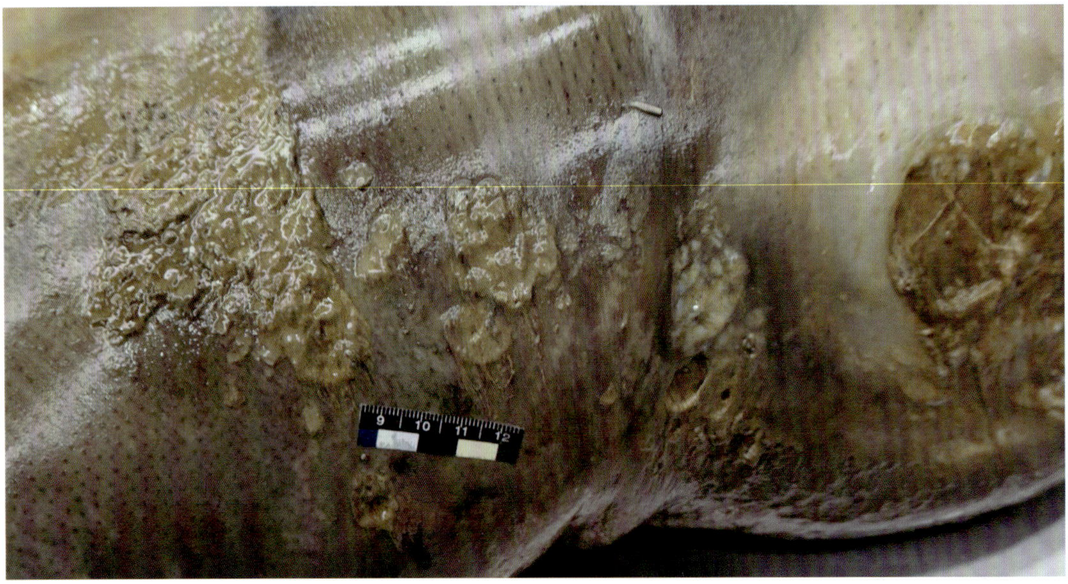

2017-6-15，10:07 右侧腰周见大小不等皮肤缺损（可能是蛆虫所致）

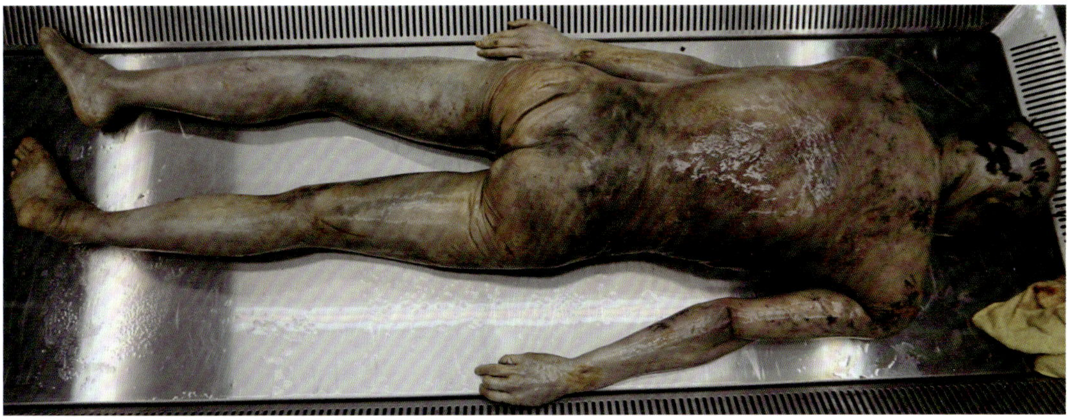

2017-6-15，10:15 背面观尸体现象

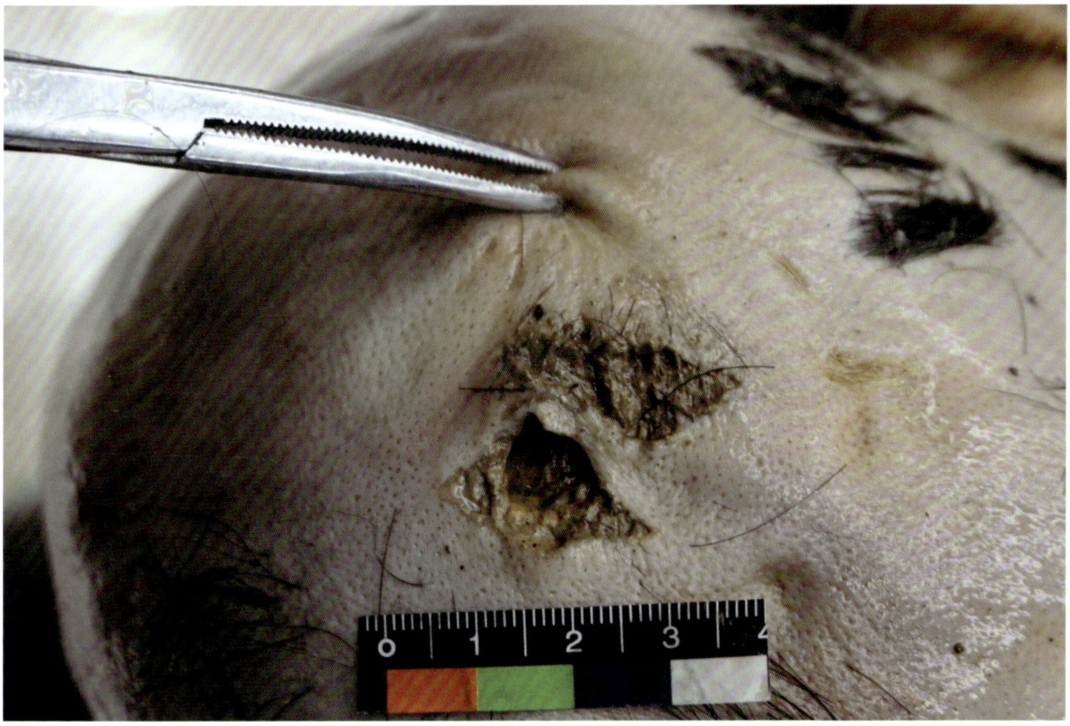

2017-6-15，10:17 右侧顶枕部有 2 处头皮挫裂，创道深达颅骨，创周未见明显生活反应

案例 10

王某某家人 2017 年 7 月 2 日报案称，王某某于 6 月 30 日在邮电大楼附近上班至今未回家。随后，公安机关调取邮电大楼附近交通电子监控发现，6 月 30 日 21 时零 8 分，王某某在邮电大楼前搭乘一辆车牌号为 JDC332 银灰色现代轿车往西驶去，随后查到该车主。车主交代，他开到王某某住地时故意开过其下车点，随后在车上对其进行抢劫，7 月 1 日 0 时 10 分王某某因反抗被扼颈至死，0 时 20 分左右将王某某拉到南环城高速毛栗大桥抛下（桥高 13.88 米）。7 月 3 日下午警察带犯罪嫌疑人指认抛尸现场。7 月 3 日 17 时 30 分左右刑侦技术人员勘查现场，18 时 10 分测尸体直肠温度为 23.5℃，现场气温 23℃。死亡经过时间为 66 小时 (2.75 天)。

期间平均气温（21.625 ± 4.34）℃，其中最高气温 27℃，最低气温 19℃。

本案例由贵阳市公安局南明公安分局法医郭金昌、王富平提供。

现场及尸体变化见以下各图：

2017-7-3，17:30 左右出勘现场——南环城高速毛栗大桥抛尸处

2017-7-3，具体时间缺失，桥下尸体现场

2017-7-3，具体时间缺失，桥下原始尸体姿式

2017-7-3，具体时间缺失，现场初验尸体姿式，腹部明显隆起，面部布满蝇蛆

2017-7-3，具体时间缺失 现场初验尸体姿式，腹部明显隆起，面部布满蝇蛆

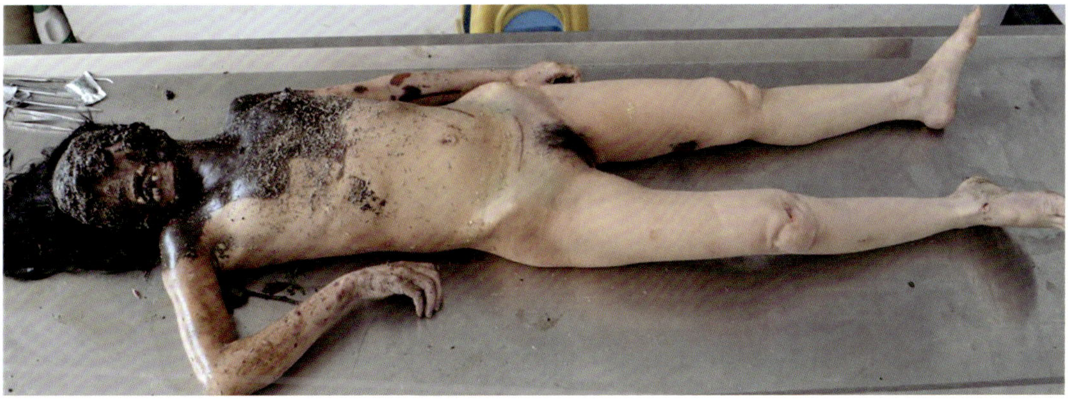

2017-7-4，15:28 在殡仪服务中心检验尸体

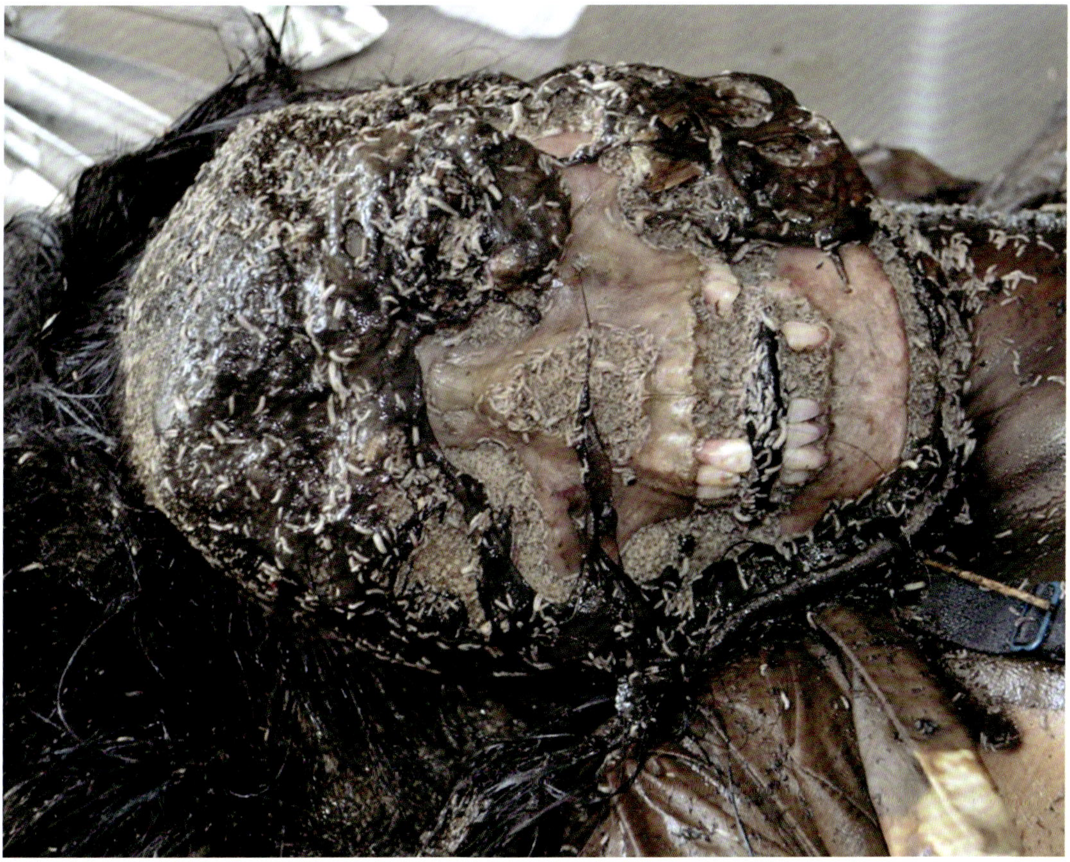

2017-7-4，15:28 面部布满蝇蛆，部分面颅露出

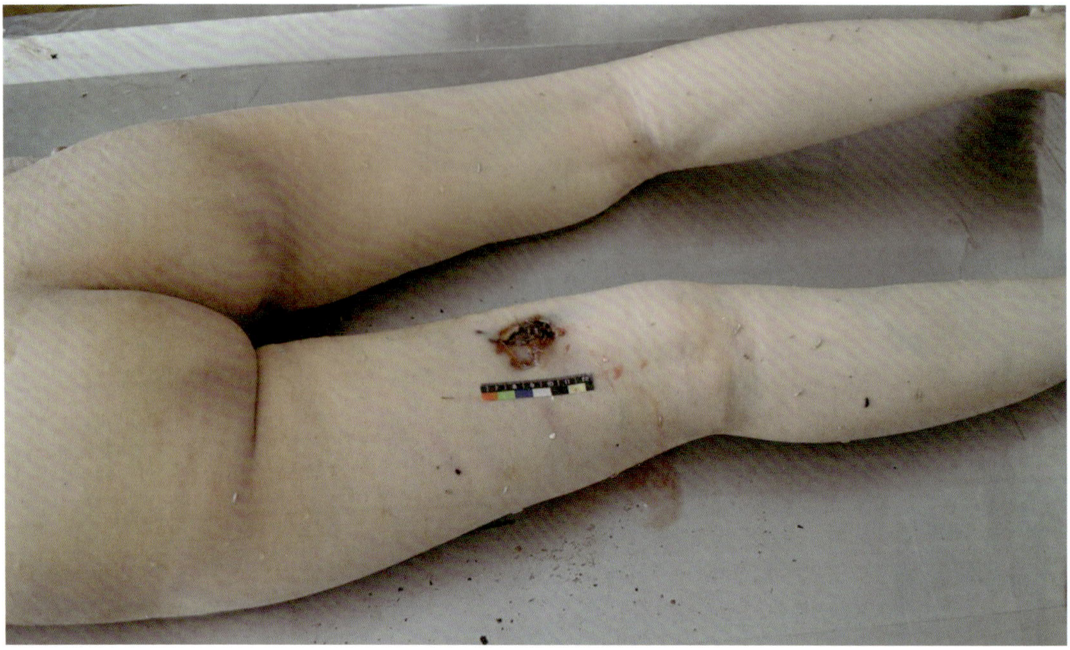

2017-7-4，15:41 左侧大腿内侧创口内见蝇蛆活动

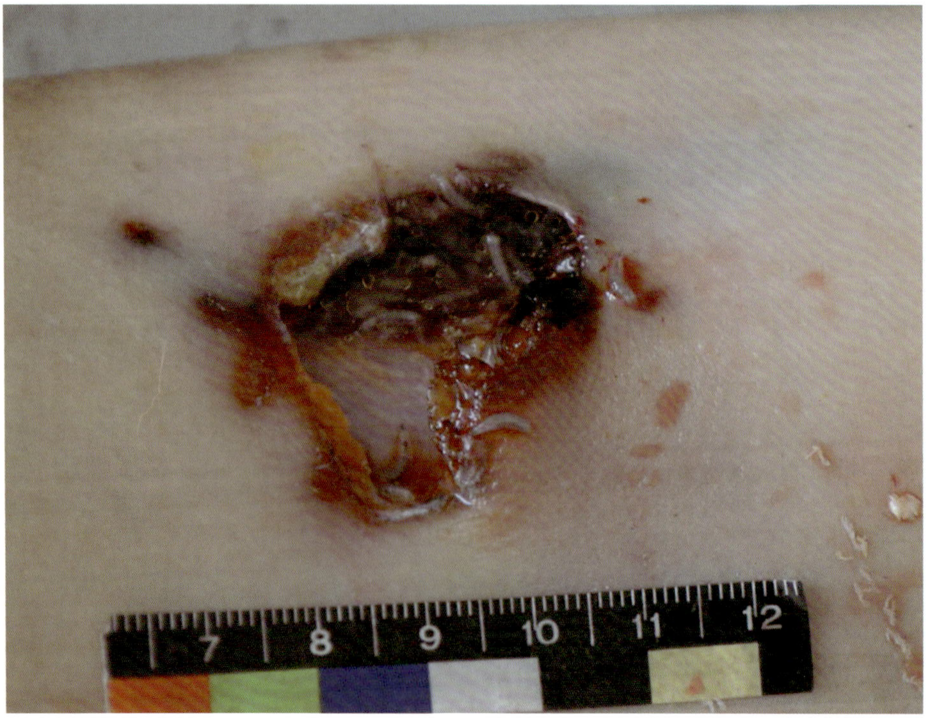

2017-7-4，15:41 左侧大腿内侧创口内见蝇蛆活动

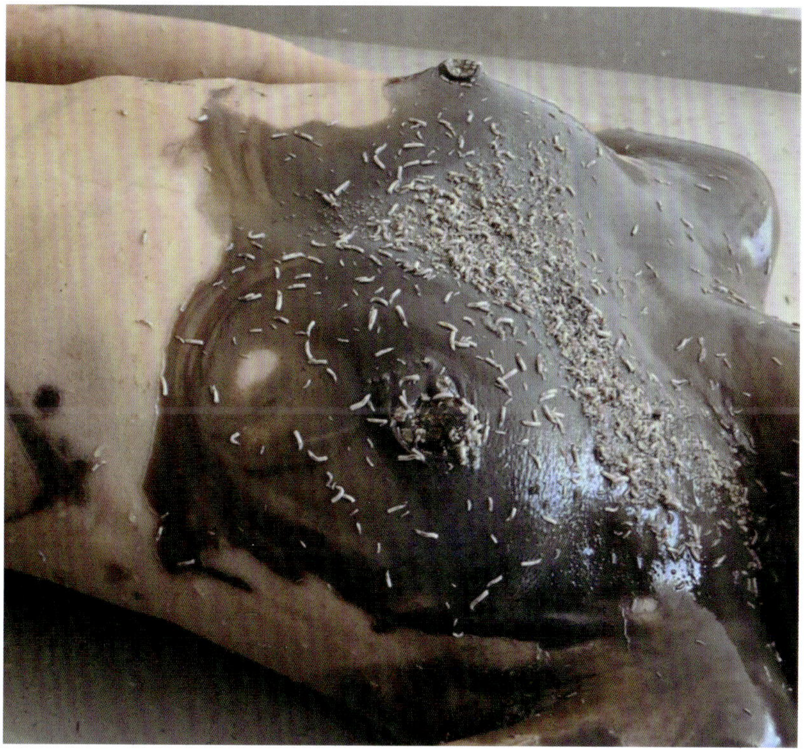

2017-7-4，15:46 胸部见蝇蛆活动

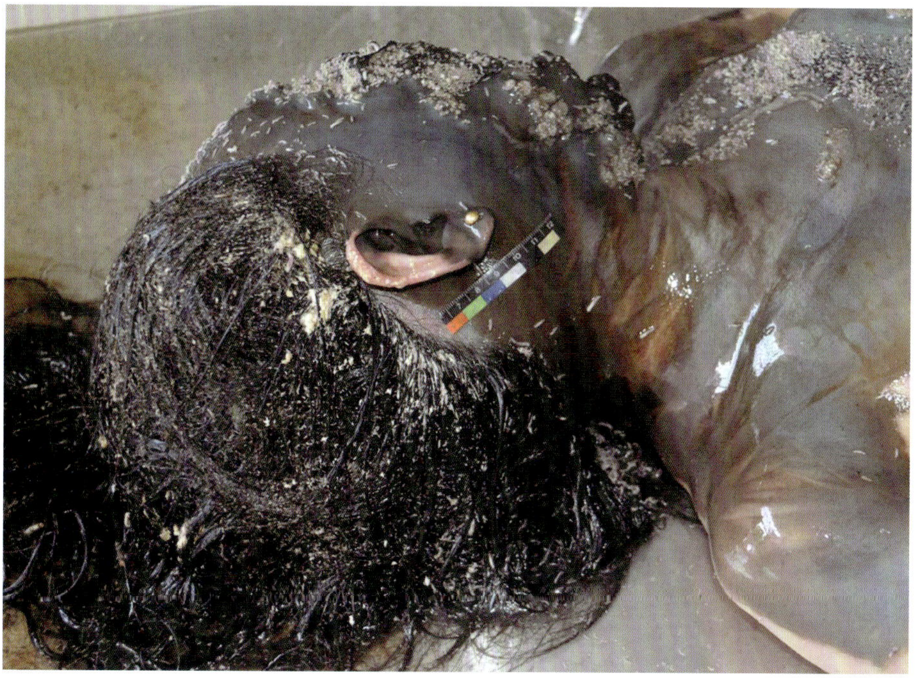

2017-7-4，15:57 头部右侧面见蝇蛆活动，发间见蝇卵

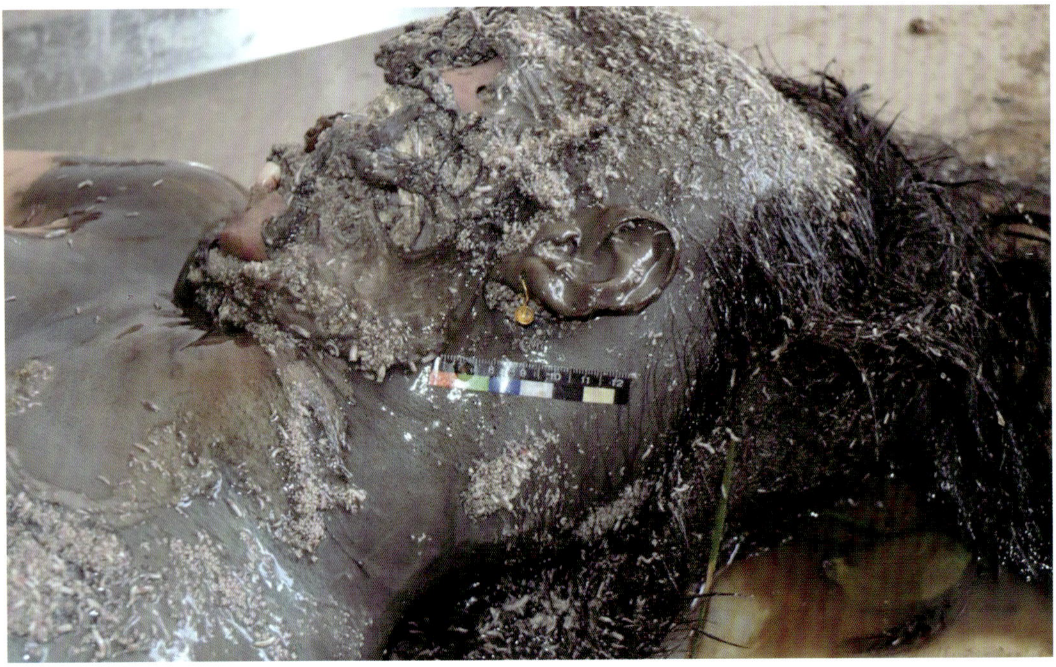

2017-7-4，15:58 头部左侧面见蝇蛆活动，部分头发脱落

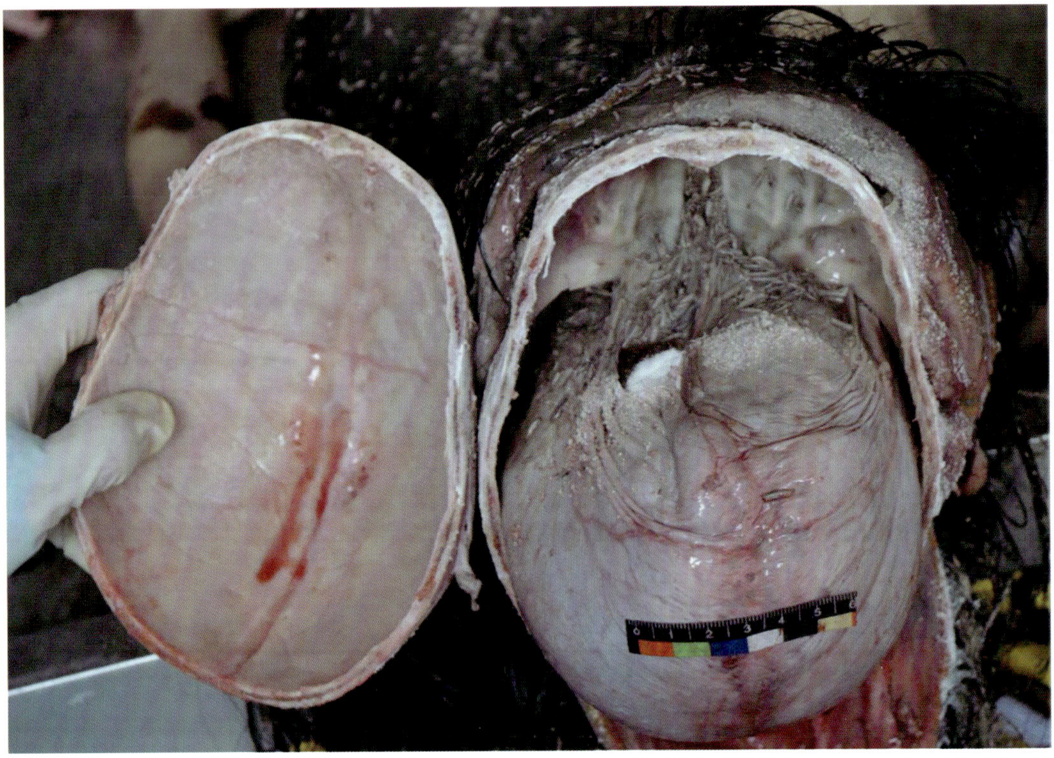

2017-7-4，17:46 颅内见蝇蛆活动

案例 11

2017 年 7 月 12 日 17 时许，某市羊场乡高光村村民高某某将自己的父亲高某某杀死，现已安葬。经查实，2017 年 7 月 7 日 20 时许，高某某与父亲发生口角后持刀将其杀伤，后送至某投资控股（集团）有限公司总医院抢救无效，于 7 日 21 时零 2 分死亡，8 日晚上被装入棺材，12 日埋葬。

为查明死因，2017 年 7 月 14 日，在某市羊场乡高光村常田组大梨树山坡上对高某某尸体进行开棺检验。

尸检照相时间：2017 年 7 月 14 日 14:42 ～ 16:59。

死亡经过时间：6.833 天 (164 小时)。

该期间当地温湿度：气温 22 ～ 32℃，相对湿度 85%。

该案例由盘州市公安局刑警大队陈旭、薛仕刚提供。

现场及尸体变化见以下各图：

2017-7-14，14:43 高某某的坟墓

2017-7-14，16:17 棺材情况

2017-7-14，16:20 打开棺木后的情况

2017-7-14，16:24 尸体穿着白色的寿衣

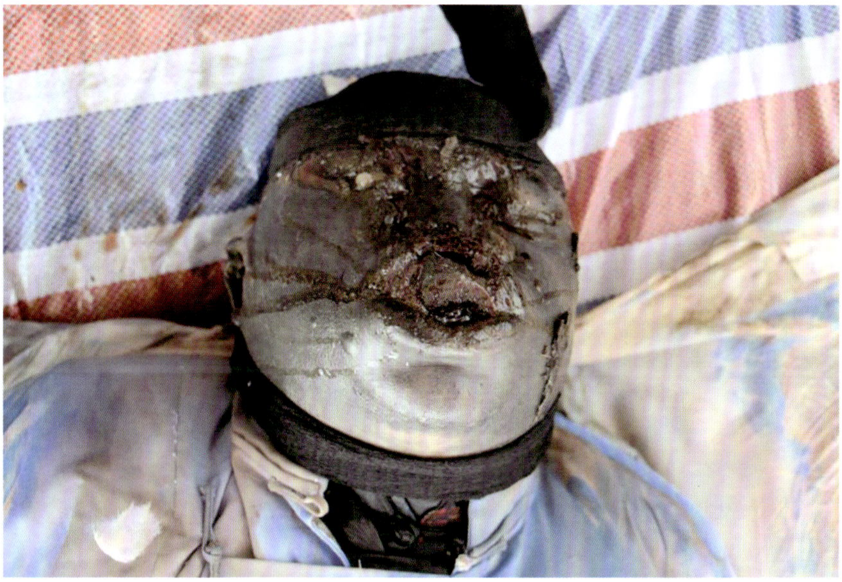

2017-7-14，16:41 头面巨人观

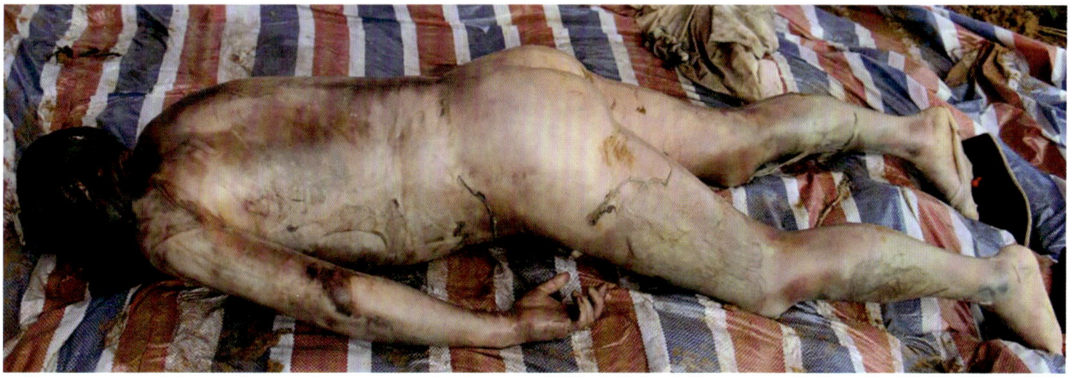

2017-7-14，16:53 巨人观，头部发黑，躯干及四肢表皮与真皮分离

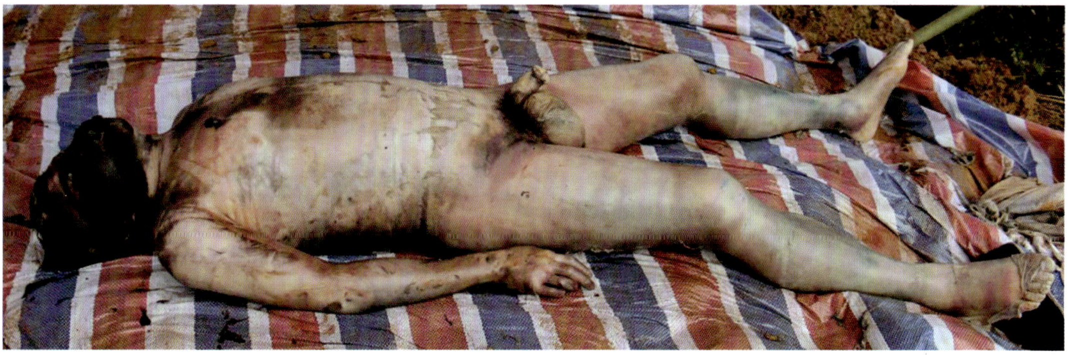

2017-7-14，16:59 巨人观，阴囊气肿

案例 12

2018 年 4 月 13 日，在某市某店内发现一具尸体。死者颈部有一紫色尼龙带缠绕。该绳索上印有白色犬类小脚印，缠绕颈项部 2 圈，结扣位于后项部，为一活结。该绳索宽 1.5 厘米，部分头发套在绳索与颈项部之间；颈部戴一金色项链；右手戴一蓝色塑料手环；全身衣着布满大量蛆虫（蛆虫最长为 1.4 厘米）、蛹及蛹壳，衣着检查未见明显破损痕迹。

尸长 160 厘米，发育正常，营养一般。尸体高度腐败，尸斑、尸僵已缓解。

头面部：女式长发，顶部发长 40 厘米，染成酒红色。面部、眼眶周围、鼻部正常形态消失，无辨认条件。额顶部见大小为 10.0 厘米 ×8.0 厘米头皮缺损，颅骨裸露；左颞顶部见一长 3.8 厘米的条形创口，向顶部延伸后呈长为 2 厘米的浅表划痕。该创口深及颅骨，创缘不整齐，创腔内无组织间桥，内有大量蛆虫驻留。距该创口 1 厘米靠枕部处见一长度为 1.3 厘米创口，创口未达颅骨表面；靠右见一长 1 厘米 +2.1 厘米倒置“L”形创口，边缘不齐，创壁不光滑，创周有挫伤带；右顶部见一长 2.4 厘米条形创口，创口边缘不清；右侧顶部见一长 3 厘米条形创口，向右颞顶部延伸后呈长为 2.1 厘米的浅表划痕，边缘整齐，创腔内无组织间桥，一侧深达颅骨，一侧表浅；右顶枕部见一 4.2 厘米条形创口，深及颅骨，创口周围有大量霉变的血痂附着。口唇皮肤呈皮革样改变，外翻，暴露出牙齿。牙齿位无脱落或松动，呈玫红色改变，舌位于齿内。

颈项部：右颈部胸锁乳突肌至咬肌处皮肤见一 4.0 厘米 ×3.5 厘米皮革样改变，表皮剥脱。颈项部布满蛆虫，部分皮肤呈蜂窝洞状改变。余未见明显损伤及异常。

胸腹部：左右侧胸部呈皮革样改变，胸腹部布满蛆虫，胸廓对称无畸形，双侧肋骨未扪及骨折征象，腹部因腐败膨隆，有腐败静脉网，胸腹部部分皮肤呈蜂窝洞状改变，未见损伤及异常。

腰背部：腰背部皮肤呈部分皮革样改变、部分蜡样改变，左侧腰部呈蜂窝洞状改变。未见明显损伤及异常。

四肢：四肢未见明显损伤痕迹，皮肤部分有皮革样改变，有腐败静脉网。右手前部内侧见一孔洞，边缘不齐，肌腱未见离断。双手皮革样改变呈黑色。余未见损伤及异常。

会阴部及肛门：阴道及肛门周围驻留大量蛆虫，未见明显损伤及异常。

剥开头皮，见头皮下广泛淤血，颅骨表面骨质呈玫红色改变。双侧颞肌未见出血，右顶骨见一舟状骨折线，未扪及明显的凹陷。右侧顶枕骨人字缝处见一 2.5 厘米 ×2.0 厘米的颅骨淤血。打开颅骨见硬脑膜完整，剪开硬脑膜见脑组织腐败，被蛆虫啃食后仅剩少许，颅内大量蛆虫驻留，颅底未见骨折，右侧顶枕骨淤血处对应内板也呈淤血状。

切开颈部皮肤，右侧颈部皮下未见明显损伤及异常；剥开肌肉，肌层未见出血，部分肌肉因腐败呈褐色改变；切开肌肉，未见明显出血。气管未见损伤及异常，打开气管，气管因腐败呈褐色改变，气管内黏膜未见损伤。

纵形切开胸腹部皮肤，胸壁未见损伤及异常。打开胸腹腔，双侧胸腔有少许腐败液，肺高度腐败后萎缩。心包完整，打开心包，内无积血积液，心脏腐败缩小。左右腹腔、盆腔无积血、积液，各脏器未见损伤。打开胃，胃内充盈，见成形的菜叶等。

切开四肢皮肤及肌肉组织，见左手背有淤血，余未见损伤及异常。

在该尸体上提取蝇蛆，经继续饲养发育并羽化出蝇，共有6种，即广额金蝇 (*Chrysomyaphaonis*)、大头金蝇 (*Chrysomya megacephala*)、肥躯金蝇 (*chrysomyia pinguis*)、丝光绿蝇 (*Lucilia sericata*)、紫绿蝇 (*Lucilia porphyrina*) 和广东栅蚤蝇 (*Diplonevra peregrina*)。

据犯罪嫌疑人交代，杀害被害人的时间是2018年2月9日(二者为情人关系)。

死亡经过时间：64天。

该期间平均气温12.929℃，最高气温28℃，最低气温1℃。

该案例资料由法医赵进提供。

现场及尸体变化见以下各图：

2018-4-13，14:30 案发现场

2018-4-13，14:35 尸体现场

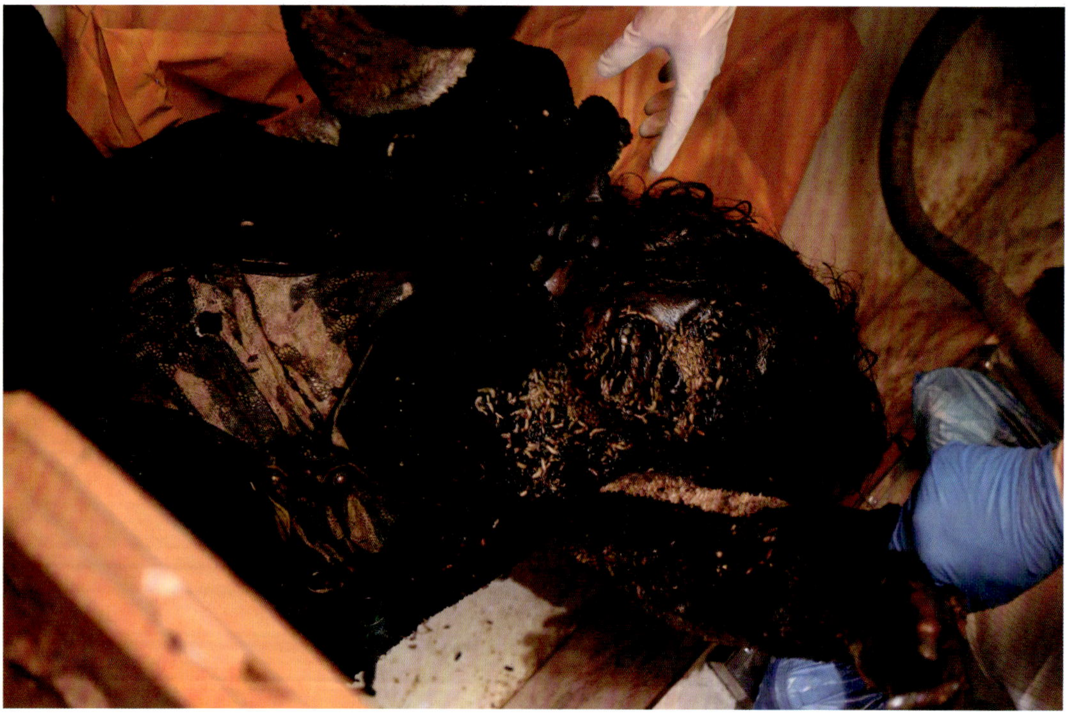

2018-4-13， 15:45 面部布满蝇蛆

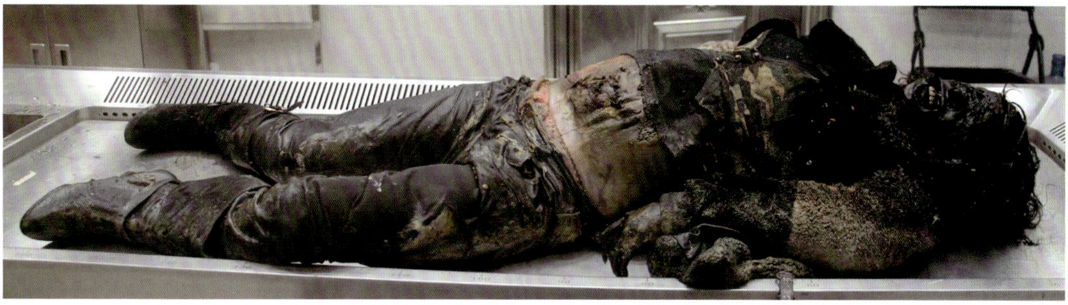

2018-4-13，18:13 左侧观尸体整体现象

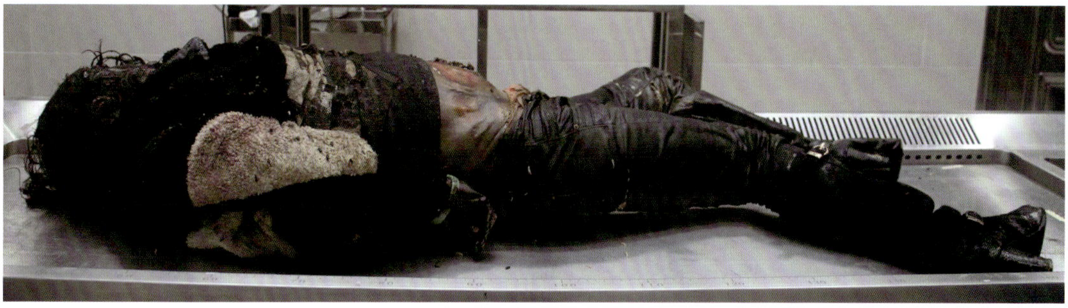

2018-4-13，18:14 右侧观尸体整体现象

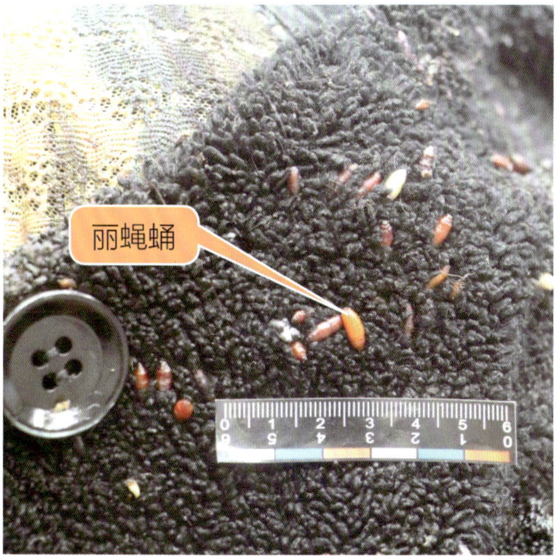

2018-4-13，18:21 衣着上的丽蝇蛹

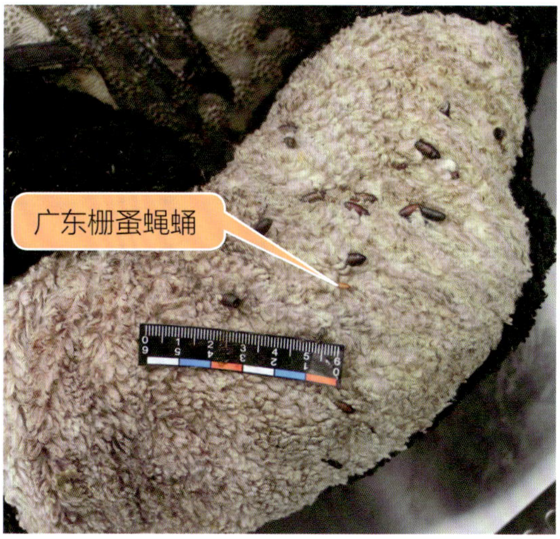

2018-4-13，18:22 衣着上的广东栅蚤蝇蛹

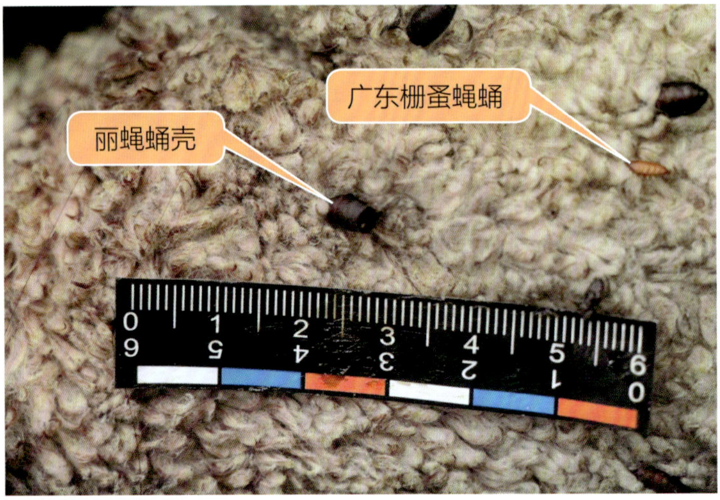

2018-4-13，18:22 衣着上的丽蝇蛹和广东栅蚤蝇蛹

2018-4-13，18:22 正面观面部现象

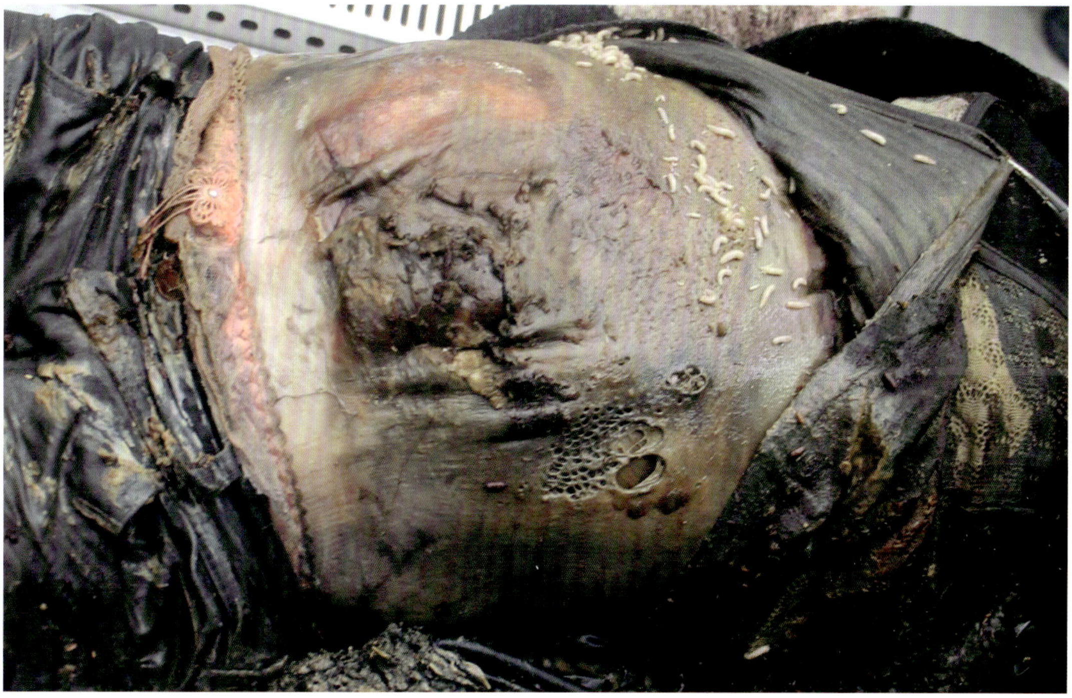

2018-4-13，18:26 腹部现象

2018-4-13，18:26 腹部皮肤被蝇蛆咬食，形成大小不等的圆形孔洞

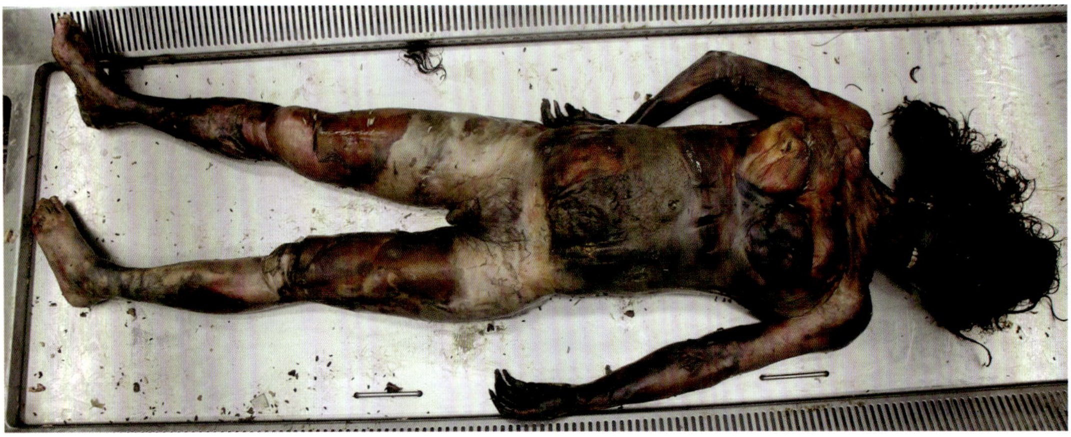

2018-4-13，20:20 前面观尸体整体现象

2018-4-13，20:21 前面观面部现象

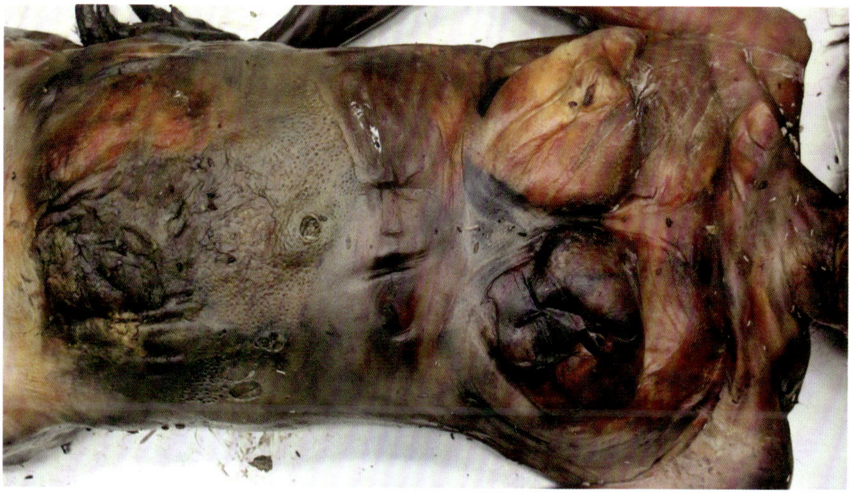

2018-4-13，20:21 前面观胸腹部现象（蜡化）

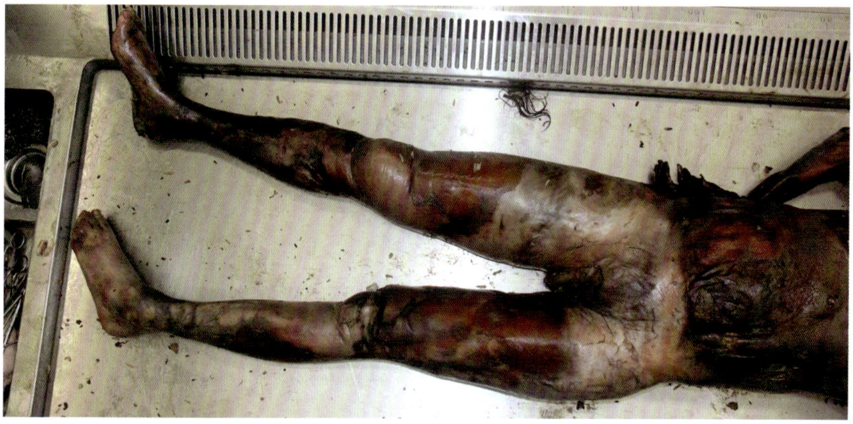

2018-4-13，20:21 前面观下肢现象

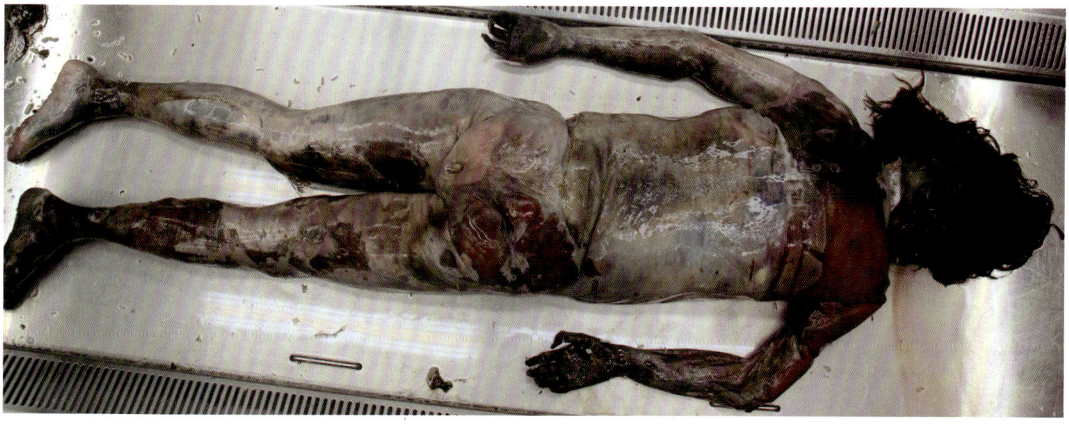

2018-4-13，20:30 背面观尸体现象

案例 13

2018 年 5 月 18 日，何某被家人发现死亡在家中顶楼豆腐房外。

通过小区监控发现，5 月 11 日晚何某进入小区后再没有出入小区，推测其被害时间为 5 月 11 日晚至 5 月 12 日天亮前。

2018 年 5 月 18~19 日现场勘查拍照。

死亡经过时间：7 天左右。

该期间气温 20~28℃。

该案例由法医罗忠民提供，因技术原因，具体拍照时间缺失。

现场及尸体变化见以下各图：

2018-5-18，具体时间缺失，楼顶平台

2018-5-18，具体时间缺失，尸体姿式

2018-5-18，具体时间缺失，头部现象

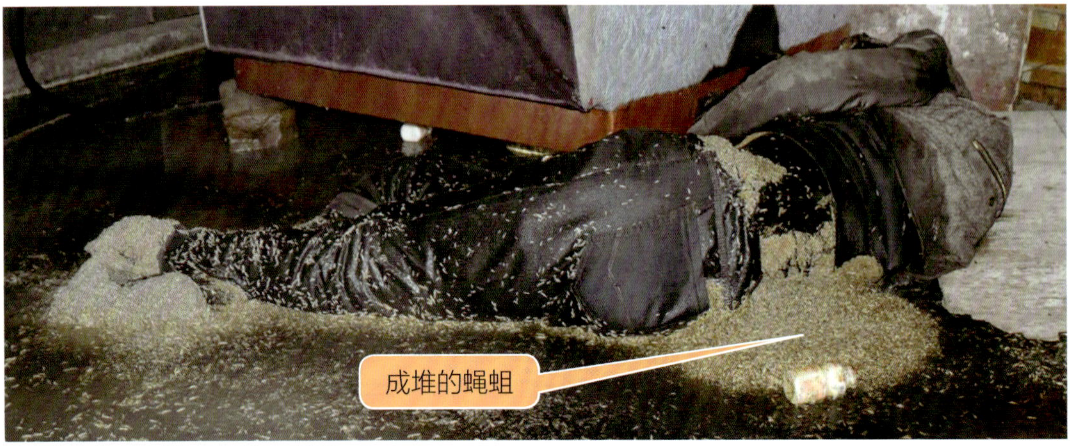

2018-5-18，具体时间缺失，尸体现象

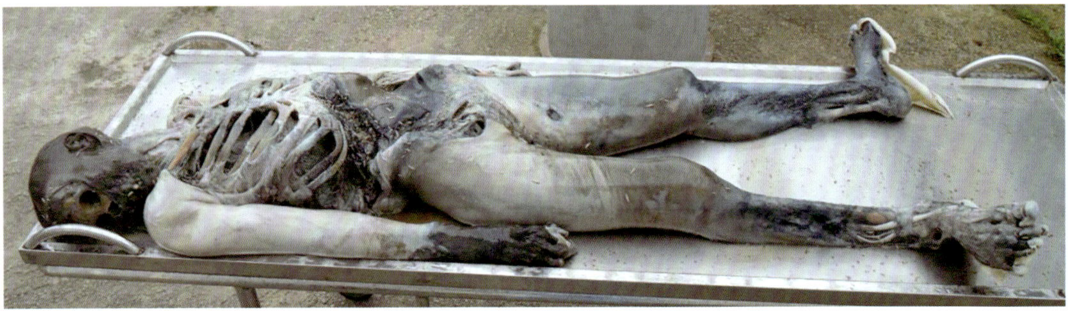

2018-5-18，具体时间缺失，全尸前侧面观

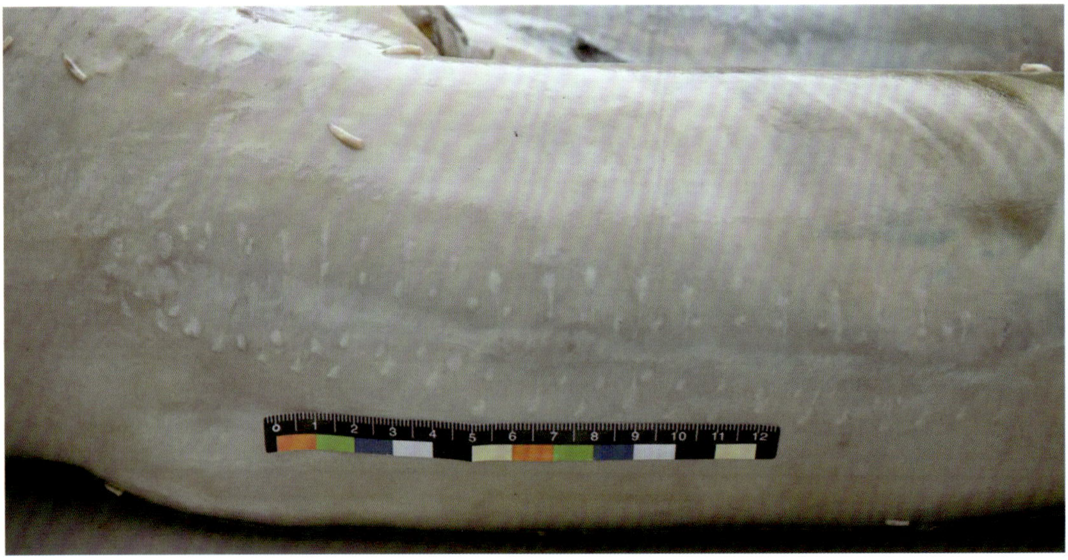

2018-5-18，具体时间缺失，右侧大腿外侧疤痕

2018-5-18，具体时间缺失，全尸背侧面观

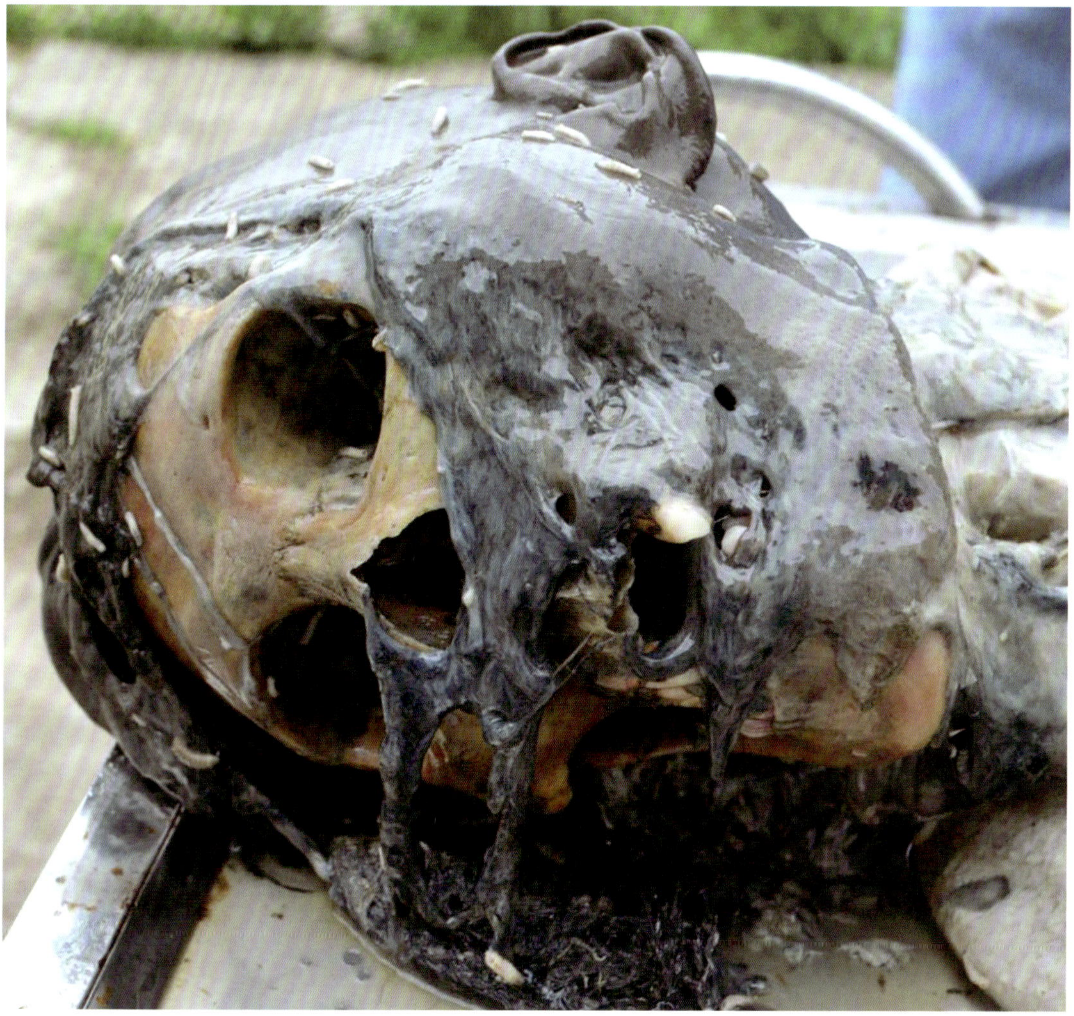

2018-5-18，具体时间缺失，头部现象

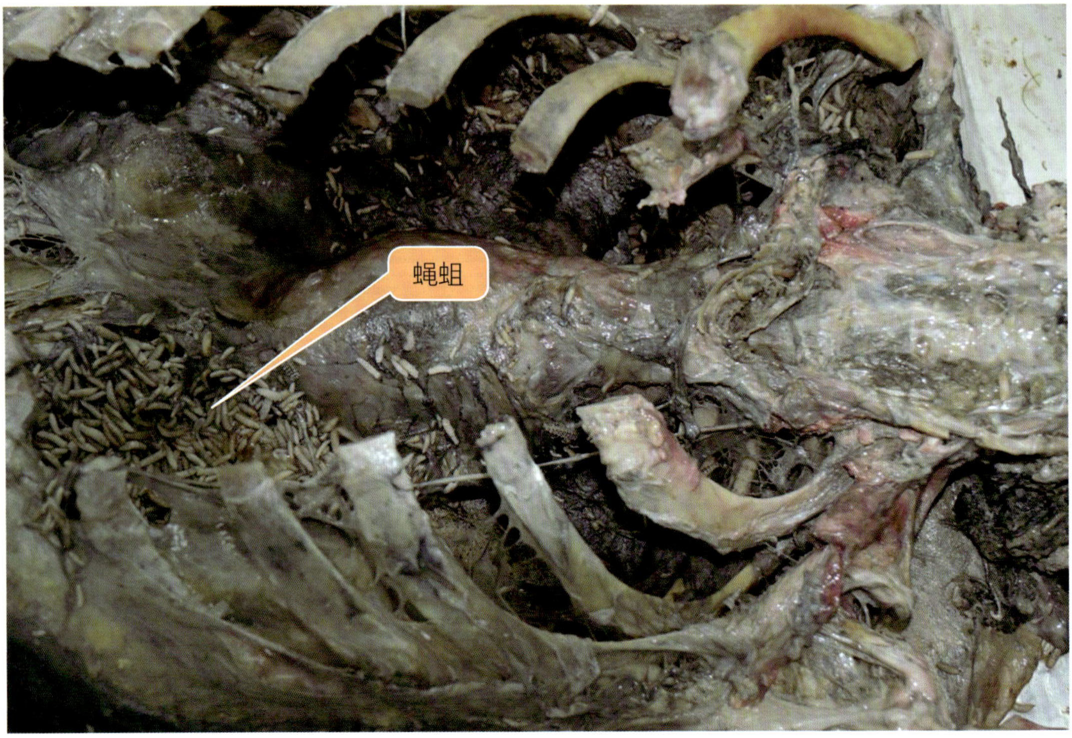

2018-5-18，具体时间缺失，胸腔内现象

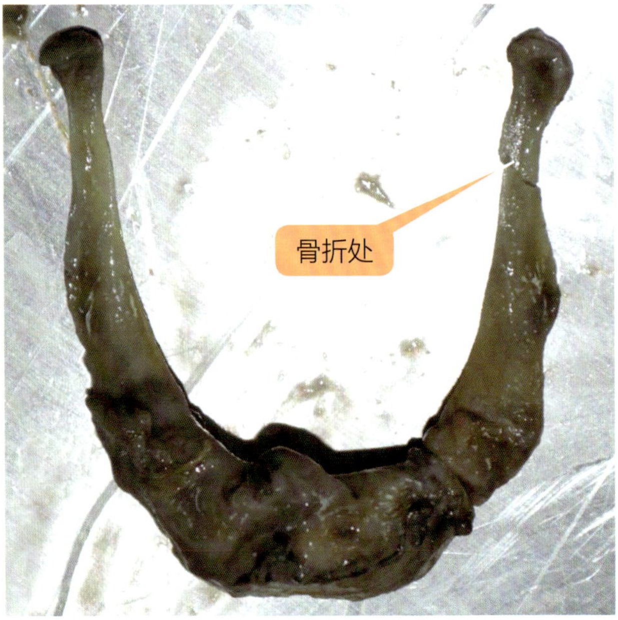

2018-5-18，具体时间缺失，左侧舌骨大角骨折

案例 14

2019 年 4 月 25 日在于某市黑秧村高东埂附近的邢江河里发现一具尸体。

现场尸表检验时间：2019 年 4 月 25 日 18:00~18: 30。

解剖室检验时间：2019 年 4 月 26 日 10:40~13: 30。

现场尸体情况：于某市黑秧村高东埂附近的邢江河岸边水中，见一具未知名尸体，经消防队员打捞后转移至岸边。

头面部：头面部高度腐败，不可辨认，额、顶、枕部及左侧颞部头皮腐败缺失，头皮边缘不齐，颅骨外露。颜面部腐败液化，双眼及鼻腔腐败液化严重，口唇腐败缺失，可见右上侧切牙脱落，右上中切牙为义齿，通过钢丝固定，牙槽骨未见骨折。左耳郭腐败缺失，右侧外耳道未见明显异常；余未见明显异常。

颈部：尸体颈部皮肤完整，未见明显损伤，未见缢沟、勒痕，余未见明显异常；气管居中，未扪及骨折，余未见明显异常。

胸腹部：胸部皮肤完整，可扪及肋骨骨折，余未见明显损伤。腰腹部皮肤表面可见散在大面积尸蜡，腰部取下绳子后可见压迹，未见明显生活反应，余未见明显损伤。

背臀部：臀部皮肤表面可见散在大面积尸蜡，未见明显损伤。

脊柱及四肢：左侧膝关节前侧皮肤因腐败缺失，髌骨外露，左侧下肢未扪及骨折，右侧下肢皮肤未见明显异常，未扪及骨折。双上肢皮肤未见明显异常，未扪及骨折，双侧手部皮肤腐败。余未见明显损伤。

肛门及外生殖器：会阴部可见男性生殖器，生殖器腐败肿胀，未见明显损伤，肛门未见明显损伤，余未见明显异常。

解剖检验：

头部：头皮缺失，剥离骨膜后，左额部可见椭圆形颅骨骨折，骨折处向下凹陷，骨折处向外延伸出 3 条放射形骨折线，左侧 2 根骨折线一上一下延伸至左侧颞部，右侧骨折线延伸至右侧颞部，生活反应明显；锯开颅骨，可见额骨内板骨折，硬脑膜完整、无破裂，剪开硬脑膜后，脑组织腐败液化，颅底未见明显骨折。余未见明显异常。

颈项部：常规切开颈前部皮肤及皮下组织，皮下组织未见明显出血，未见颈部动、静脉断裂；未见气管损伤。未扪及颈部诸骨骨折；纵向切开气管，气管内未见异物阻塞，余未见明显异常；舌骨未见骨折。余未见明显特殊。

胸部：切开胸部皮肤及皮下组织，皮下肌肉未见明显异常，左侧第 4 肋可见肋骨骨折，右侧第 5 肋可见肋骨骨折，骨折处均未发现明显生活反应。剪开胸腔，胸腔内未见明显损伤，打开心包，心包腔未见明显异常，心、肺严重腐败未见破损。余未见明显特殊。

腹部：切开左侧腰部压迹处皮肤，未发现明显生活反应。常规切开腹壁皮肤及皮下组织，皮下肌肉未见明显异常；胃及十二指肠排空；肝脏腐败肿胀，位置结构未见明显异常；脾腐败肿胀，位置结构未见明显异常；肾腐败肿胀，位置结构未见明显异常。余未见明显特殊。

死亡经过时间：犯罪嫌疑人交代，2019 年 1 月 30 日 2 时左右杀害死者，随后将尸体捆绑在一辆电动摩托车上一起抛入河中。4 月 25 日 10 时 30 分左右尸体被发现。

死亡经过时间：85 天左右。

该期间平均气温 11.68℃，其中最高气温 31.2℃，最低气温 -0.1℃。

现场及尸体变化见以下各图：

2019-4-25，12:50 案发现场

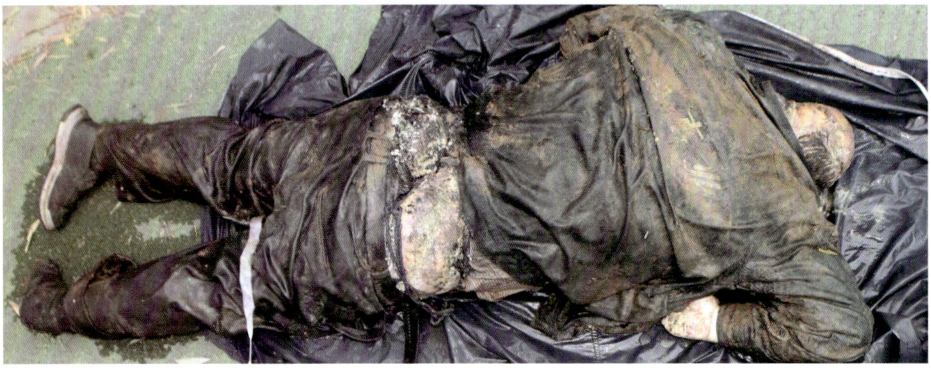

2019-4-25，18:15 打捞上岸的尸体

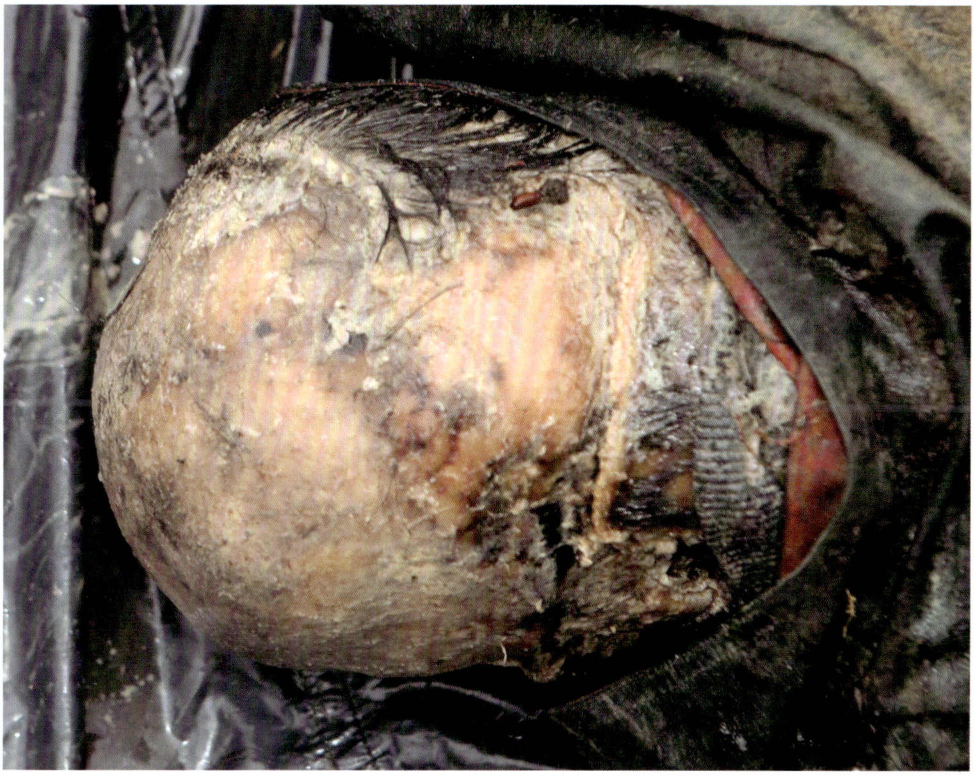

2019-4-25，18:19 头皮腐败缺失，颅骨外露

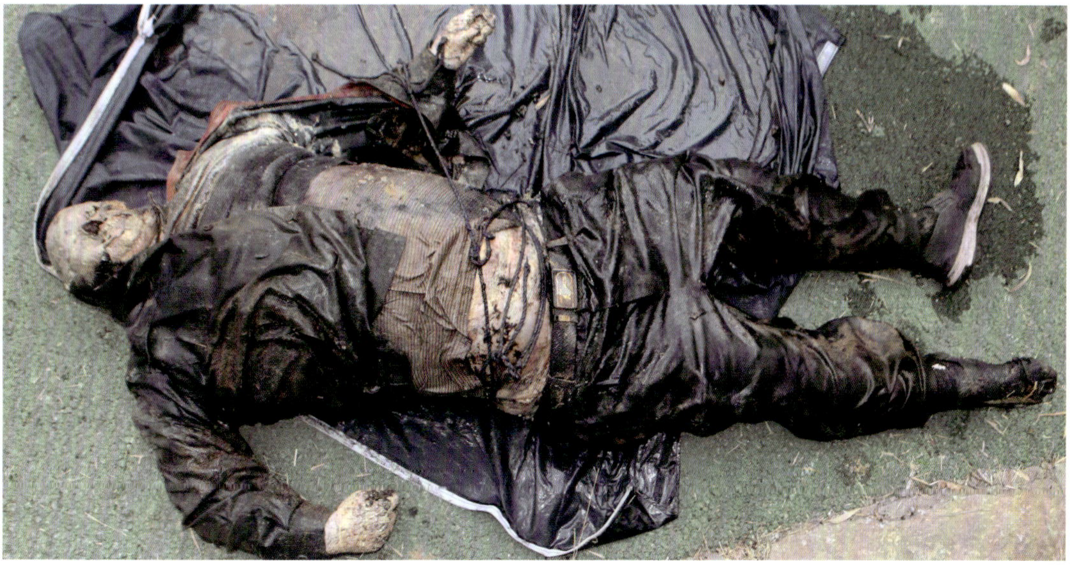

2019-4-25，18:20 打捞上岸的尸体仰卧位

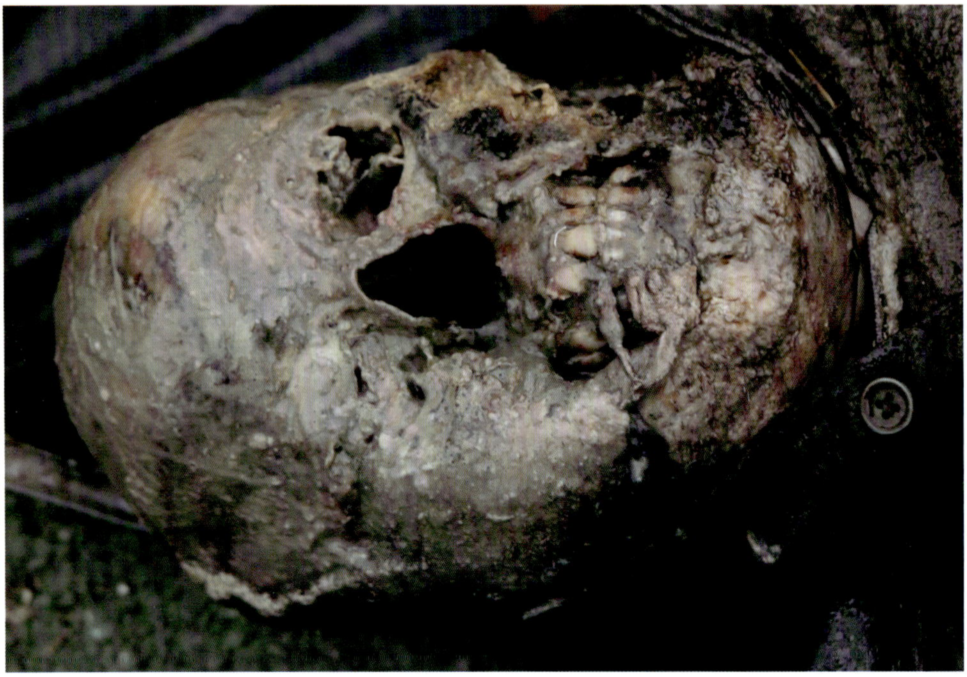

2019-4-25，18:20 面部软组织腐败缺失

2019-4-25，18:24 头部软组织腐败缺失

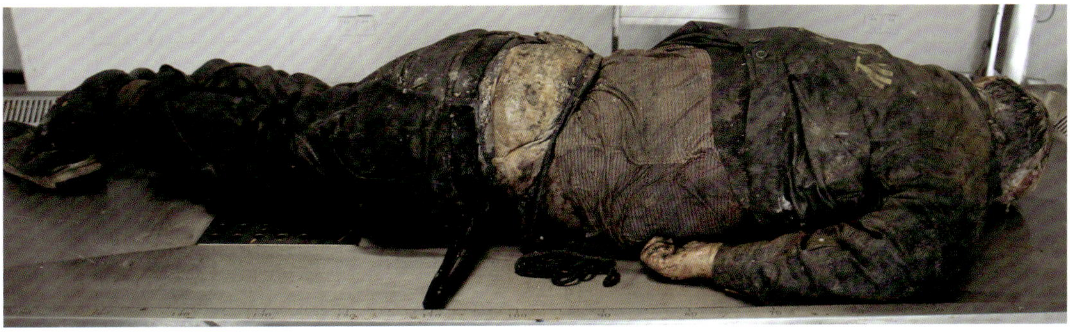

2019-4-26，10:58 俯卧位尸体

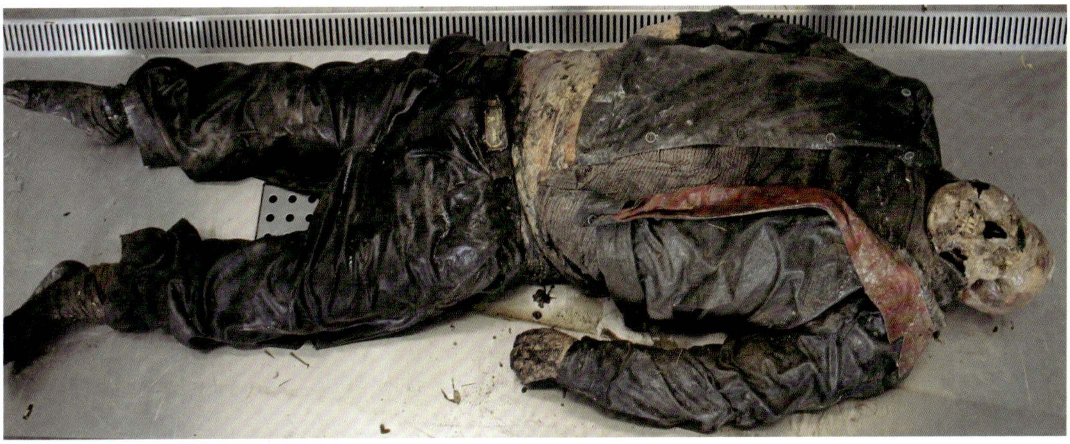

2019-4-26，11:11 仰卧位尸体

2019-4-26，11:20 左手背软组织腐败部分组织缺失

2019-4-26，11:20 右手背软组织腐败部分组织缺失

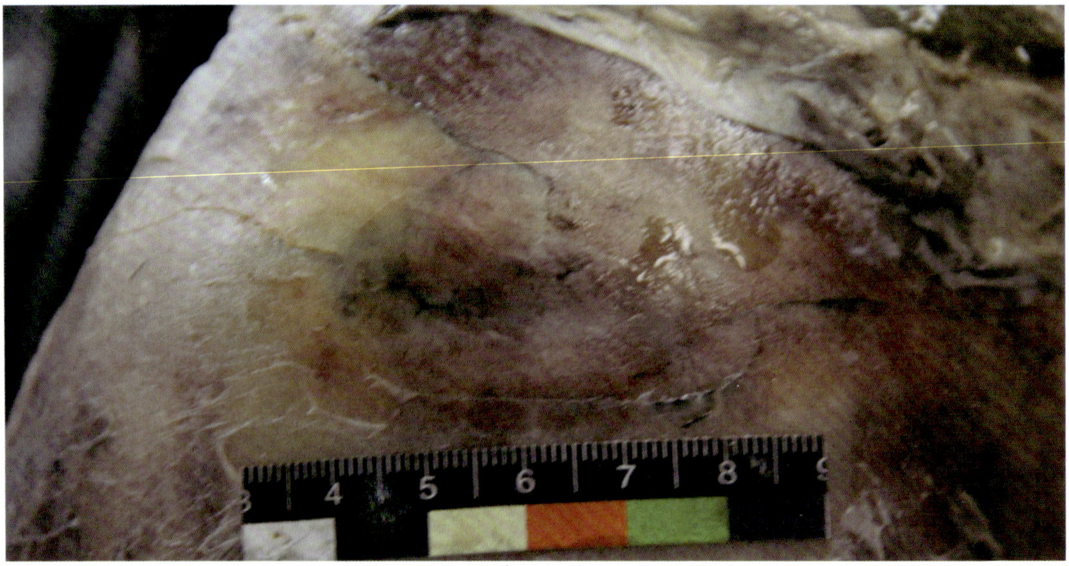

2019-4-26，11:22 左额部椭圆形颅骨凹陷性骨折

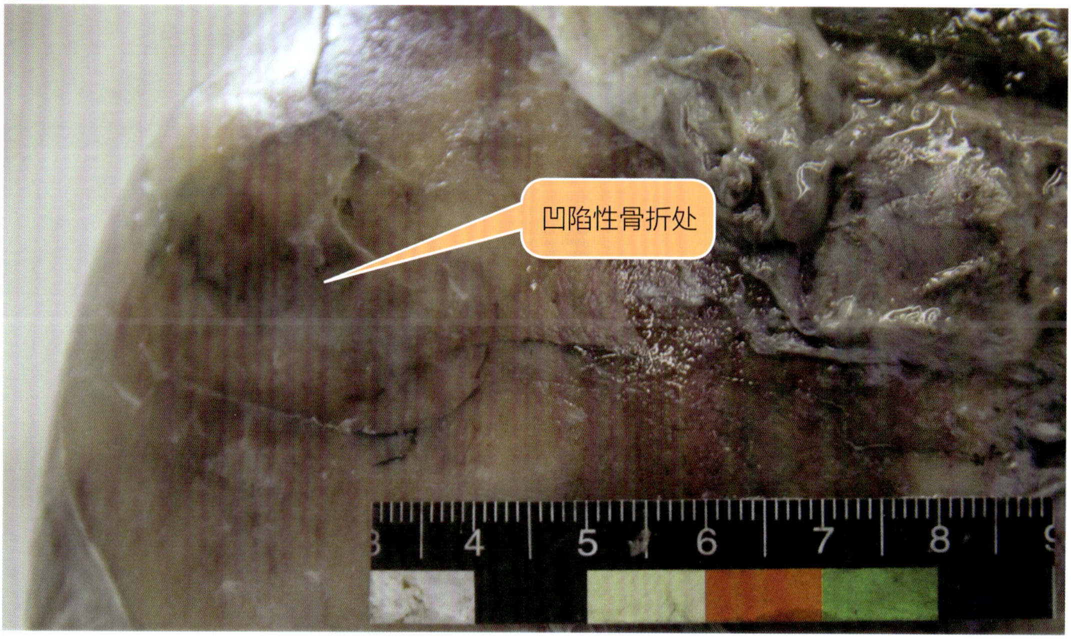

2019-4-26，11:22 清晰可见左额部椭圆形颅骨凹陷性骨折

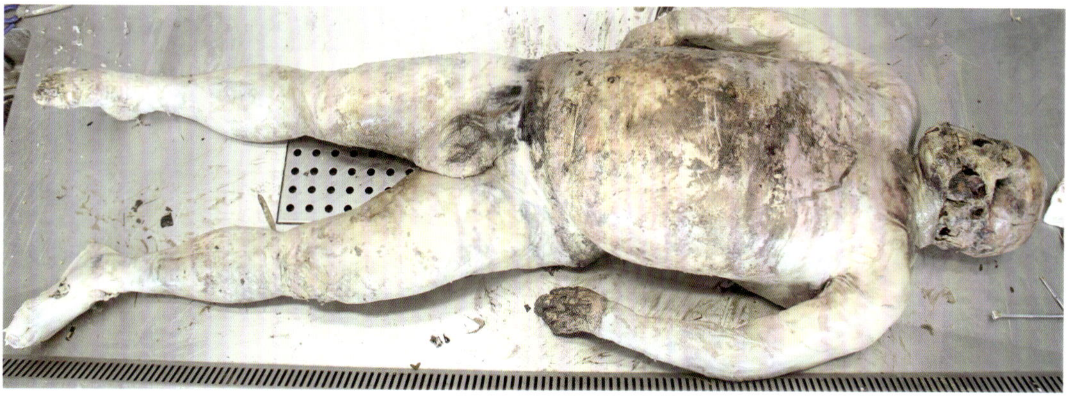

2019-4-26，11:32 仰卧位尸体

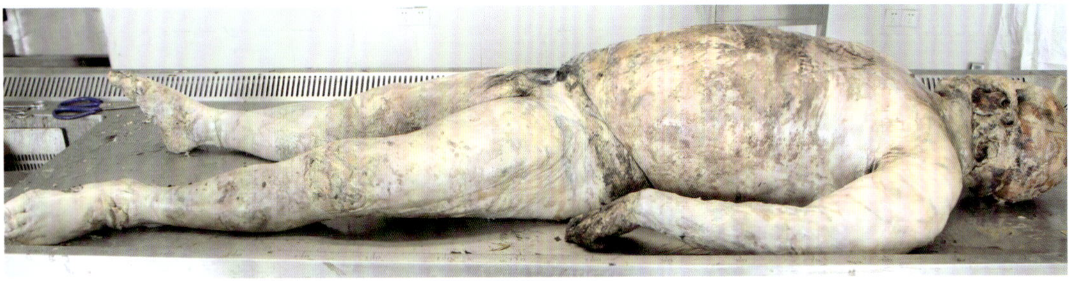

2019-4-26，11:33 左侧观仰卧位尸体现象

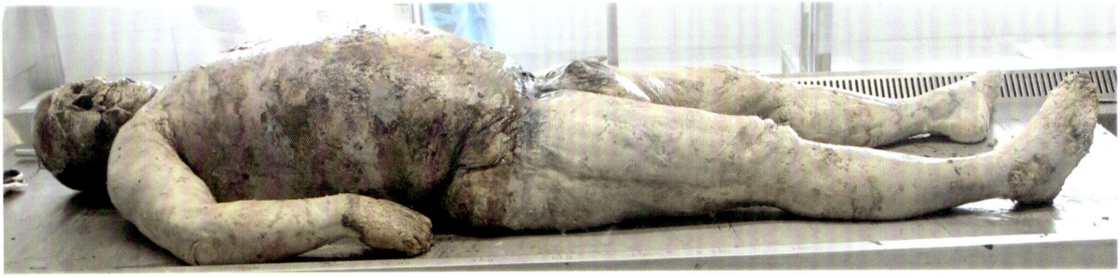

2019-4-26，11:33 右侧观仰卧位尸体现象

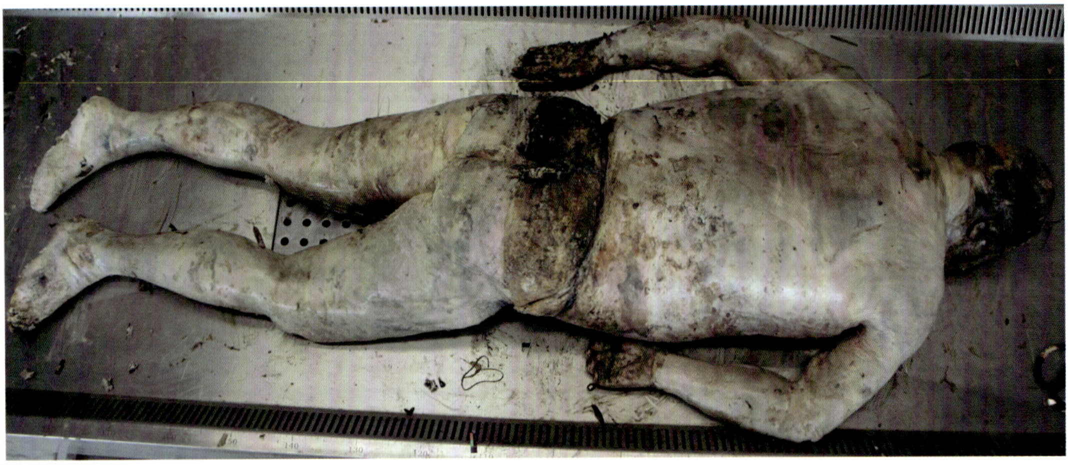

2019-4-26，11:41 背面观尸体现象

案例 15

嫌疑人交代，2019 年 7 月 7 日 8 时左右杀害赵某，7 月 8 日 1 时左右将赵某尸体埋在赵某某养猪场旁的荒地内。7 月 24 日，在嫌疑人指认下挖出赵某尸体。

上身从外至内依次见白色塑料编织袋、白色透明塑料袋包裹并打结；头部至颈部见红色塑料袋包裹，颈部被 1 根黑色充电线缠绕并打结；上身外穿黑色外套 1 件，内穿绿色短袖 T 恤 1 件；下身穿黑色长裤 1 条，腰系白色皮带 1 根；右脚赤足，左下肢大腿中段以下缺如。

黑色外套胸前部及背部见泥土附着，衣领处见疑似血迹浸染；绿色短袖 T 恤胸前部疑似血迹浸染；黑色长裤双裤管见泥土附着。

尸身长 165.0 厘米；尸斑呈暗红色，存于尸体头面部、胸腹部及双下肢前侧，指压不褪色；尸僵已缓解。

头发大部分已脱落，剩余部分为黑色，长 6.0 厘米；扪及颅骨及左颧骨粉碎性骨折；左侧颞部见 5.5 厘米 ×2.5 厘米挫裂创，创缘不整齐，创壁不光滑，创道深达颅骨；右侧颞部见 3 处挫裂创，大小分别为 1.3 厘米 ×0.6 厘米、1.3 厘米 ×0.7 厘米、0.7 厘米 ×0.5 厘米，创缘不整齐，创壁不光滑，创道深达颅骨；右侧颞顶部见 1.7 厘米 ×0.6 厘米挫裂创，创缘不整齐，创壁不光滑，创道深达颅骨；右侧颞顶枕部见 0.9 厘米 ×0.5 厘米挫裂创，创缘不整齐，创壁不光滑，创道深达颅骨；颜面部皮肤呈暗红色，双眼腐败不可窥，鼻部及左耳部腐败，右耳郭上缘见 2.6 厘米 ×0.5 厘米裂口；口唇张开，牙齿未见松动及脱落；余未见明显损伤。

双上肢及右下肢腐败，左下肢大腿中段以下缺如，断端皮肤愈合、完整，未见损伤。

右侧颞顶部挫裂创对应头皮下出血，双侧颞、顶骨开放性粉碎性骨折，可见脑组织自溶溢出，去除脑组织见颅前、中窝骨折。

死者死亡经过时间：18 天左右。

该期间内当地平均气温 23.47℃，其中最高气温 33.9℃，最低气温 17℃。

现场及尸体变化见以下各图：

2019-7-24，12:11 埋尸现场

2019-7-24，12:36 挖掘现场

2019-7-24，12:39 挖掘出一个编织袋

2019-7-24，12:50 编织袋完全被挖出

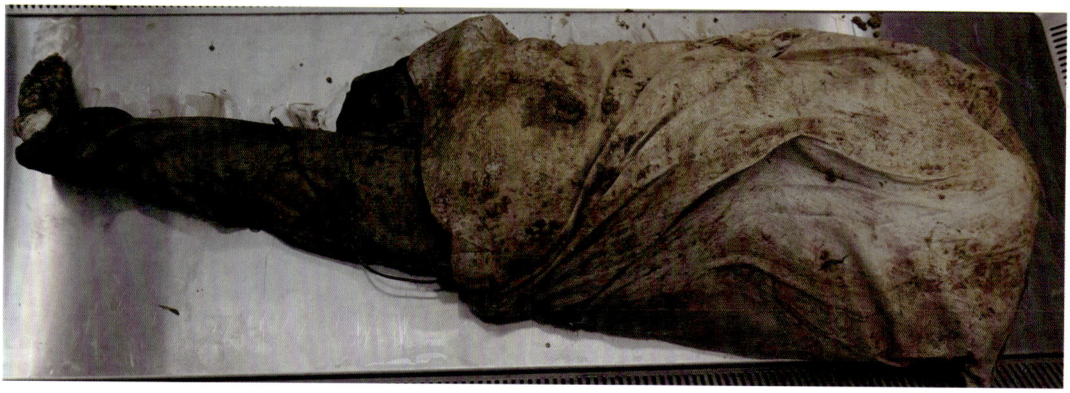

2019-7-27，10:06 白色塑料编织袋包裹的尸体

2019-7-27，10:15 第 2 层白色透明塑料袋包裹尸体头颈和躯干部

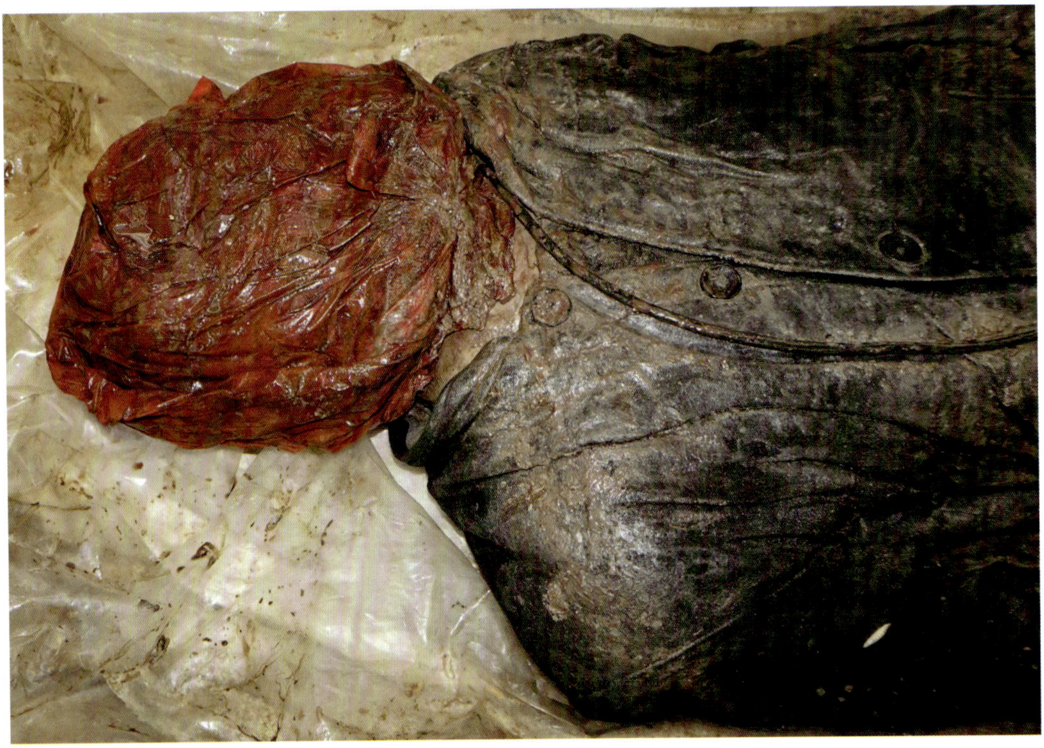

2019-7-27，10:17 第 3 层红色塑料袋包裹头颈部

2019-7-27，10:29 右侧位背面观全身现象

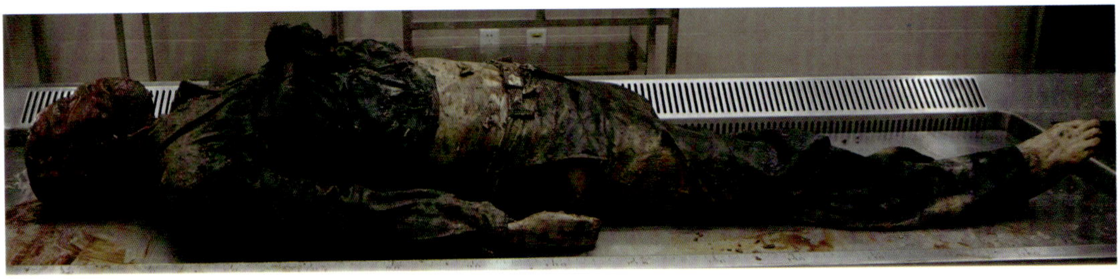

2019-7-27，10:33 右侧位观全身现象

2019-7-27，10:40 右侧位观腹面现象

2019-7-27，10:49 右侧位观背面现象

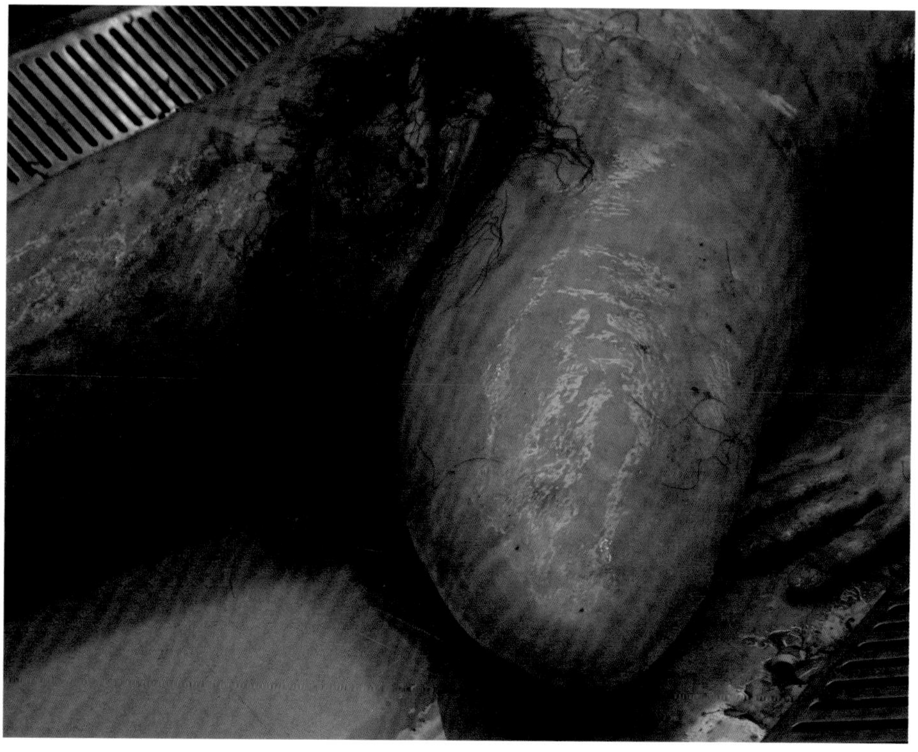

2019-7-27，10:49 左腿做过截肢术

2019-7-27，10:51 双手表皮已剥脱

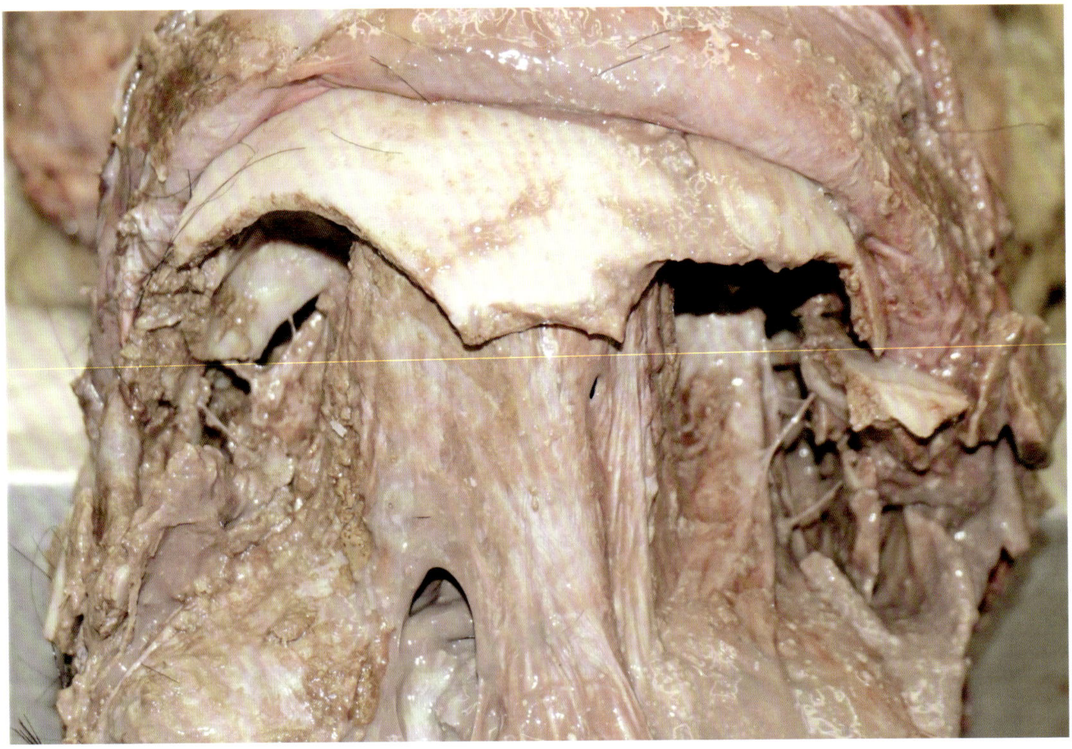

2019-7-27，11:20 双侧颞骨顶骨开放性粉碎性骨折，脑组织自溶

案例 16

2019 年 7 月 28 日 18 时左右在某树林发现一具高度腐败女尸，经死者亲属确认该女尸是离家多日的汤某。

死者上身穿格子拼接假两件蓝色外套 1 件（外为蓝色外套，内为红白相间格子衬衣），下身外穿黑色紧身裤、内穿粉色内裤各 1 条，双脚穿白色板鞋 1 双。

蓝色外套见多处破口，其中左上腹部见 4.2 厘米 ×0.3 厘米破口，左下腹部见 3.0 厘米 ×0.2 厘米破口，左腋部见 3.5 厘米 ×1.0 厘米破口，左腋部外侧见 2 处破口，大小分别为 4.0 厘米 ×0.5 厘米、3.5 厘米 ×0.4 厘米，右下腹部见 4.5 厘米 ×0.3 厘米破口，背部见多个破口，最大为 8.0 厘米 ×0.8 厘米，最小为 3.0 厘米 ×0.3 厘米，腰部见 3.0 厘米 ×1.5 厘米破口，左衣袖见多个破口，最大为 6.5 厘米 ×0.6 厘米，最小为 1.5 厘米 ×0.3 厘米；格子衬衣见多处破口，其中左胸部内侧见 2.5 厘米 ×0.3 厘米破口，左下腹部见多处破口，最大为 3.2 厘米 ×0.3 厘米、最小为 2.5 厘米 ×0.3 厘米，右下腹部见 4.0 厘米 ×1.0 厘米破口；黑色紧身裤左裤腰见 2 处破口，大小分别为 4.0 厘米 ×0.8 厘米、3.5 厘米 ×0.5 厘米。

死者尸体高度腐败，尸身长 155.0 厘米；尸斑存于尸体腰背臀及四肢低垂部位未受压处，指压不褪色；尸僵已缓解。

长发，黑色，顶部长 30.0 厘米；剔除头发，头部未见损伤，双耳未见损伤，左耳垂戴有黄金耳环；双眼、鼻腔、口腔内可见大量活蝇蛆附着，双眼腐败不可窥。

颈部皮肤腐败，未见明显损伤。

左乳房上缘见 2.0 厘米 ×1.5 厘米创口，创缘皮革样化，创道深达肌层，创道内可见大量活蝇蛆附着；左季肋部外侧见 3.5 厘米 ×3.5 厘米创口，创缘皮革样化，创道深达腹腔，创道内可见大量活蝇蛆附着；左腹外侧部见 3.3 厘米 ×2.2 厘米纵行创口，创缘皮革样化，创道深达腹腔，创道内可见大量活蝇蛆附着；左腹内侧部见 4.3 厘米 ×1.2 厘米纵行创口，创缘皮革样化，创道深达皮下；右季肋部见 4.2 厘米 ×2.7 厘米创口，创缘皮革样化，创道深达腹腔，创道内可见大量活蝇蛆附着。

左侧背部见多处创口，最大为 9.0 厘米 ×2.5 厘米、最小为 3.5 厘米 ×1.0 厘米，创缘皮革样化，创道深达左侧胸腔，创道内均可见大量活蝇蛆附着；腰部正中见 3.8 厘米 ×1.2 厘米纵行创口，创缘皮革样化，创道深达腹腔，创道内可见大量活蝇蛆附着；左腰部外侧见 3.5 厘米 ×2.7 厘米创口，创缘皮革样化，创道深达腹腔，创道内可见大量活蝇蛆附着。

左上臂下段见 2 处创口，大小分别为 10.0 厘米 ×8.0 厘米、2.8 厘米 ×1.6 厘米，创缘皮革样化，创道深达肌肉层，创道内均可见大量活蝇蛆附着；左前臂中段外侧见 3.5 厘米 ×2.0 厘米横行创口，创缘皮革样化，创道深达肌肉层，创道内可见大量活蝇蛆附着；左手腕部戴有疑似铁环及玉镯各 1 个；左手背见 3 处创口，最大为 2.2 厘米 ×0.7 厘米、最小为 1.5 厘米 ×0.6 厘米，创道内均可见大量活蝇蛆附着；左手中指戴有黄金戒指 1 个；右上臂上段外侧见 4.8 厘米 ×2.5 厘米斜行创口，创缘皮革样化，创道深达肌肉层，创道内可见大量活蝇蛆附着；右上臂下段内侧见 3.1 厘米 ×1.2 厘米纵行创口，创缘皮革样化，创道深达肌肉层，创道内可见大量活蝇蛆附着；右腕部戴有银手镯 1 个。余未见明显异常。

肛门、会阴部见大量活蝇蛆附着。

死亡经过时间推测：经调取辖区内监控视频发现，嫌疑人赵某与死者于 2019 年 7 月 23 日出现在尸体现场附近，嫌疑人赵某当晚自杀于自家里。

死亡经过时间：5 天左右。

该期间当地平均气温 23.66℃，其中最高气温 32.1℃，最低气温 18.1℃。

现场及尸体变化见以下各图：

2019-7-28，19:28 案发现场

2019-7-28，19:29 现场尸体姿态

2019-7-28，19:30 现场尸体全貌

2019-7-28，19:30 尸体头面布满蛆虫

2019-7-28，19:39 右侧胸壁布满蛆虫

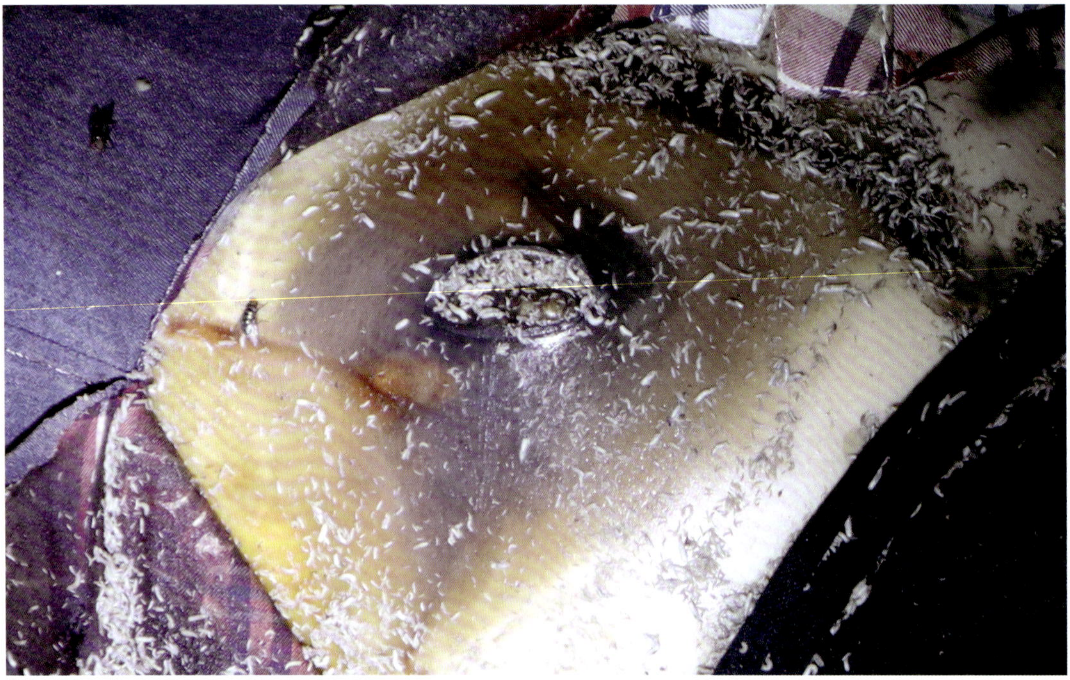

2019-7-28，19:40 右侧胸部创口内充满蝇蛆

2019-7-28，19:41 左侧观尸体姿态

2019-7-28，20:21 左手表皮手套样剥离

2019-7-28，20:21 左侧观头面现象

2019-7-28，20:22 左手背面观

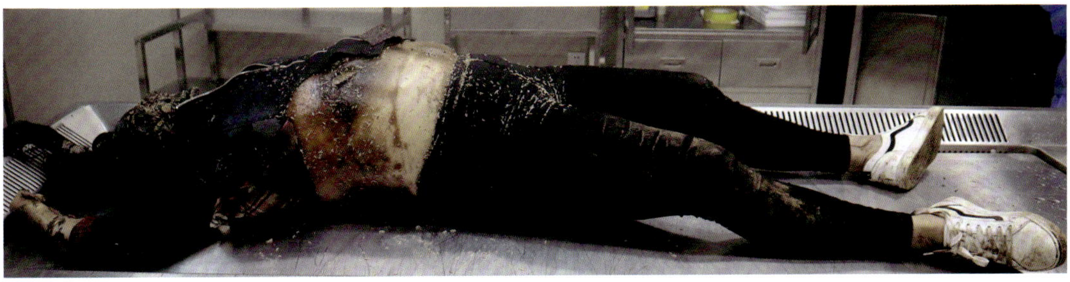

2019-7-29，15:51 仰卧位尸体现象

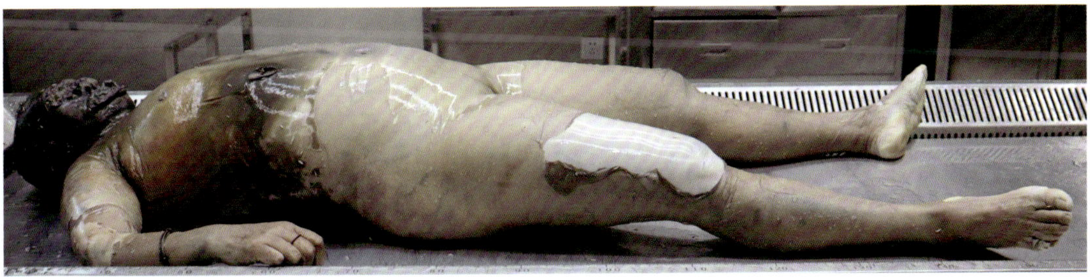

2019-7-29，16:50 仰卧位尸体现象

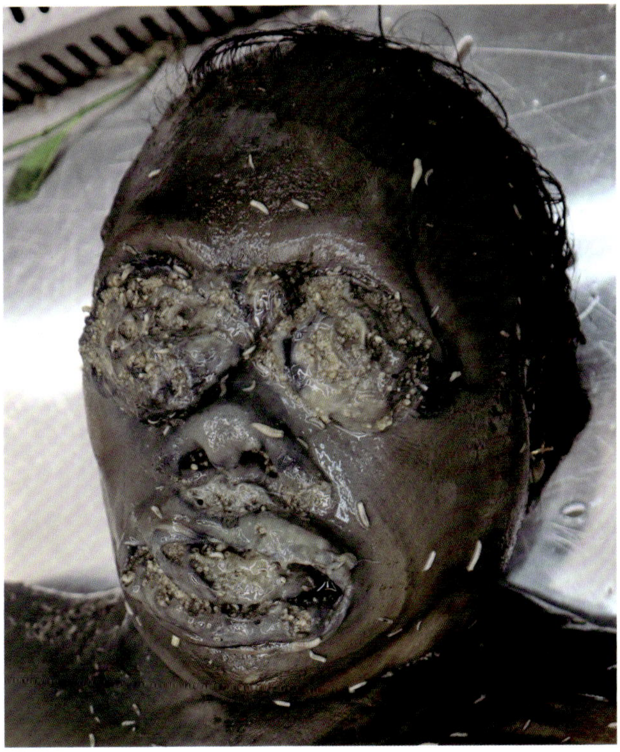

2019-7-29，16:50 眼、鼻、口内充满蛆虫

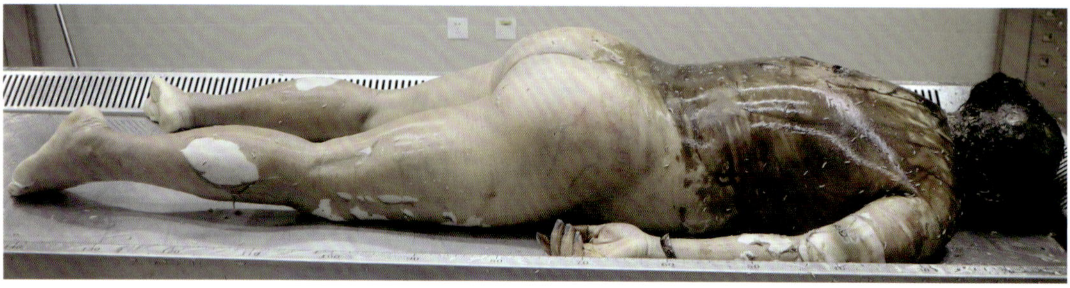

2019-7-29，16:52 俯卧位尸体现象

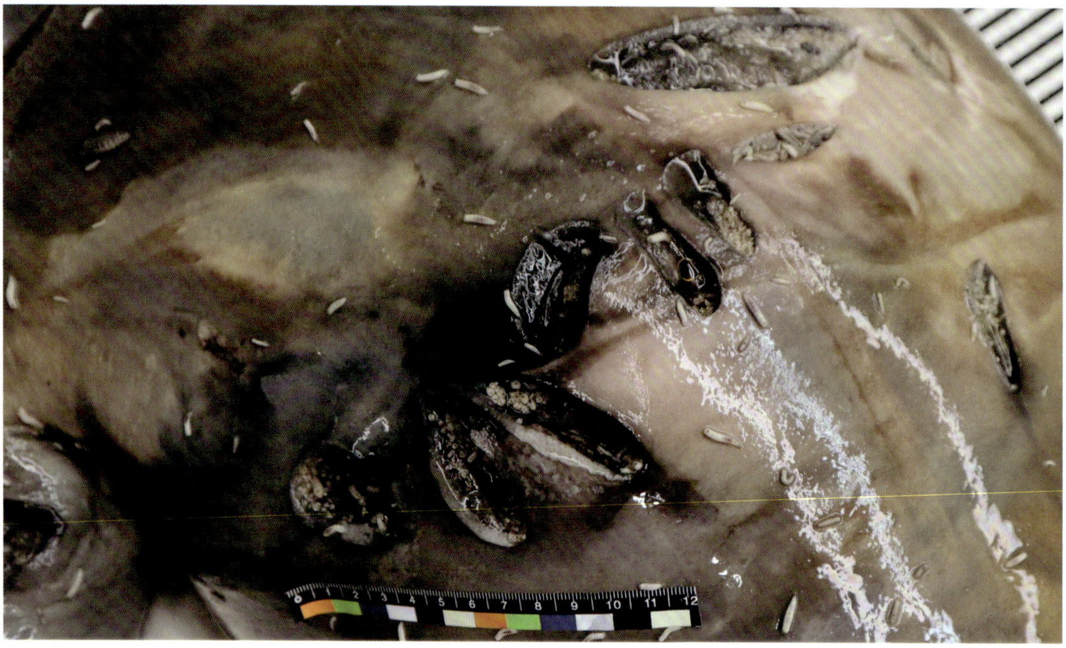

2019-7-29，16:56 左背部多个创口均布满蛆虫

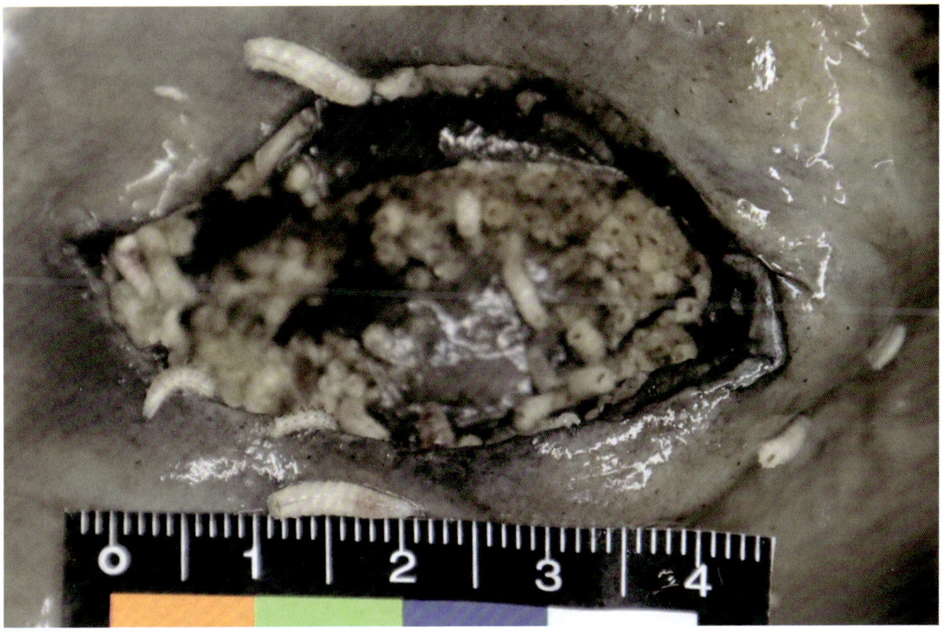

2019-7-29，16:59 右上臂上段外侧创腔充满蛆虫

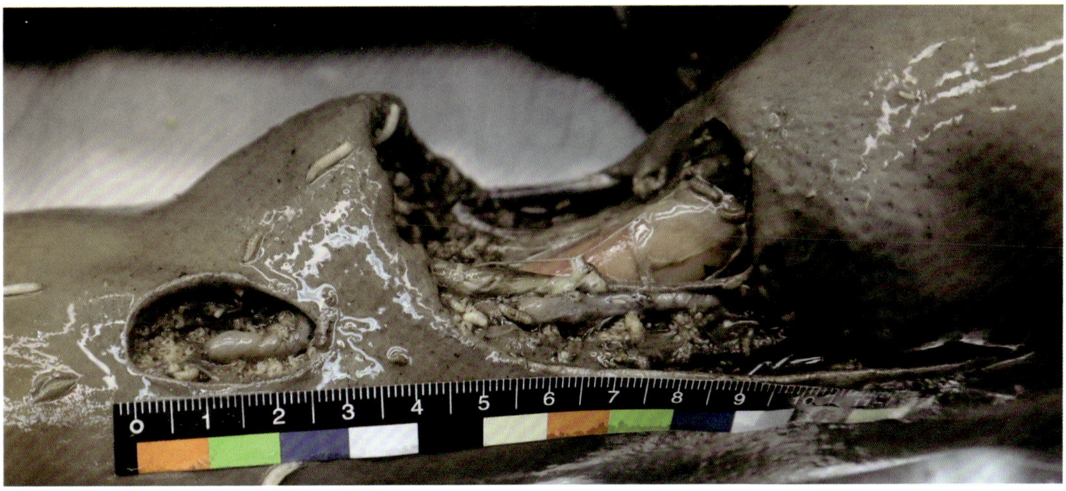

2019-7-29，17:03 左上臂下段创口内充满蛆虫

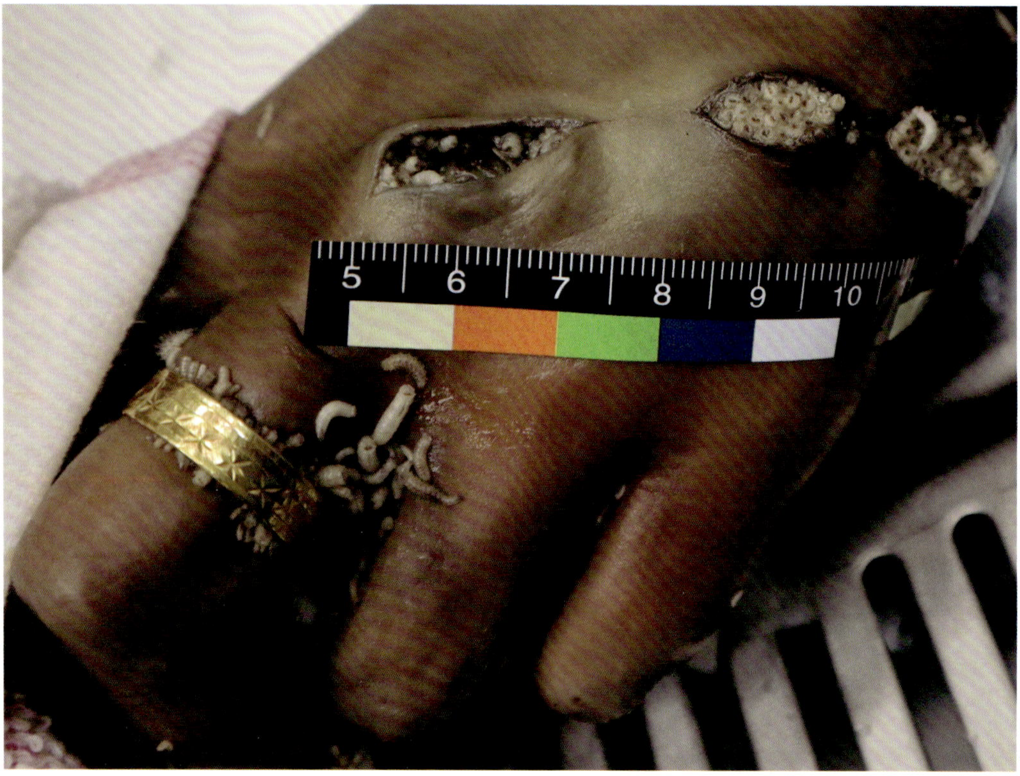

2019-7-29，17:05 左手背部损伤

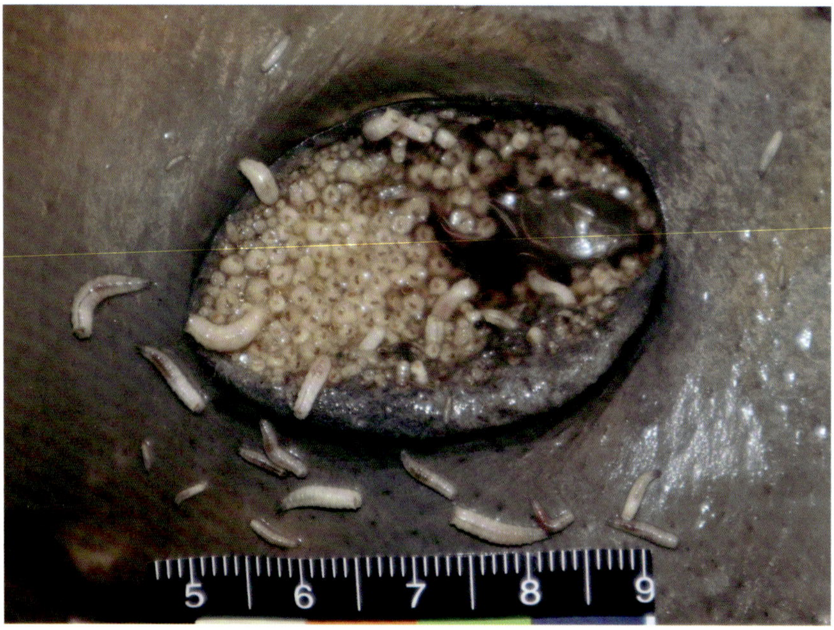

2019-7-29，17:09 右季肋创口充满蛆虫

案例 17

2019 年 9 月 24 日，某市某区某街道 61 号 2 楼租住房客龙某被发现死在屋内床下。

死者上身穿蓝色圆领短袖 T 恤，下身穿黑色长裤，衣裤无破损。尸长 150 厘米，尸体已高度腐败，全身体表见有大量蛆虫，胸背部可见尸斑，呈暗红色。

头发腐败脱落，顶部头皮见一创口，大小为 2.0 厘米 ×3.5 厘米，创角较锐，创腔较深，深达颅骨，创缘、创壁欠清（腐败）；右颞部至右面颊部皮肤见一创口，大小为 12.0 厘米 ×3.5 厘米，边缘较整齐，创角一钝一锐，创腔结构欠清（腐败）。右眼及鼻部皮肤、肌肉缺失，右眼眶骨、鼻骨暴露，检见右眼眶外侧壁、下侧壁、内侧壁骨折，双侧鼻骨骨折。左面部皮肤色泽发黑，未检见明显外伤性改变。右颈部及颈前区见皮肤缺失，见大量蛆虫，去除蛆虫后，颈椎外露，颈第 4、第 6 椎体右侧可见骨折，颈部皮肤边缘、腔内结构均欠清。

皮肤色泽呈蜡黄色，胸廓对称无畸形，下腹部见一纵行长 11.0 厘米陈旧性疤痕，未扪及包块，体表未见明显外伤痕，骨盆未扪及骨折。

四肢皮肤色泽呈蜡黄色，左小指掌指关节背侧见 2.0 厘米 ×1.0 厘米皮肤缺失，色泽发黑，相应部位未见骨折及脱位等改变，四肢体表未见明显外伤痕，四肢长骨无骨折征象。

肛门及外生殖器未见明显异常。

犯罪嫌疑人交代，作案时间为 2019 年 9 月 9 日凌晨 5 时左右。

尸体现场勘查是 2019 年 9 月 24 日。

尸体检验是 2019 年 9 月 25 日。

死亡经过时间：16 天左右。

该期间内平均气温 20.79℃ , 其中最高气温 29℃，最低气温 11℃。

现场及尸体变化见以下各图：

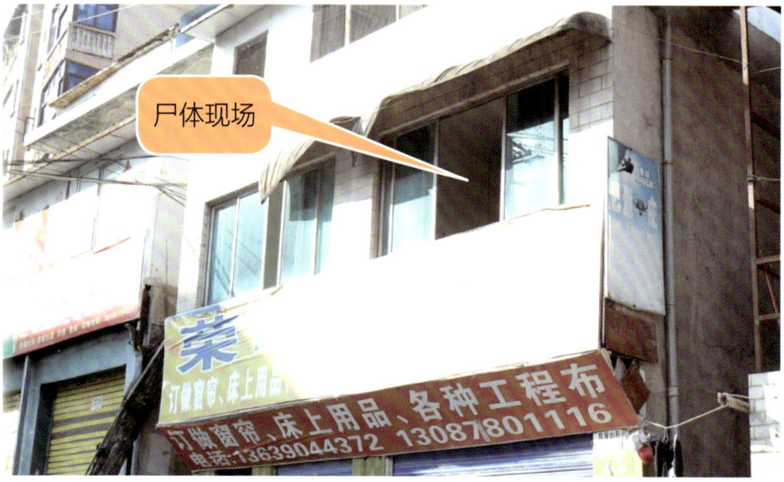

2019-9-24，16:36
尸体现场概貌

2019-9-24，
18:52 尸体现场

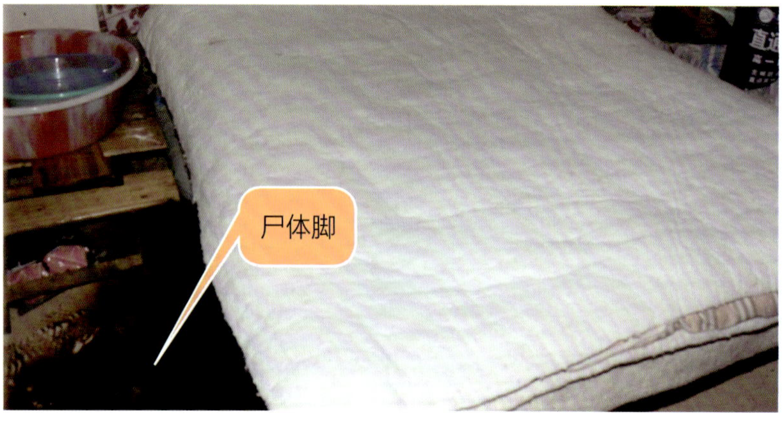

2019-9-24，
19:14 尸体被藏
在床下

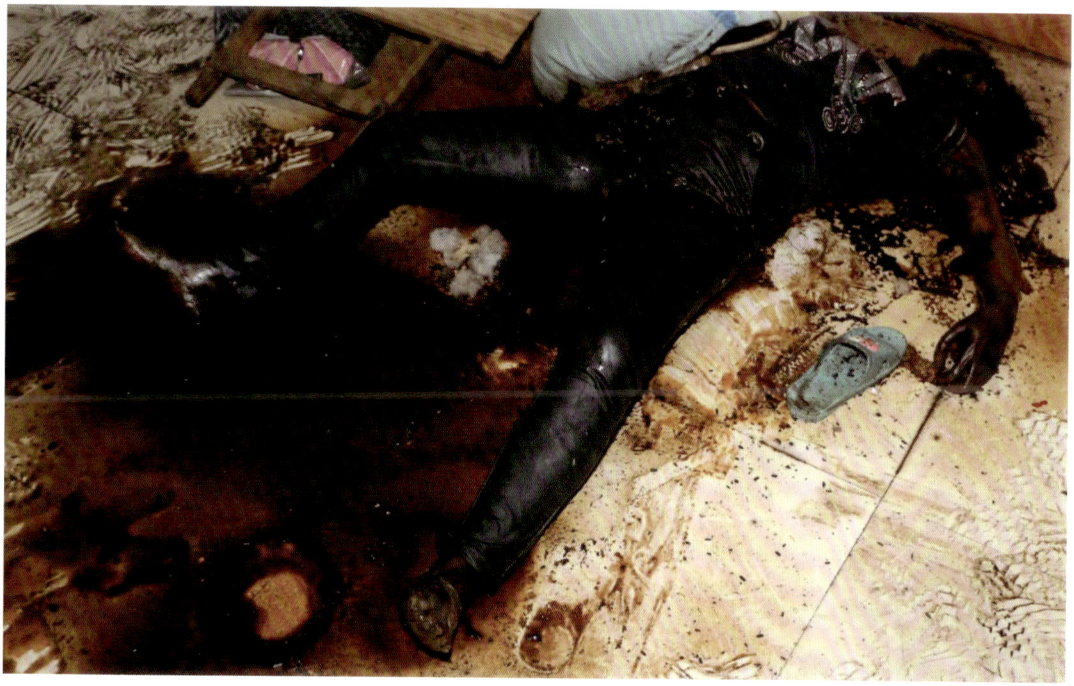

2019-9-24，20:23 尸体移出床下后的状态

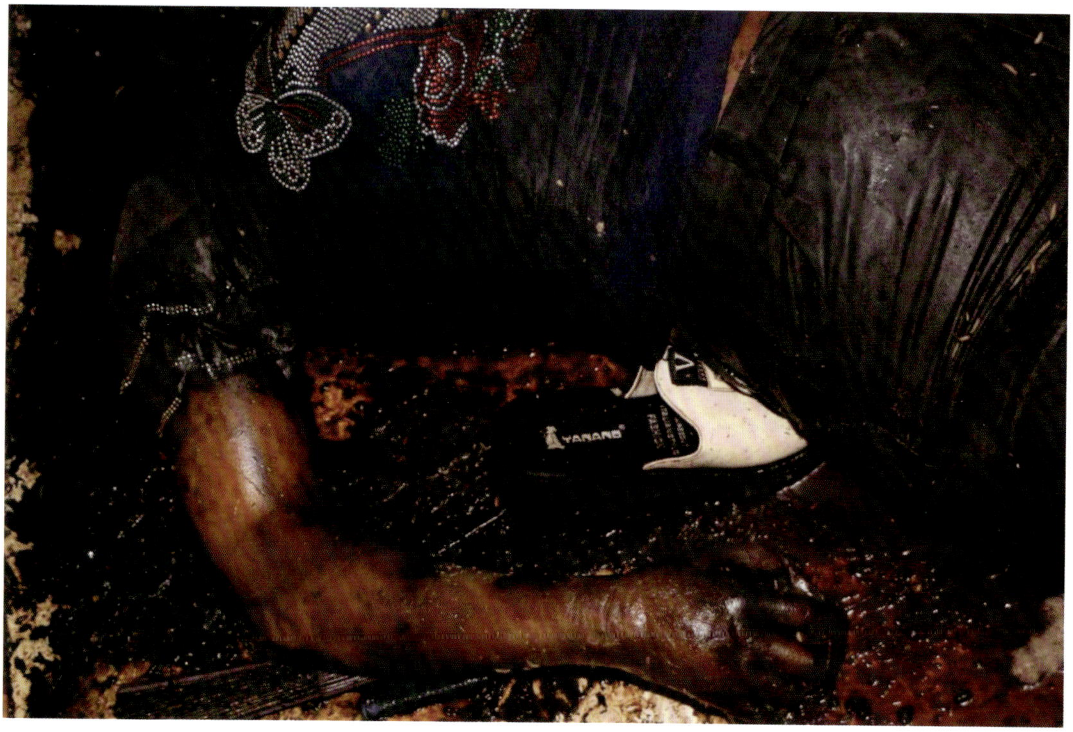

2019-9-24，20:38 右侧观上肢现象

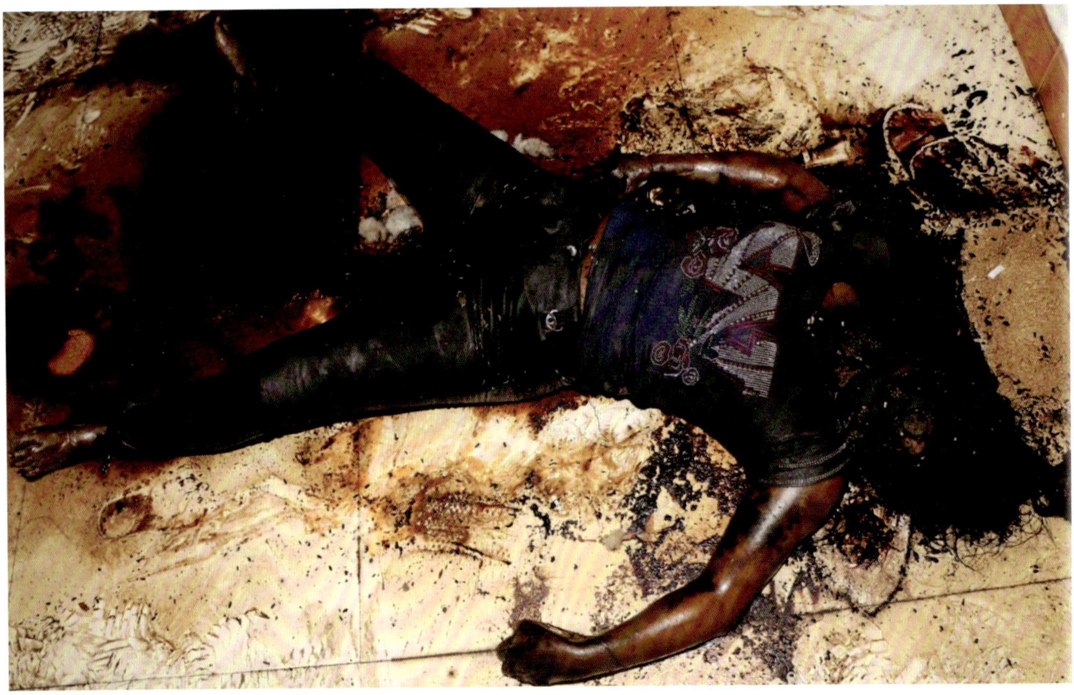

2019-9-24，20:43 左侧观尸体现象

2019-9-24，20:43 放大后下部现象

2019-9-24，20:44 面颈部现象，可见部分露骨

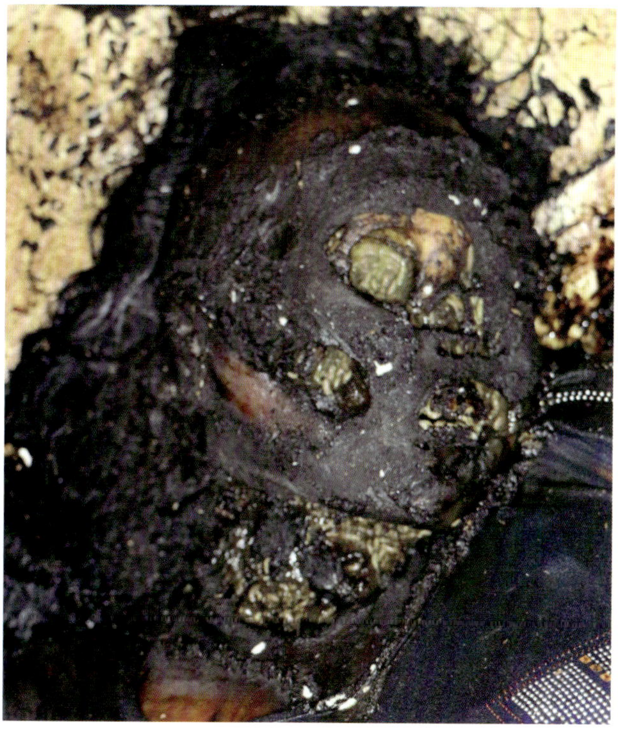

2019-9-24，20:45 右侧观面颈部现象

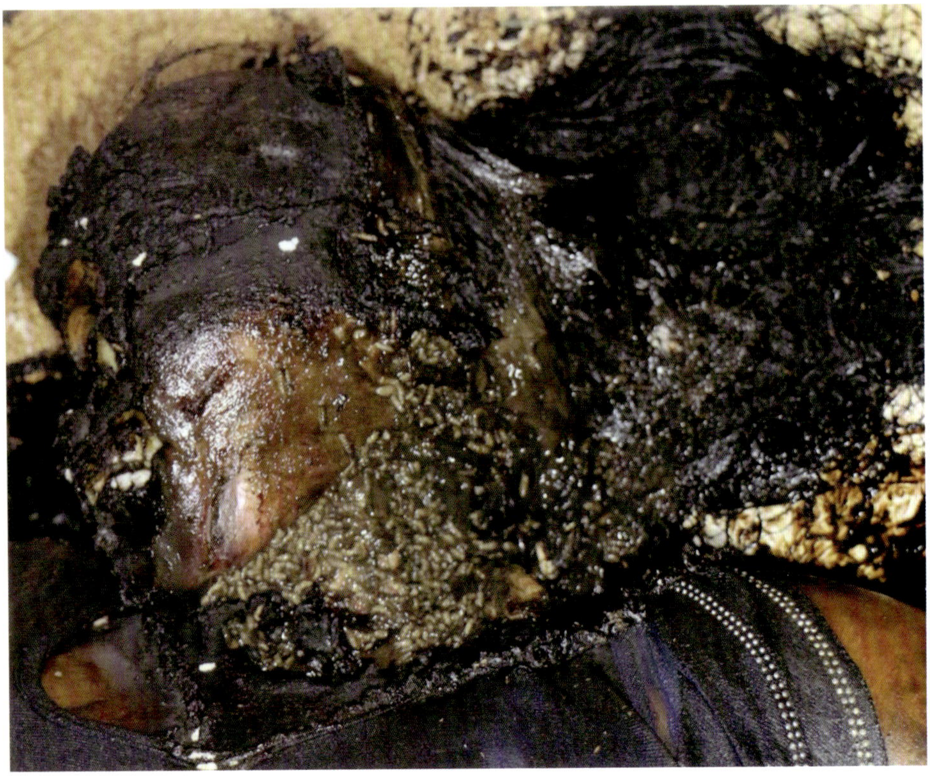

2019-9-24，20:45 左侧观头颈部现象，可见颈部布满蛆虫

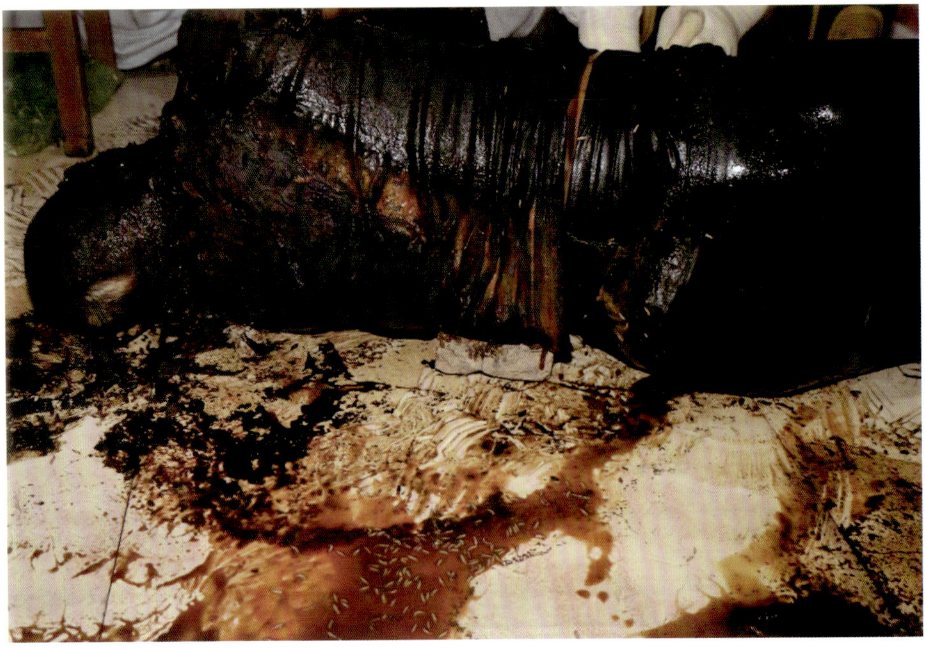

2019-9-24，20:46 尸体背面状态，地面布满蛆虫

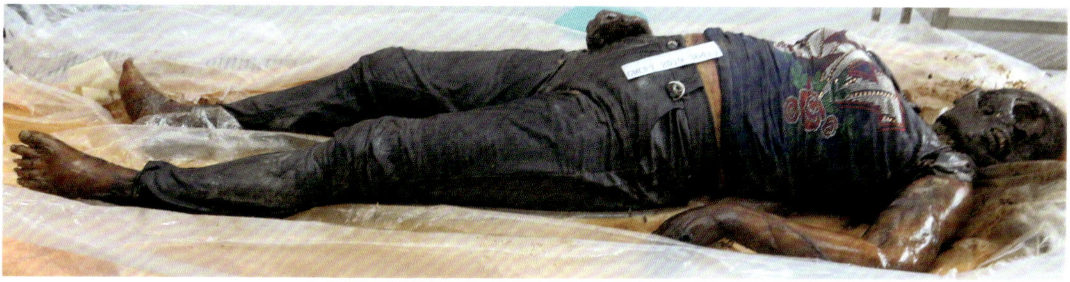

2019-9-25，11:05 左侧观尸体现象

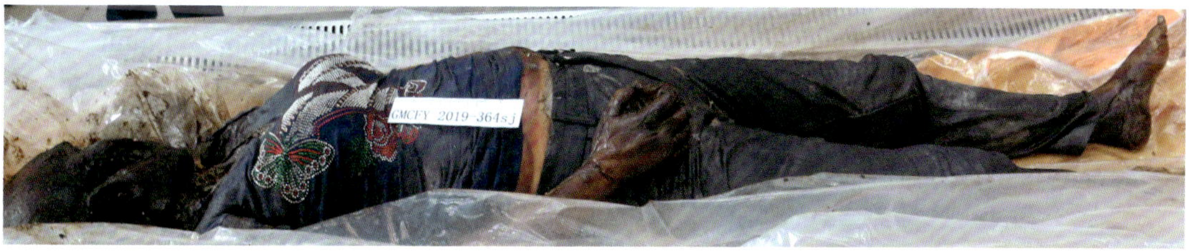

2019-9-25，11:05 右侧观尸体现象

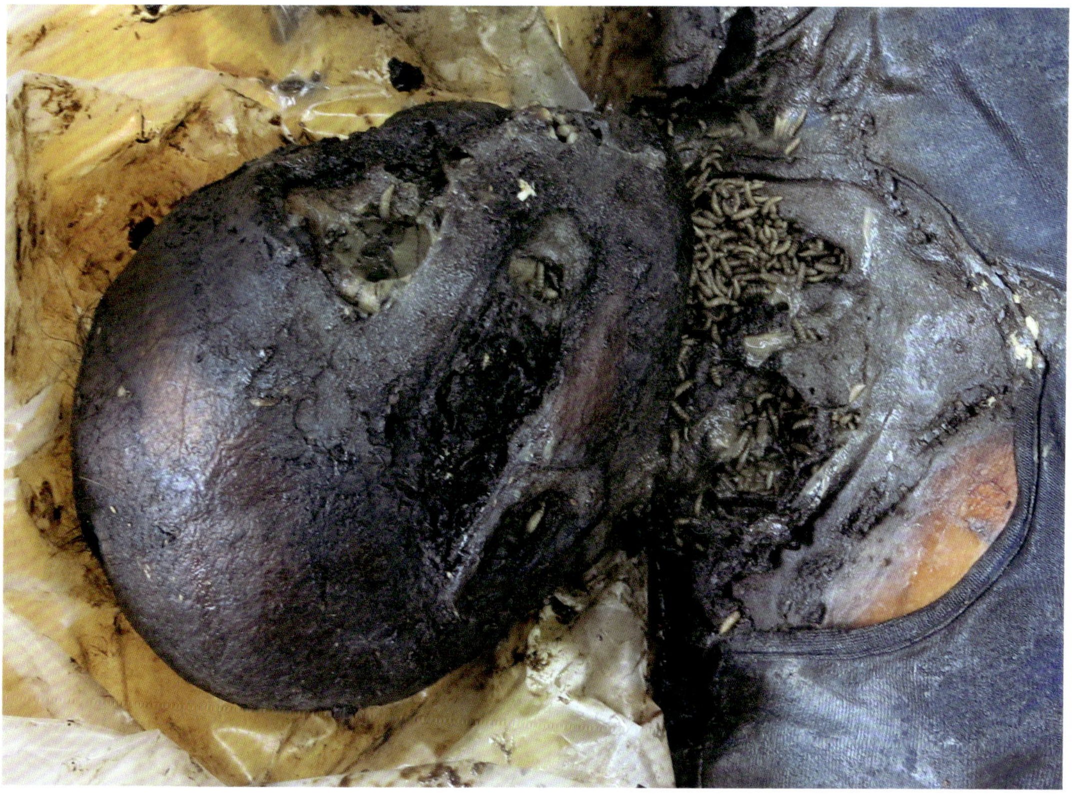

2019-9-25，11:06 右侧观头颈部现象

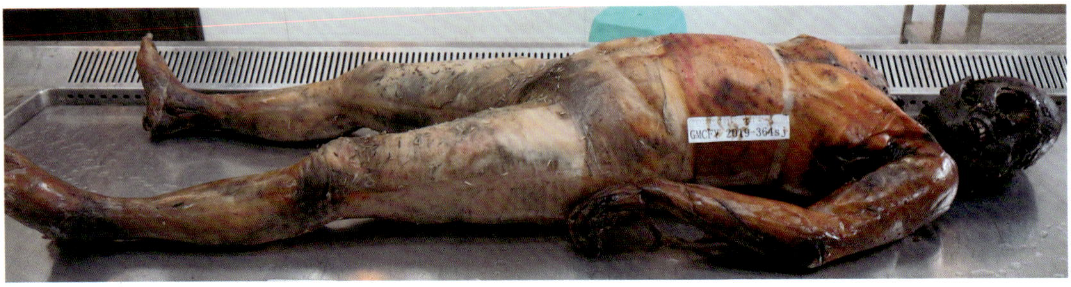

2019-9-25，11:09 左侧观去掉衣物的尸体现象

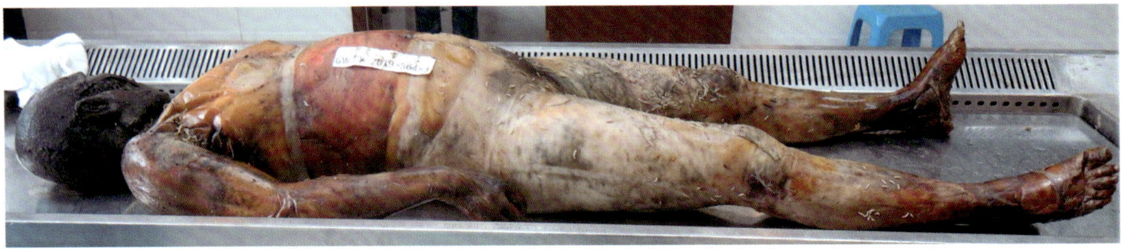

2019-9-25，11:09 右侧观去掉衣物的尸体现象

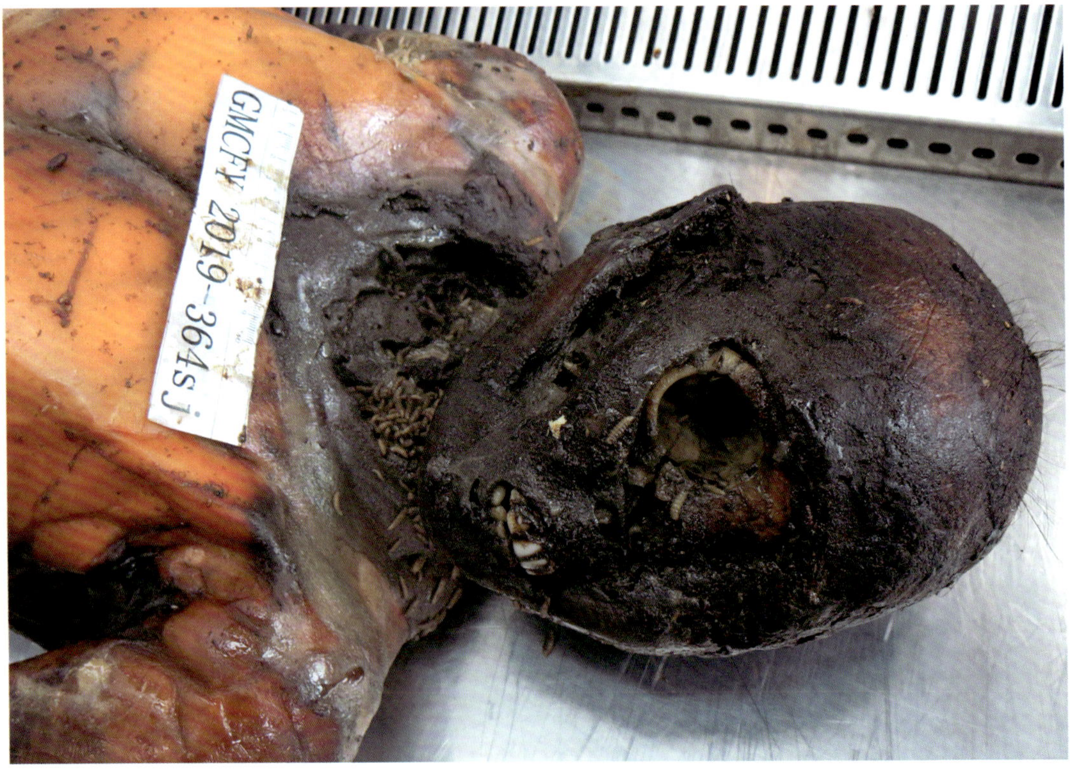

2019-9-25，11:10 左侧观头、颈、胸现象

2019-9-25，11:10 头右侧损伤现象

2019-9-25，11:12 头顶损伤现象

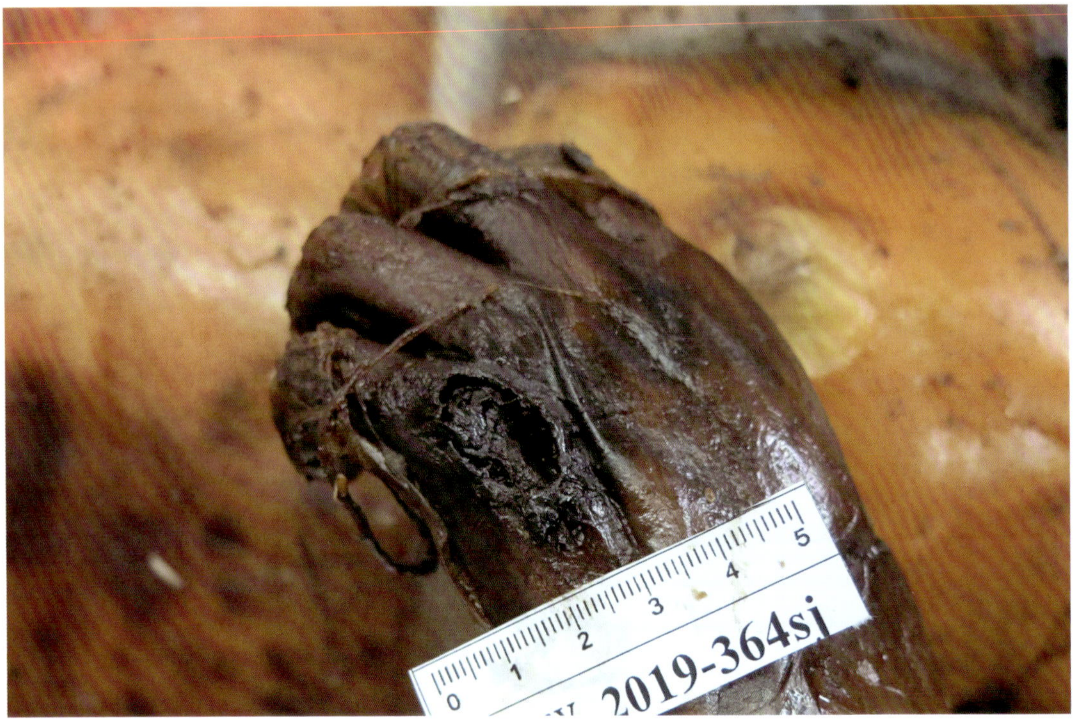

2019-9-25，11:13 左手损伤现象

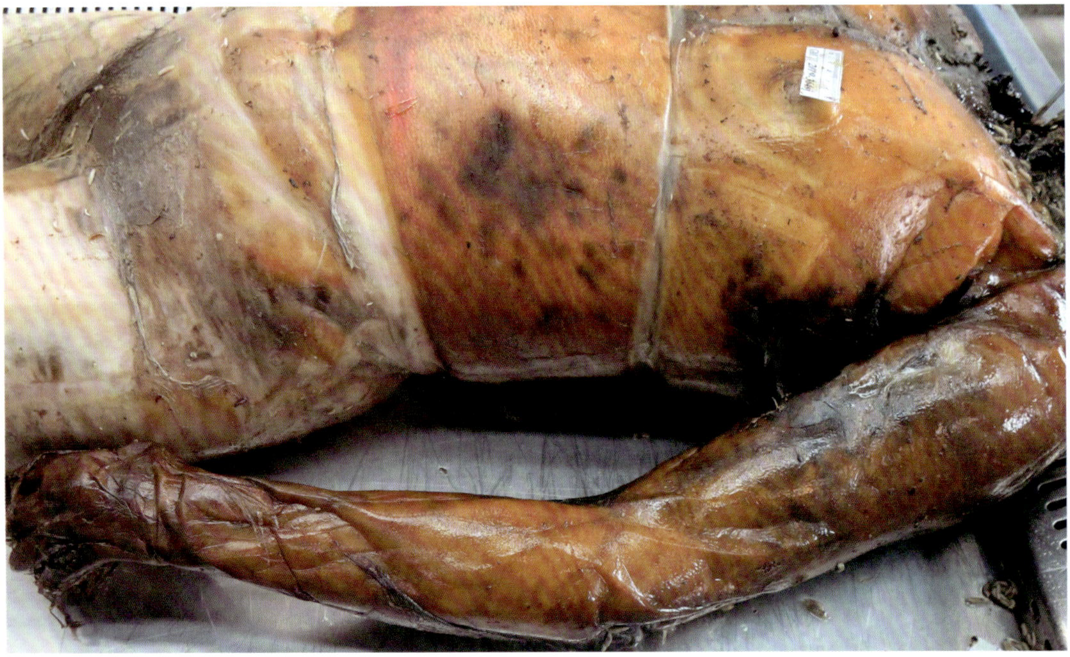

2019-9-25，11:20 尸体已蜡化

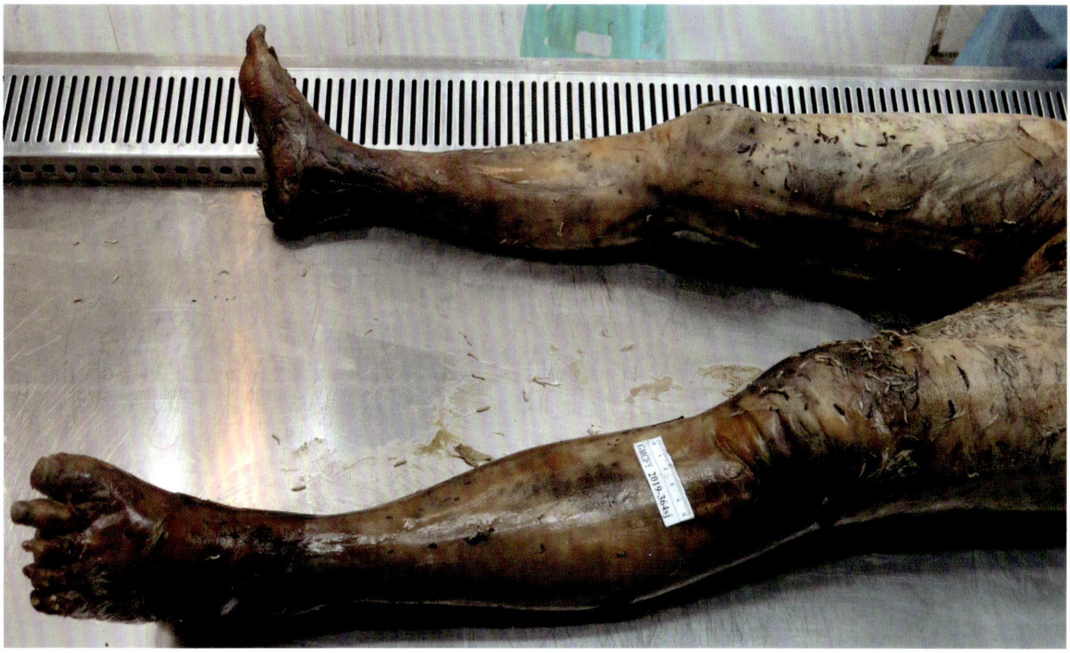

2019-9-25，11:20 下肢现象

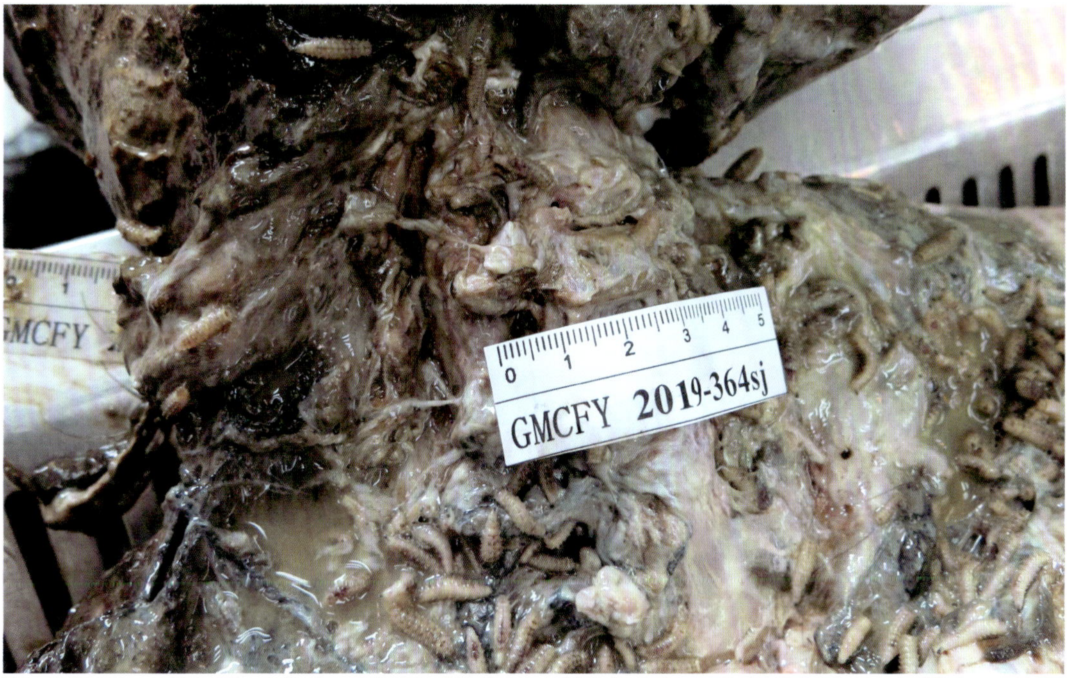

2019-9-25，11:32 颈部布满蛆虫

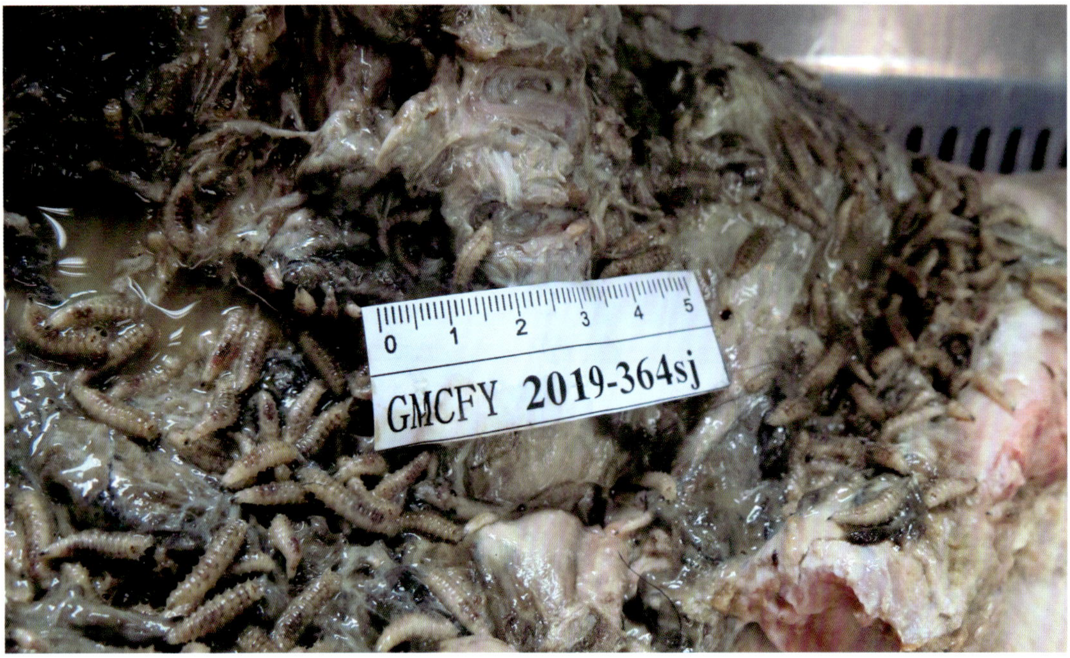

2019-9-25，11:33 颈椎周布满蛆虫

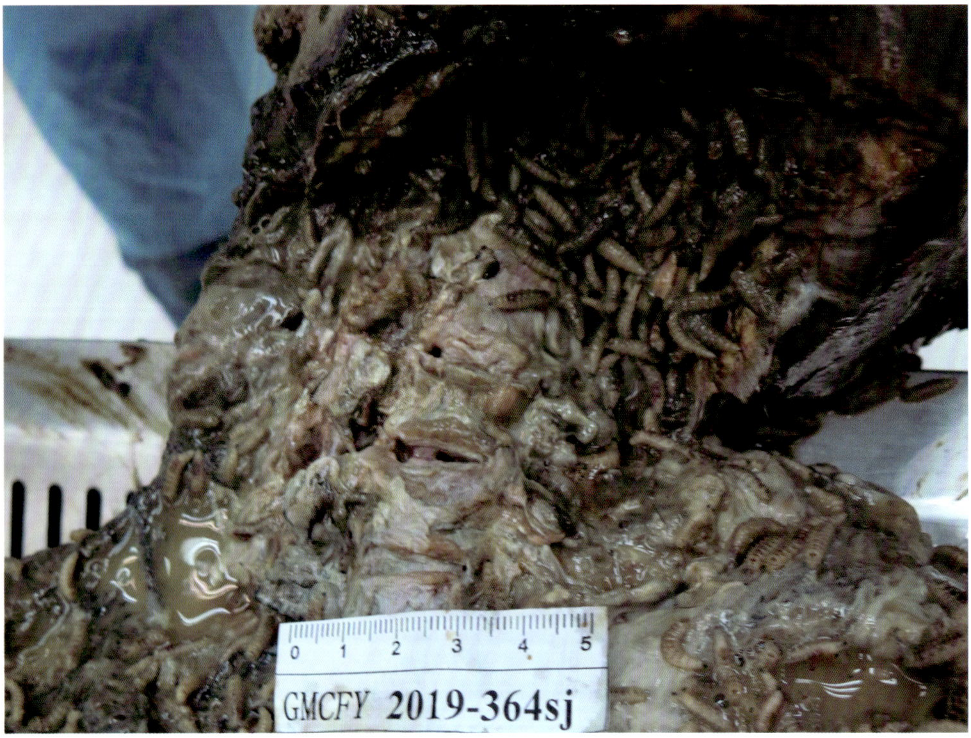

2019-9-25，11:36 左侧观颈椎上段现象

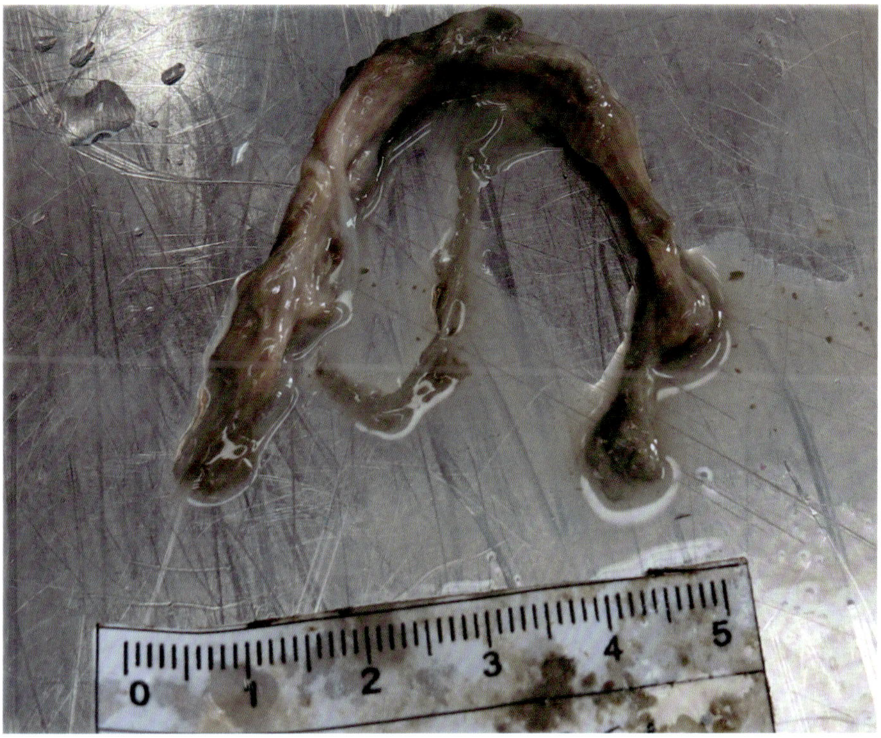

2019-9-25，11:36 舌骨大角骨折

2019-9-25，11:36 颅内有蛆虫

案例 18

2020 年 2 月 15 日在某县蓝月烟花爆竹厂围墙后山上发现一具无名女尸，经死者家人指认是 1 月 17 日离家出走的王某。

尸体位于县医院殡仪馆尸体解剖室内，为高度腐败尸体，尸长 143 厘米，发育正常，营养良好，尸僵缓解，尸斑不明显，全身见多处尸绿形成，并见蛆虫附着，最长为 1.2 厘米。

头面及颈项部：顶部发长 41 厘米，结膜苍白，瞳孔窥不清；面部部分皮革样变，口唇皮革样变，口腔黏膜未见损伤及出血，牙齿无松动脱落，舌于齿后；双侧鼻腔通畅，未见异物；双侧外耳道未见流血、流液；余未见损伤及其他异常。

躯干部及四肢：双侧胸廓对称无畸形，未扪及肋骨及胸骨柄骨折，胸、腹部见大量尸绿；双手十指甲床重度发绀，双足十趾甲床发绀；四肢长骨未扪及骨折，余检查未见损伤。

会阴及外生殖器：肛周干净，会阴部未见异常。

头颅：额顶部头皮见一类长方形撕脱创口并部分头皮缺失，皮瓣方向由后向前，大小为 10.5 厘米 ×4.5 厘米，创缘、创壁不齐，创道深达骨质，余头皮、头皮下、帽状腱膜下未见出血，双侧颞肌未见损伤及出血，颅骨未见骨折，颅底未见骨折。

双侧额顶叶见蛛网膜下腔出血。

颈部：颈部皮下组织及各肌群未见损伤、出血，舌骨、甲状软骨及环状软骨未见骨折；咽喉未见水肿；食道黏膜完整，未见充血、水肿，管腔通畅；气管及双侧主支气管管腔通畅，见少量蛆虫及腐败渗液，未见损伤出血。

胸部：胸廓对称无畸形，肋骨及胸骨柄未见骨折，双侧胸腔见 210 毫升腐败渗液。

腹盆部：腹壁未见损伤、出血，双侧腹腔内见少量腐败渗液，各脏器在位，外观未见异常，胃及各肠段浆膜面光滑，腹腔各脏器未见损伤、出血。

食管和胃：食道黏膜完整，见少量蛆虫附着，胃内空虚。

死亡经过时间：29 天左右。

该期间内平均气温 6.25℃，其中最高气温 22℃，最低气温 -2.4℃。

现场及尸体变化见以下各图：

2020-2-15，16:15 案发现场概貌

2020-2-15，16:18 现场尸体情况

2020-2-15，16:19 尸体面部情况

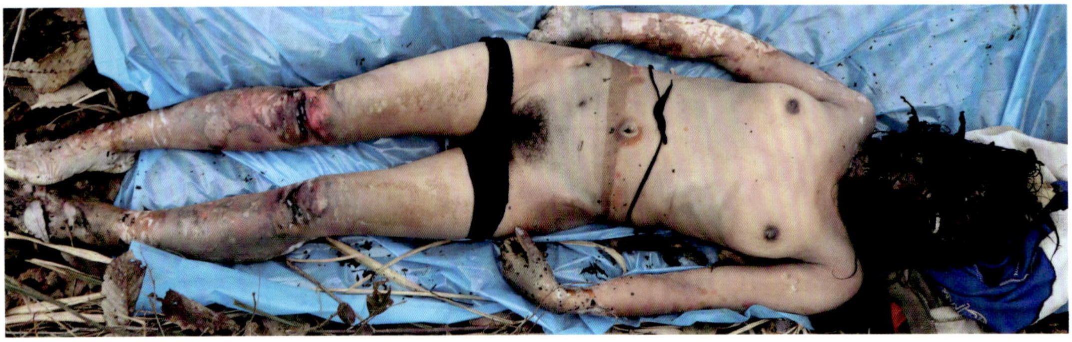

2020-2-15，16:42 现场检查尸体

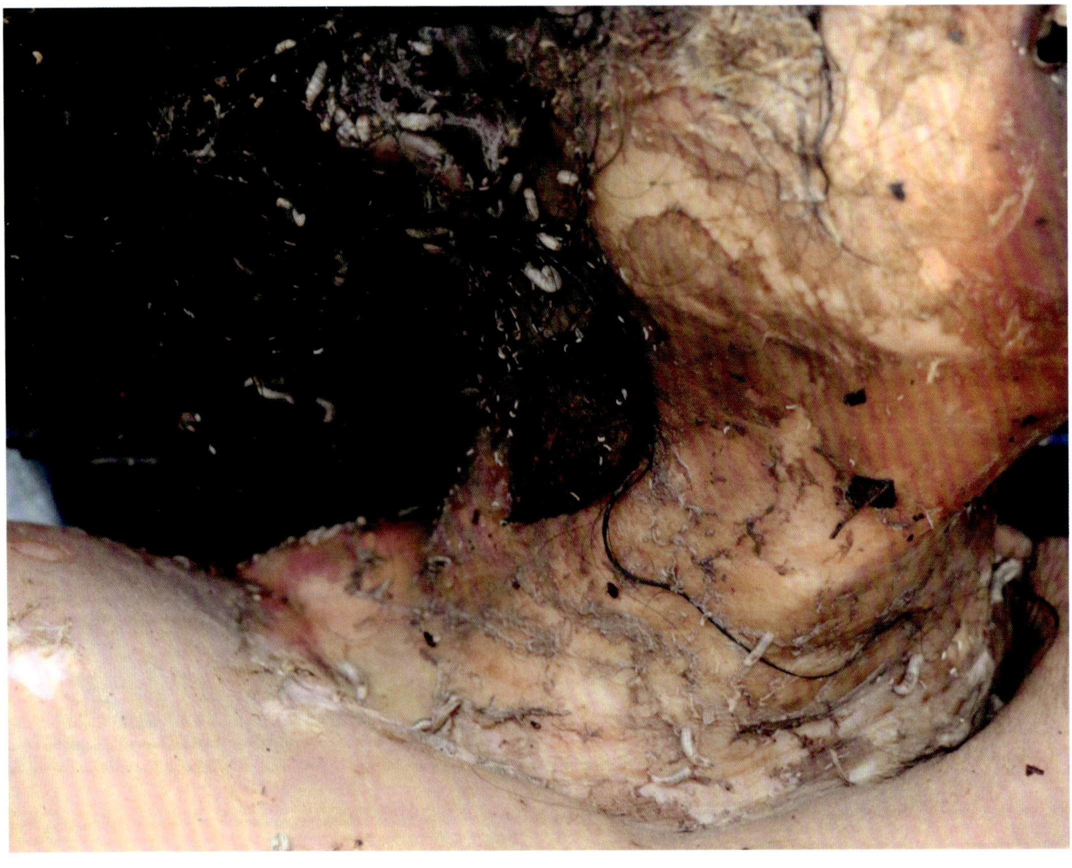

2020-2-15，16:52 右耳和颈部表皮剥脱并见蛆虫

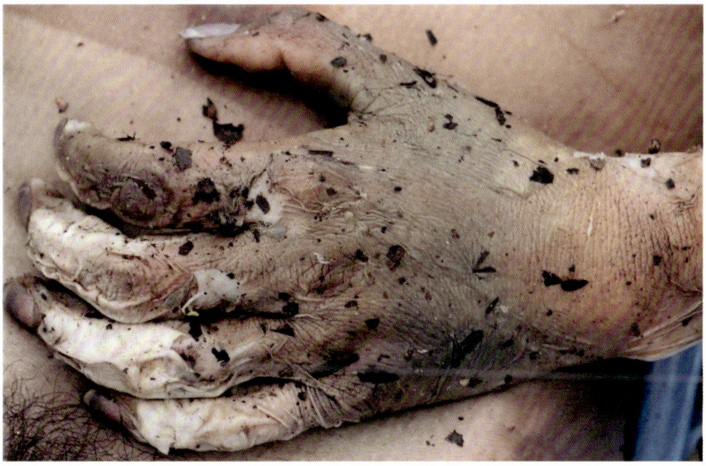

2020-2-15，16:57
左手背表皮剥脱

2020-2-15，16:59
右手背表皮剥脱

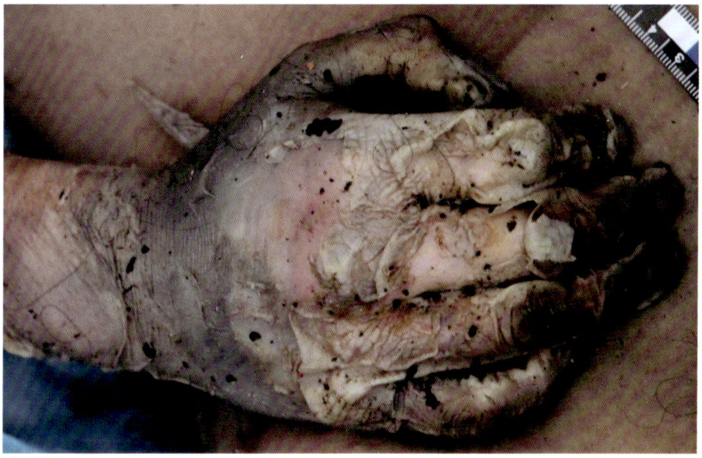

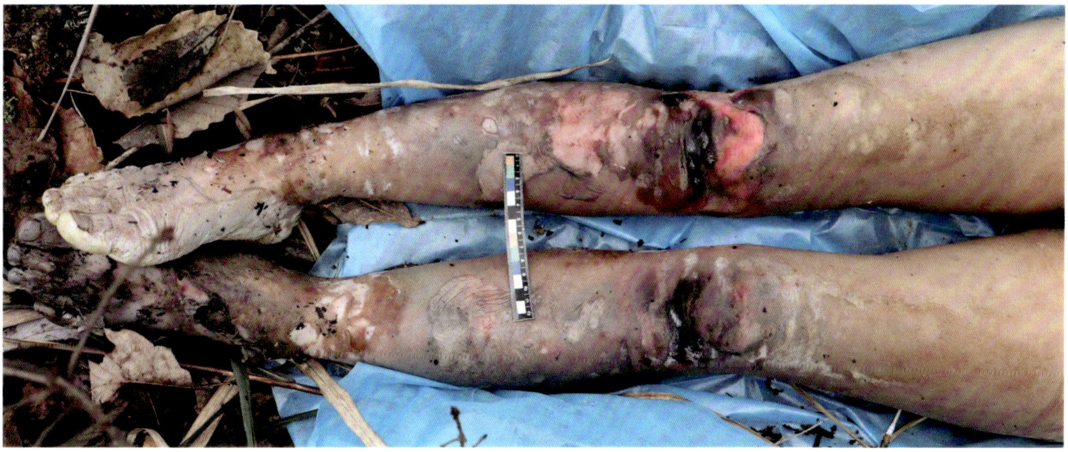

2020-2-15，17:01 下肢膝部见皮下出血

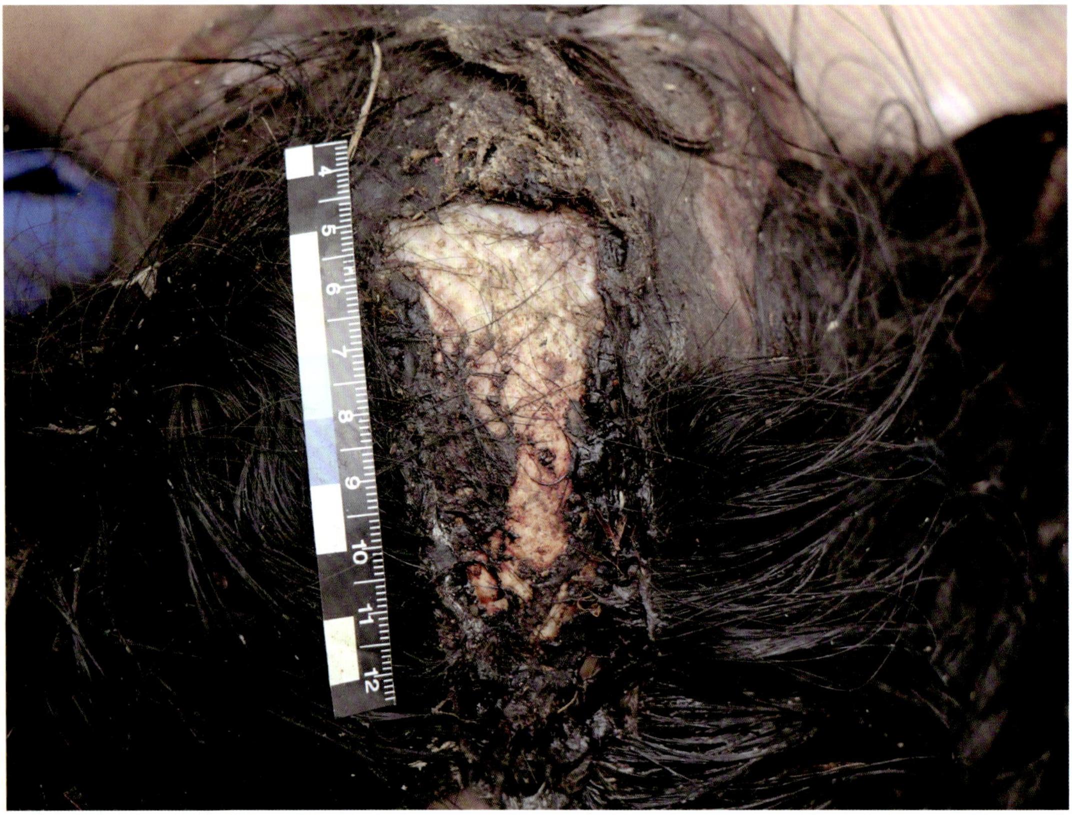

2020-2-15，17:04　头顶部见长方形撕脱创并部分头皮缺失（大小 10.5 厘米 ×4.5 厘米），皮瓣方向由后向前，创周见血痂

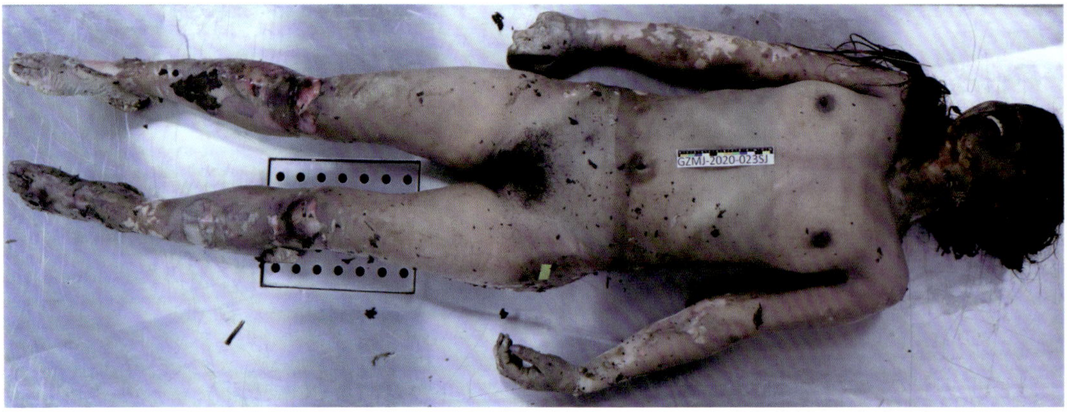

2020-2-16，具体时间缺失，尸体概貌

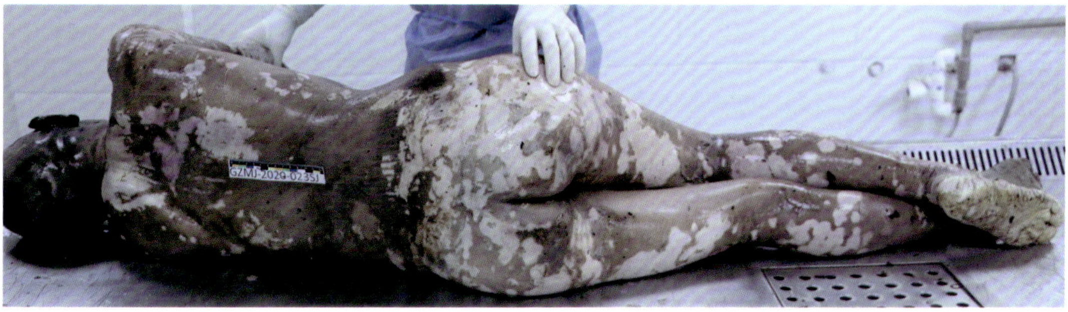

2020-2-16，具体时间缺失，背面观尸体

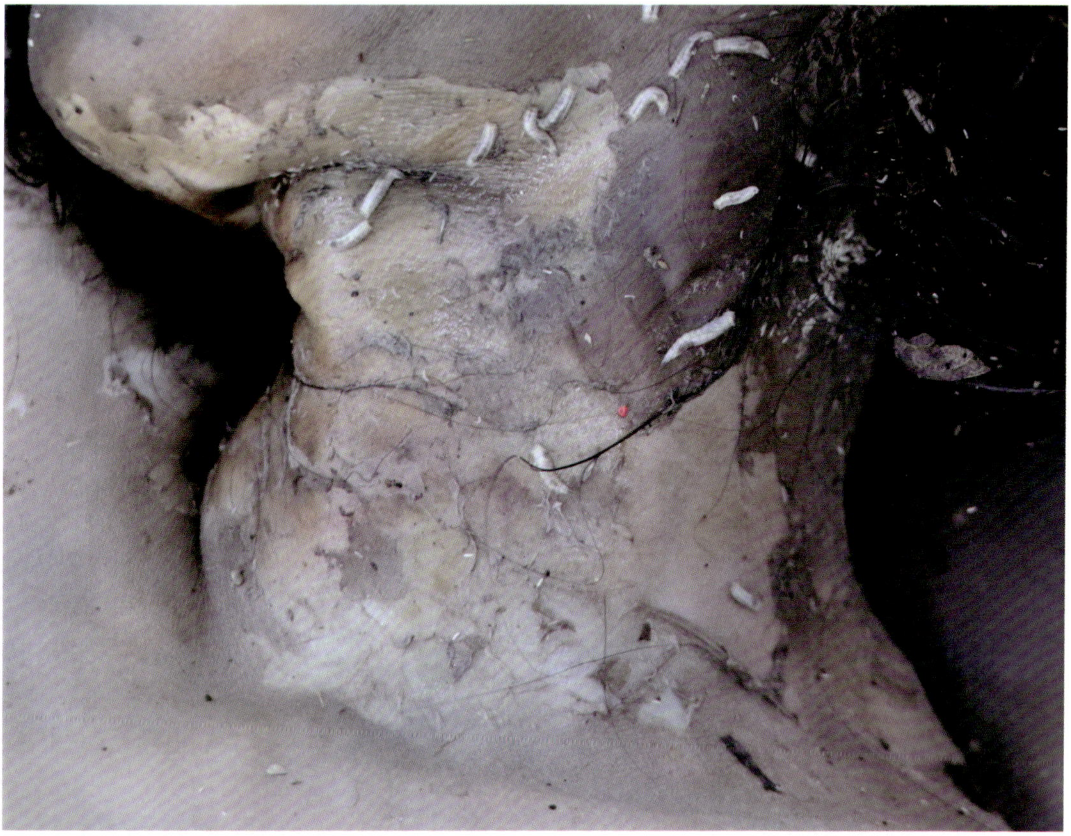

2020-2-16，具体时间缺失，左侧颈部散见蛆虫

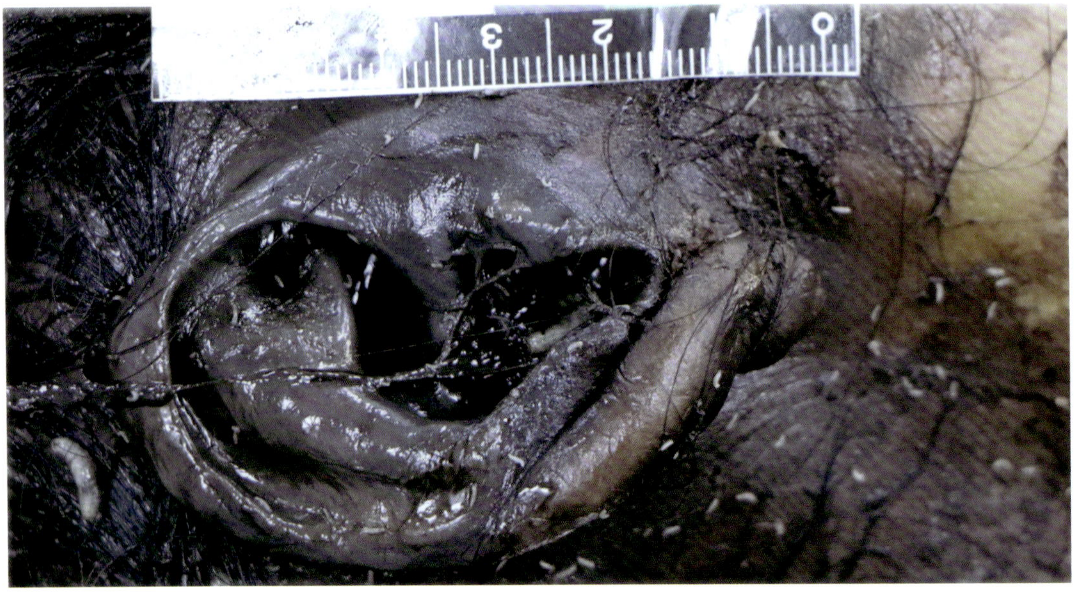

2020-2-16，具体时间缺失，右耳周围可见大小不一蛆虫

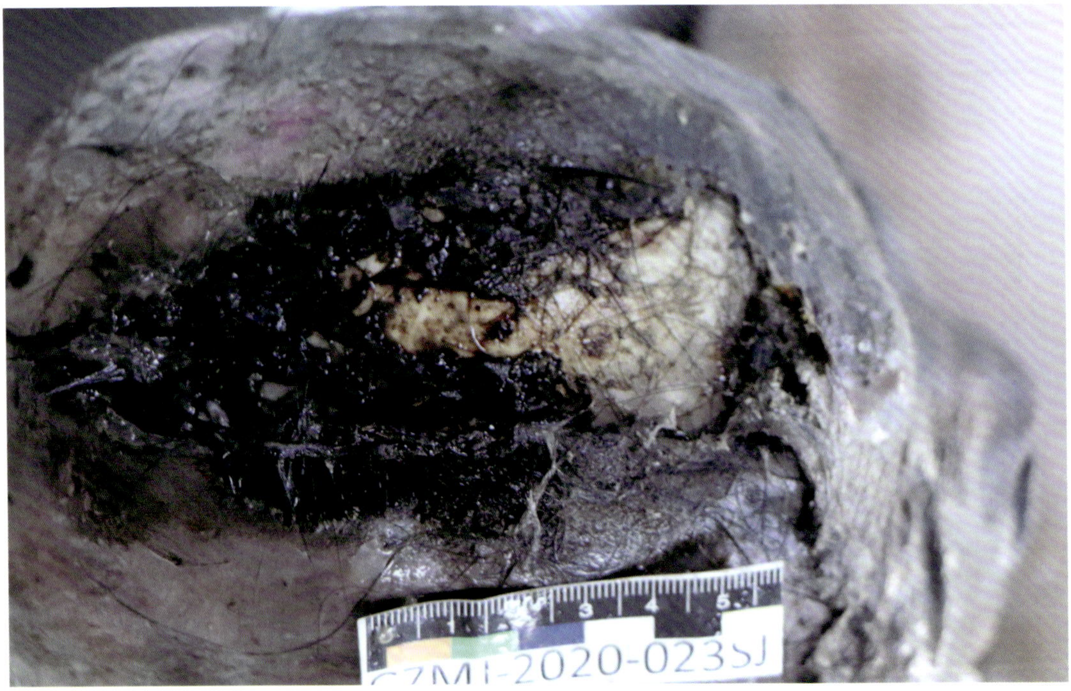

2020-2-16，具体时间缺失，头皮部分缺失缺损

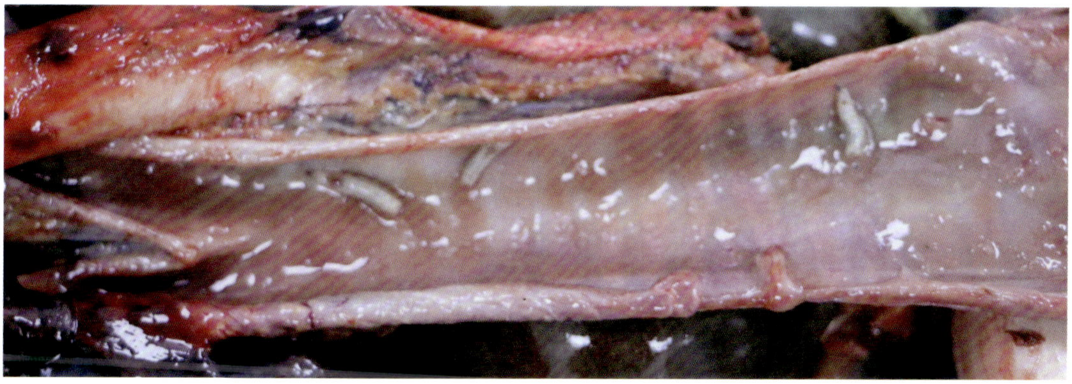

2020-2-16，具体时间缺失，气管内见蛆虫

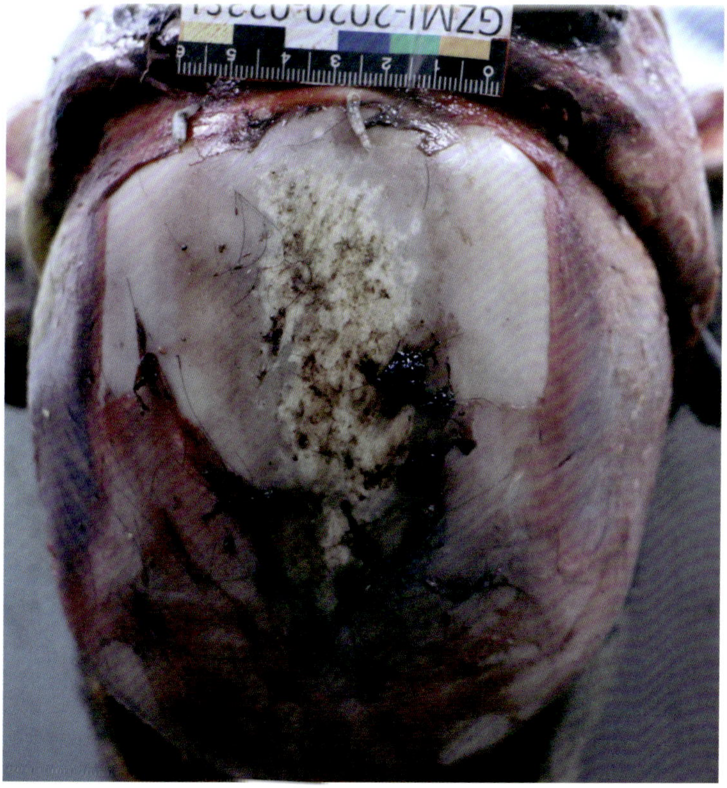

2020-2-16，具体时间缺失，头皮缺失部颅骨发白

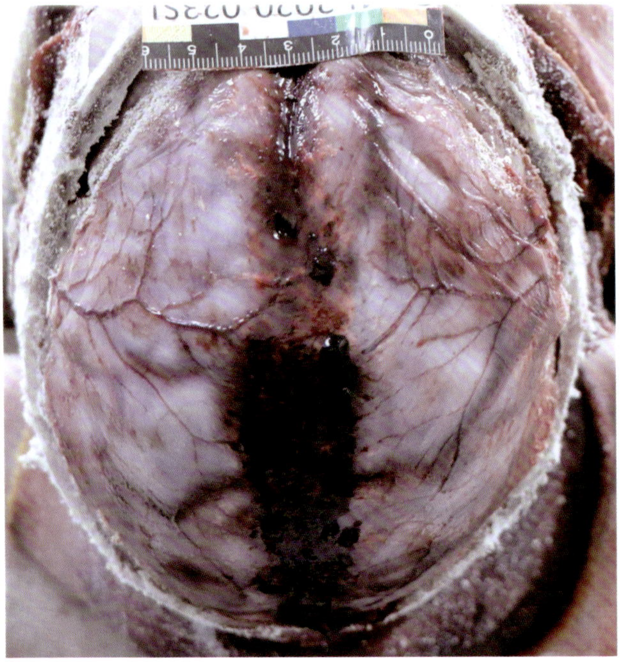

2020-2-16，具体时间缺失，颅下见宽条状硬脑膜下出血

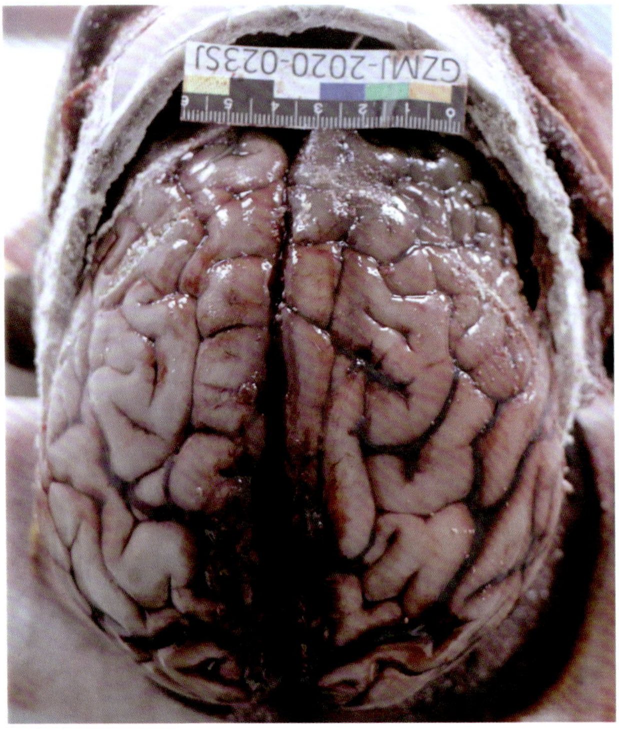

2020-2-16，具体时间缺失，双侧额顶叶蛛网膜下腔出血

案例 19

死者养女向公安机关反映其养父 (65 岁)2008 年 11 月 10 日死亡原因存疑。为了澄清存疑，公安机关于 2020 年 4 月 9 日对死后入棺停放在坟地（海拔 1300 米）地面 11 年零 6 个月的棺材进行开棺检验。

11 年零 6 个月内，当地年平均气温 13.33~13.775℃ , 其中最高气温 27.6~28.4℃ , 最低气温 1~2.5℃。

现场及尸体变化见以下各图：

2020-4-9，14:23 棺材停放的原始情况

2020-4-9，14:36 显现棺材

2020-4-9，14:38 去掉了部分遮挡物

2020-4-9，14:41 遮挡物全部被去掉

2020-4-9，14:44 侧面观见棺内尸体被寿衣包裹

2020-4-9，14:46 上面观见尸体盖布上有成堆蝇类蛹壳

2020-4-9，14:48 棺内尸体头面概貌

2020-4-9，14:50 棺内全尸概貌

2020-4-9，14:58 颅骨下蝇类蛹壳成堆

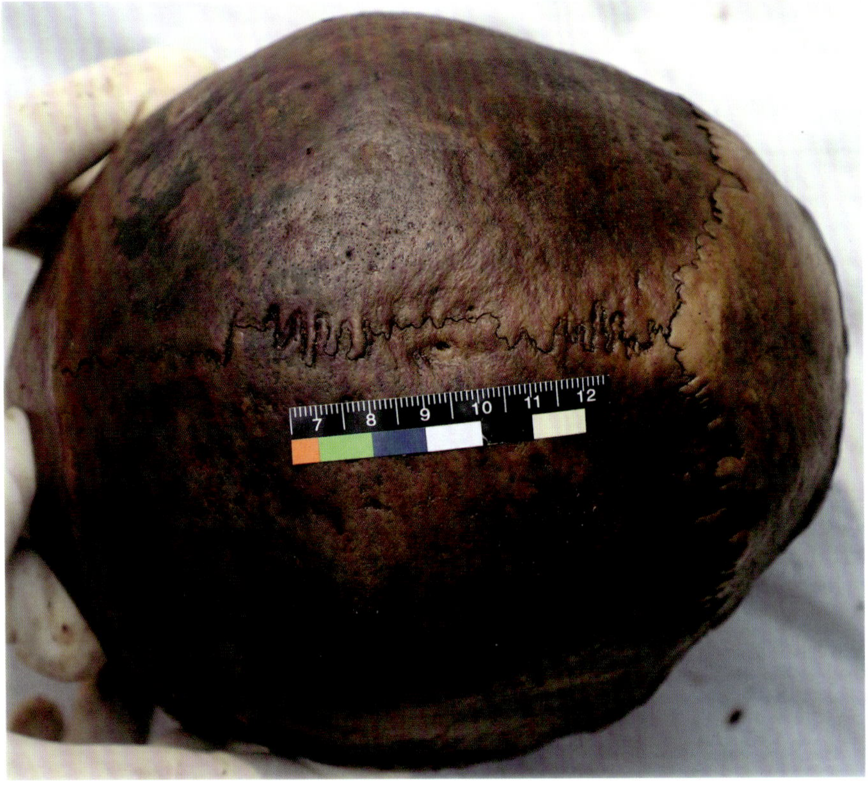

2020-4-9，15:01 颅骨矢状缝现象

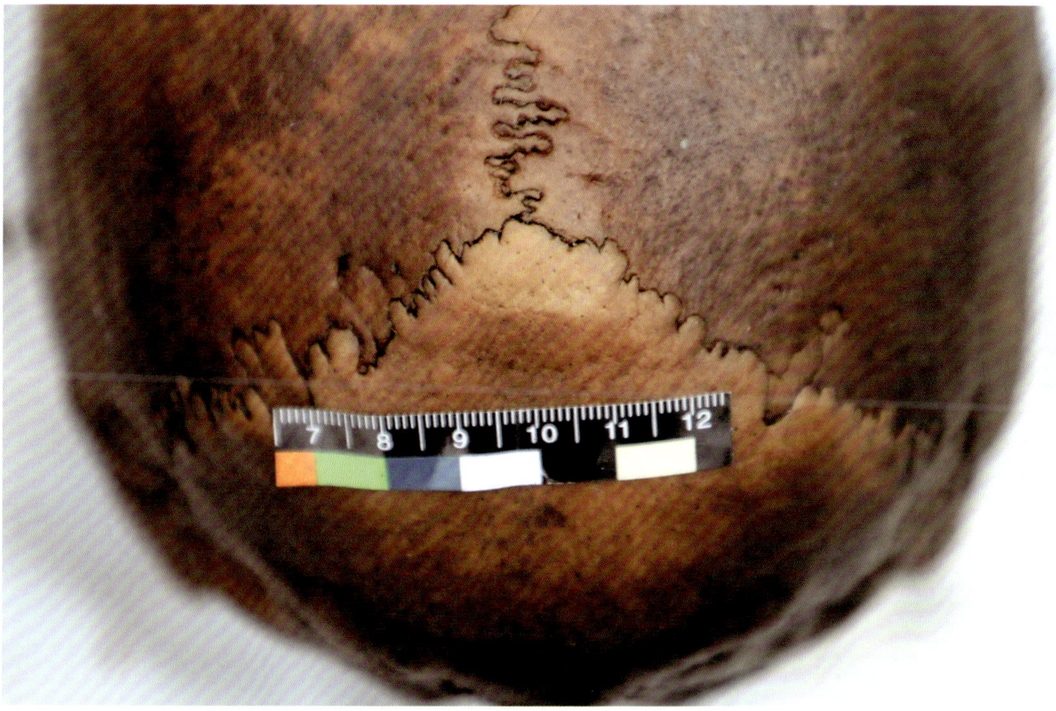

2020-4-9，15:01 颅骨人字缝现象

2020-4-9，15:01 颅骨右侧人字缝现象

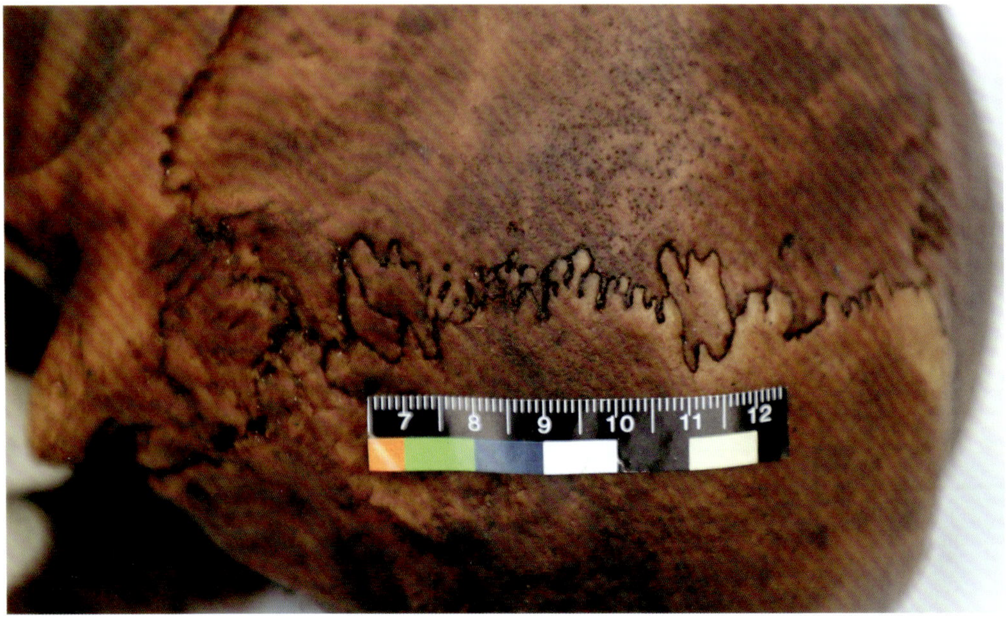

2020-4-9，15:01 颅骨左侧人字缝现象

2020-4-9，15:05 舌骨状态，舌骨体与舌骨大角未骨化

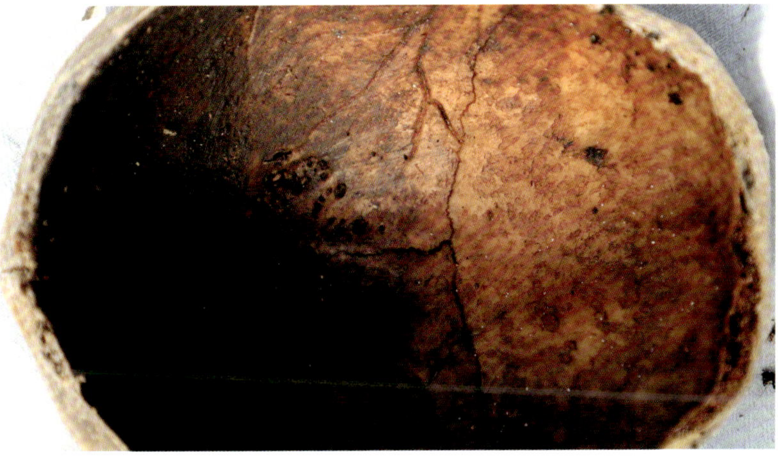

2020-4-9，15:23 颅骨内见板矢状缝和冠状缝状态

2020-4-9，15:31 尸骨状态

2020-4-9，15:33 耻骨联合面状态

案例 20

2020 年 7 月 1 日，在某县城（海拔 3800 米左右）边一青稞田内发现一具高腐女尸，后经调查，死者系本村村民，6 月 23 日 19 时 45 分出现在其家附近的监控中，后再未发现其踪迹。

死亡经过时间：8 天左右。

该期间最高气温 28.2℃，最低气温 9.2℃，平均气温 18.75℃。

现场及尸体变化见以下各图：

2020-7-1，5:59 左侧观尸体现场

2020-7-1，5:59
下面观尸体现场

2020-7-1，7:05 见头面部布满蛆虫

2020-7-1，7:18 见布带环绕颈部

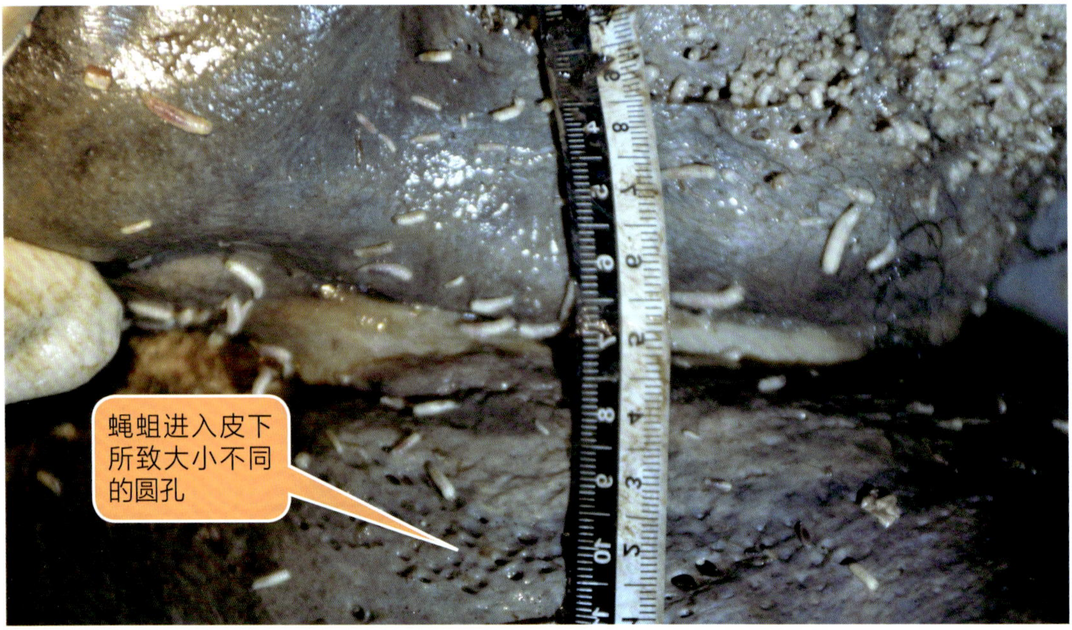

2020-7-1，7:18 颈前现象

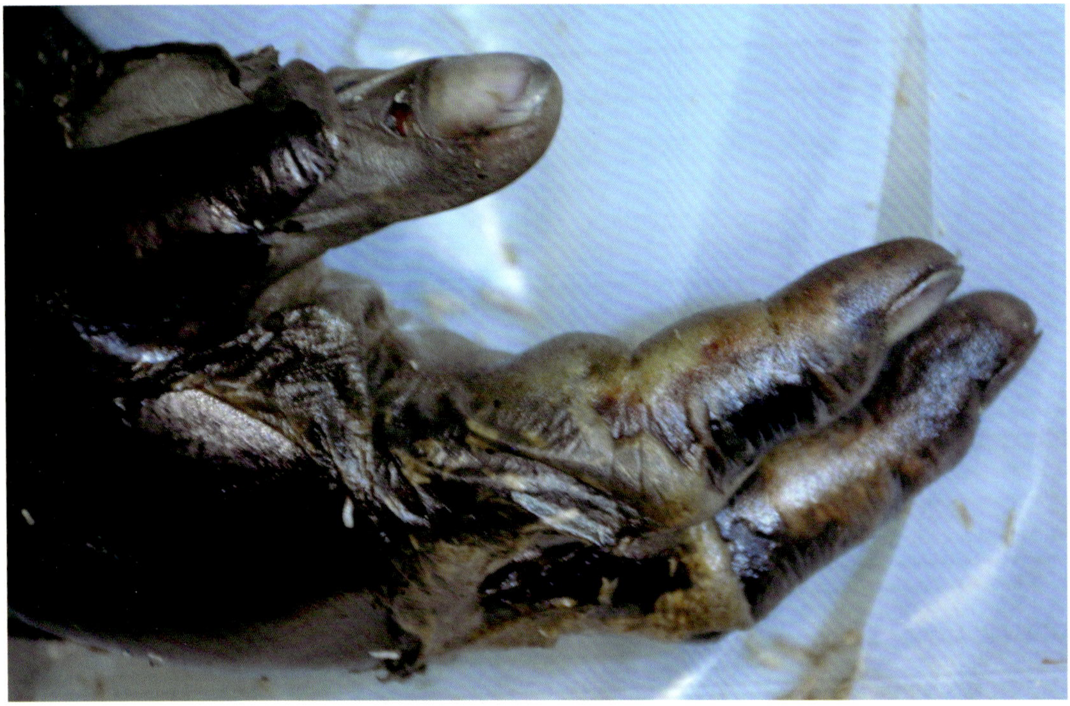

2020-7-1，7:20 右手表皮剥脱现象

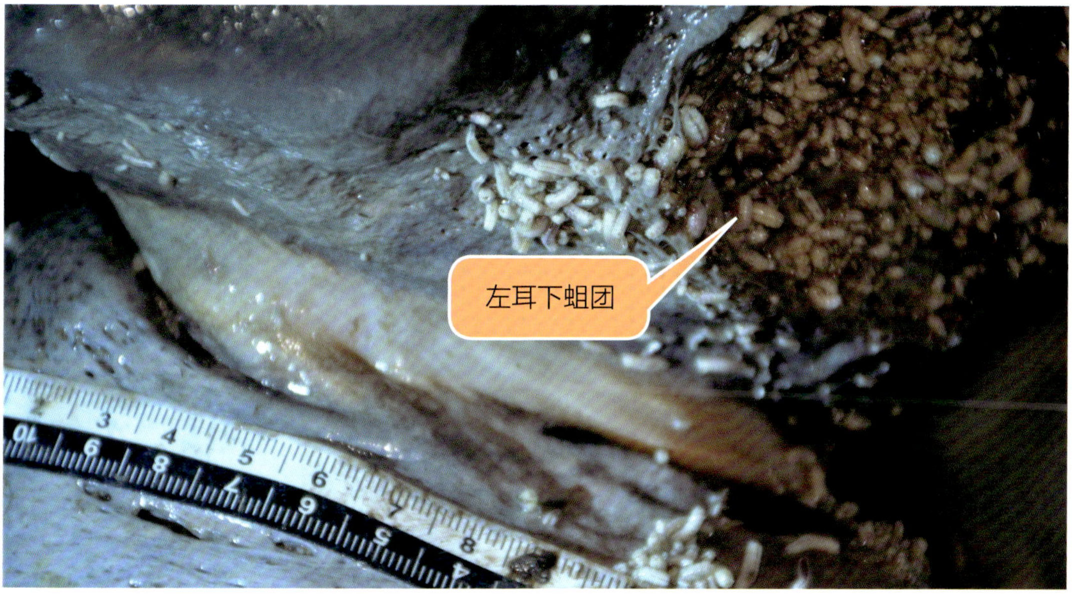

2020-7-1，7:35 左侧观颈部现象

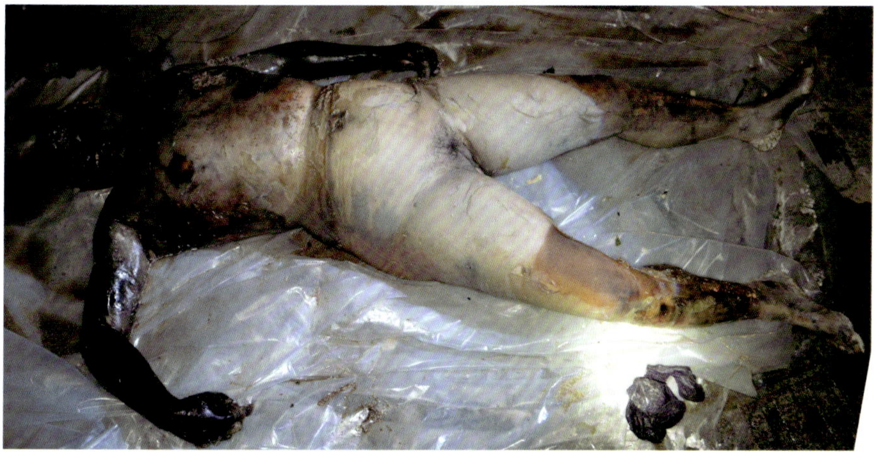

2020-7-1，7:59 前面观尸体现象

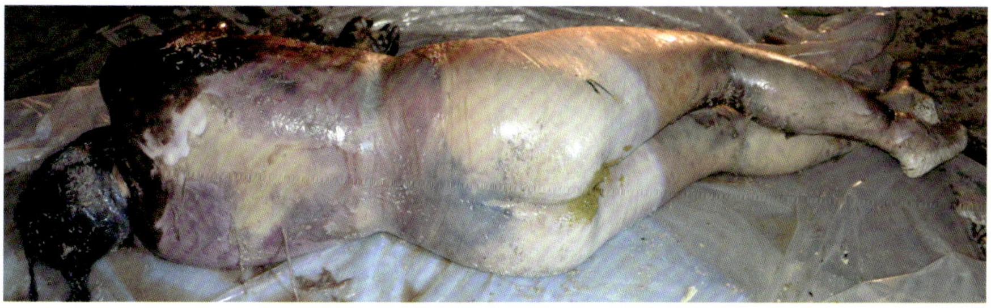

2020-7-1，7:59 背面观尸体现象

案例 21

死者 2020 年 12 月 23 日被害，2021 年 3 月 12 日在犯罪嫌疑人指认下在一小型天坑底发现尸体。

死亡经过时间为 80 天左右。

80 天该地区平均气温 6.51℃，其中最高气温 17.1℃，最低气温 -3.1℃。

现场及尸体变化见以下各图：

2021-3-12，12:26 深坑（天坑）外貌

2021-3-12，12:29 近观坑口

2021-3-12，12:33
深观坑口

2021-3-12，12:47
近距离观察坑口

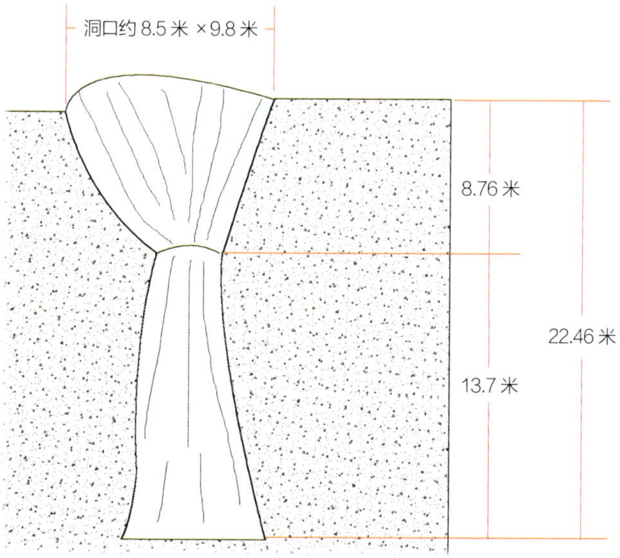

坑的整体观

2021-3-12，14:42 坑底见被包裹的尸体

2021-3-12，14:44 包裹上见蝇来访

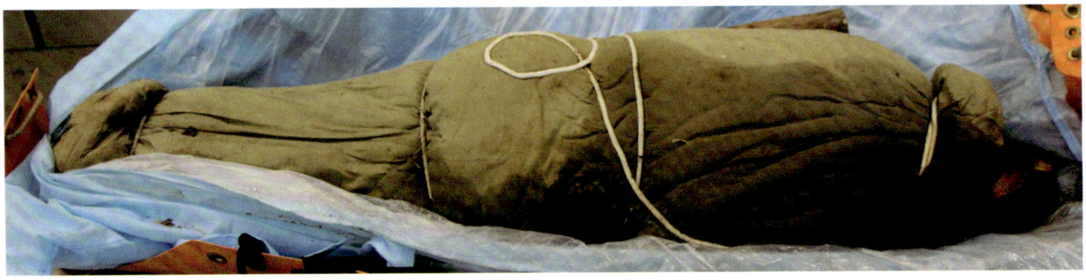

2021-3-12，20:28 尸体被军绿色被子包裹

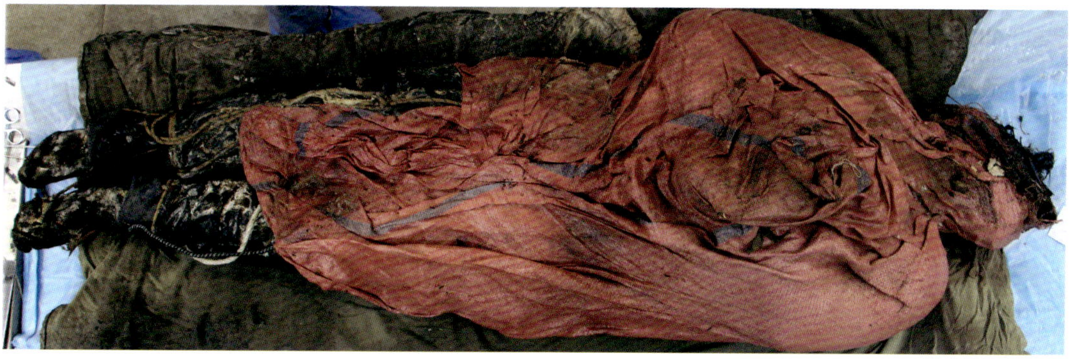

2021-3-12，21:10 去掉第 1 层包裹物

2021-3-12，21:31 去掉第 2 层包裹物

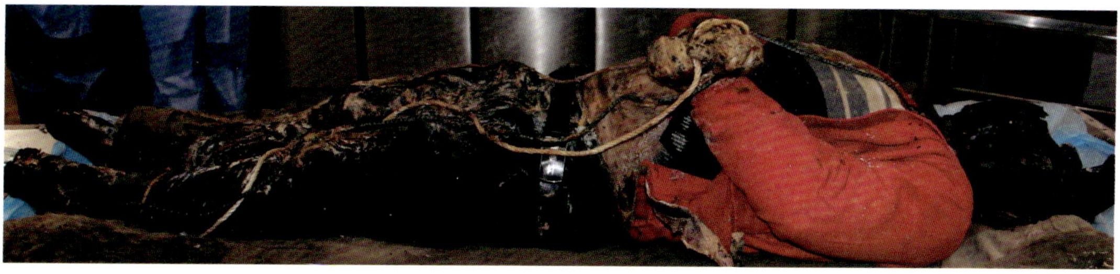

2021-3-12，21:34 左侧观

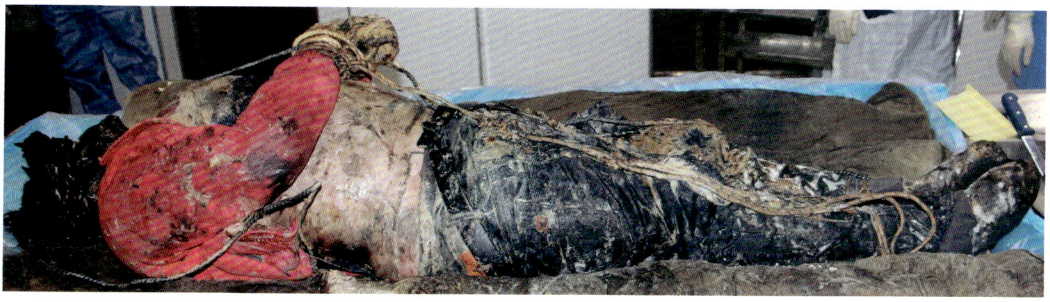

2021-3-12，21:34 右侧观

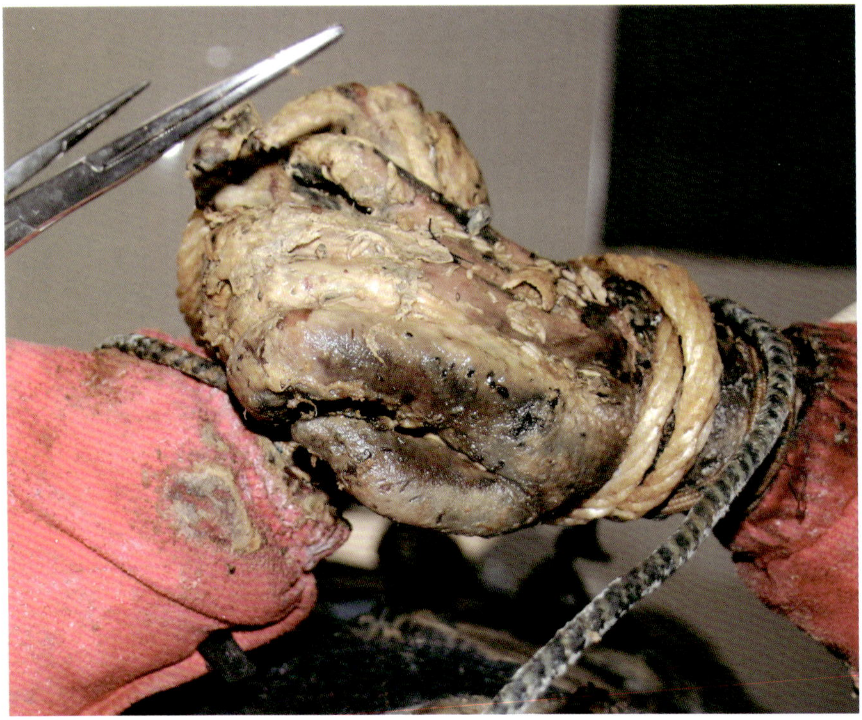

2021-3-12，21:45 右手散见蝇蛆

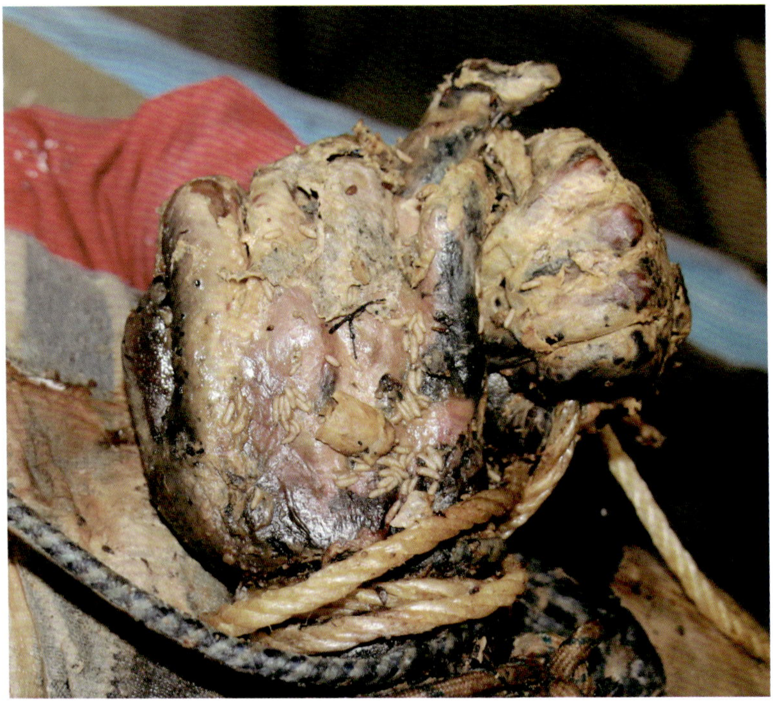

2021-3-12，21:45 双手清晰可见蝇蛆

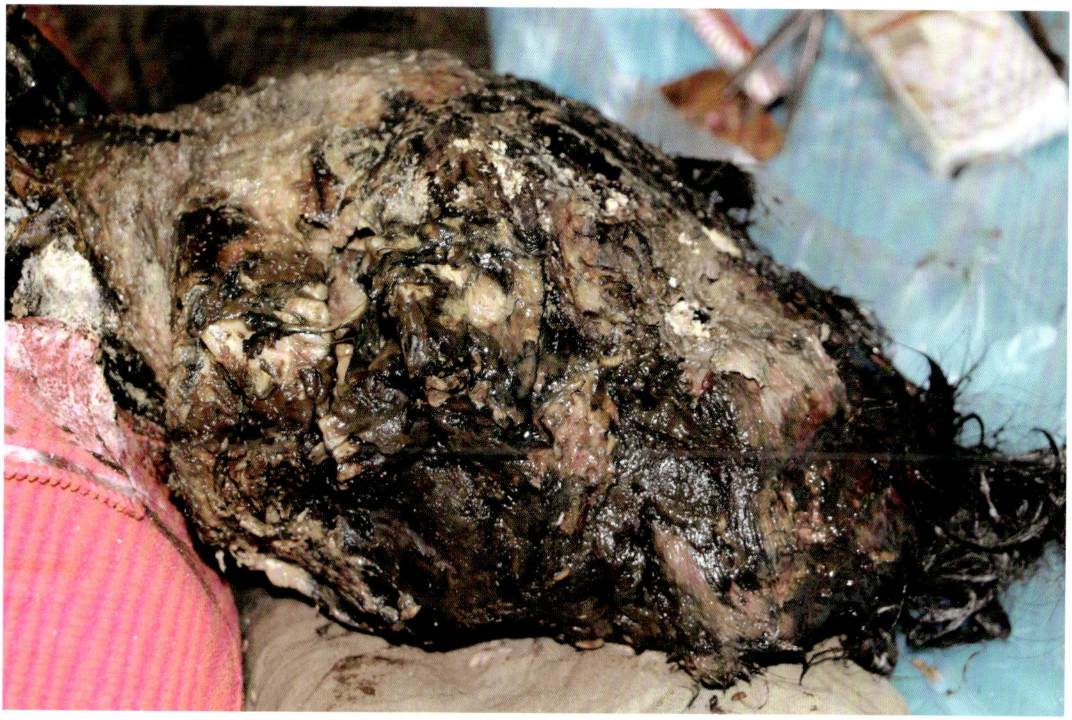

2021-3-12，22:10 头面现象

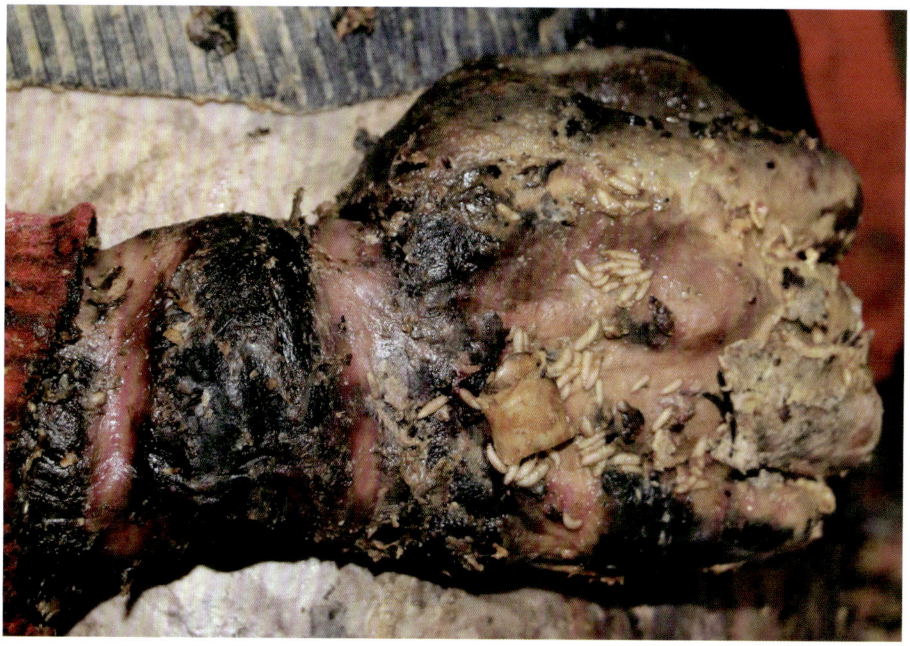

2021-3-12，22:11 右手背散见蝇蛆

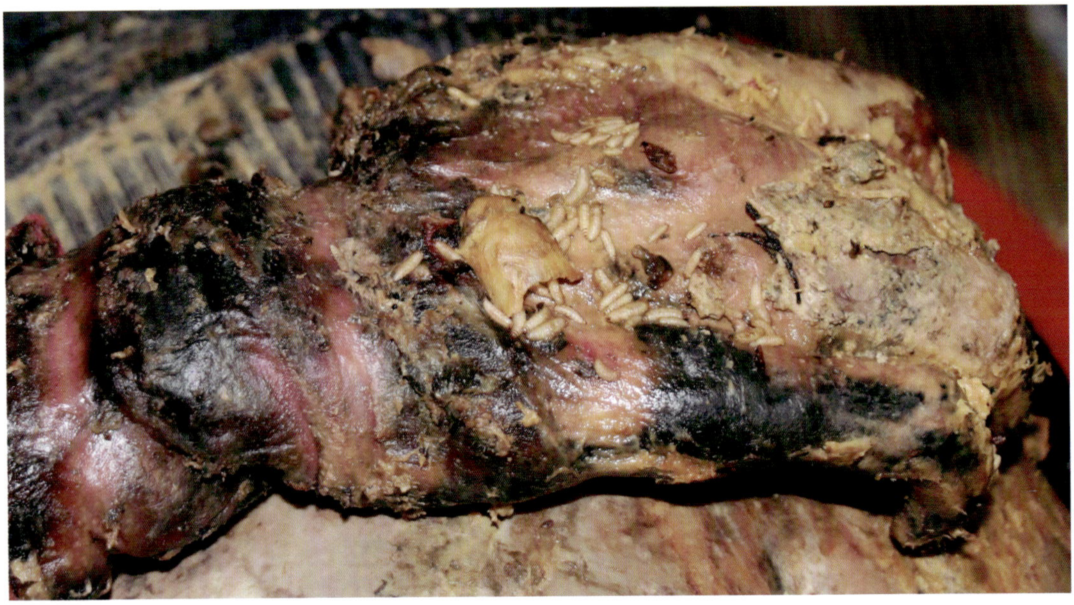

2021-3-12，22:11 右手松开拳头后的现象

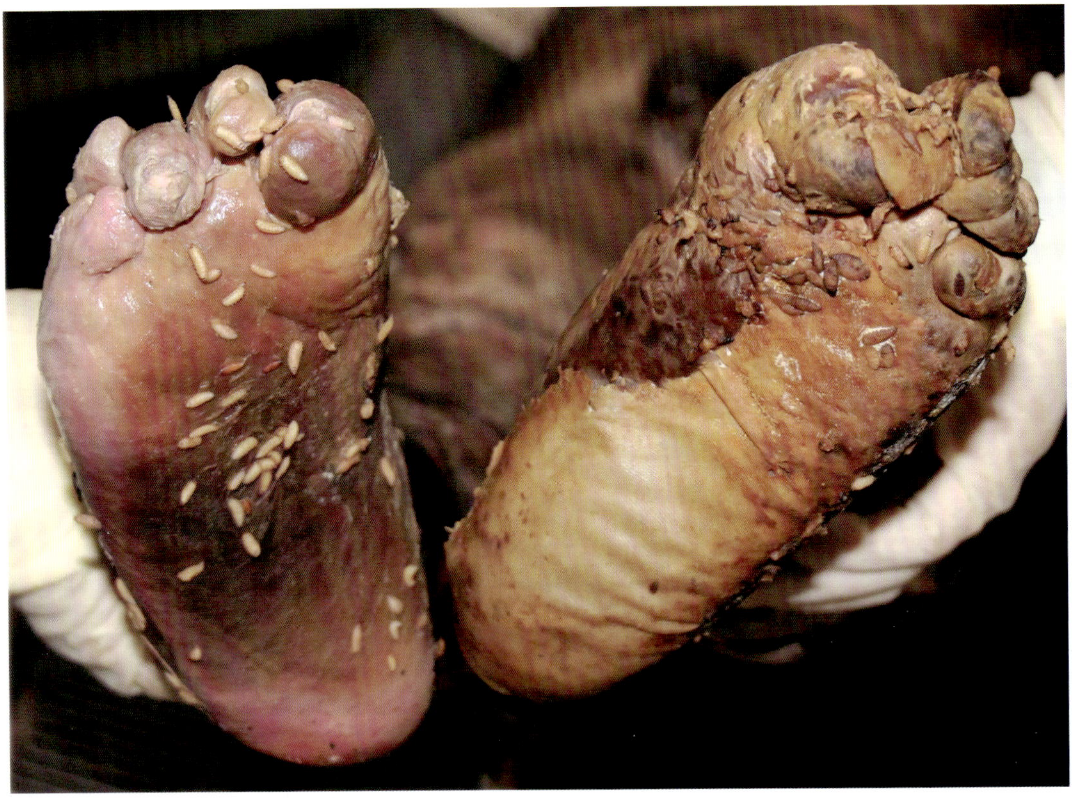

2021-3-12，22:37 双脚底散见蝇蛆

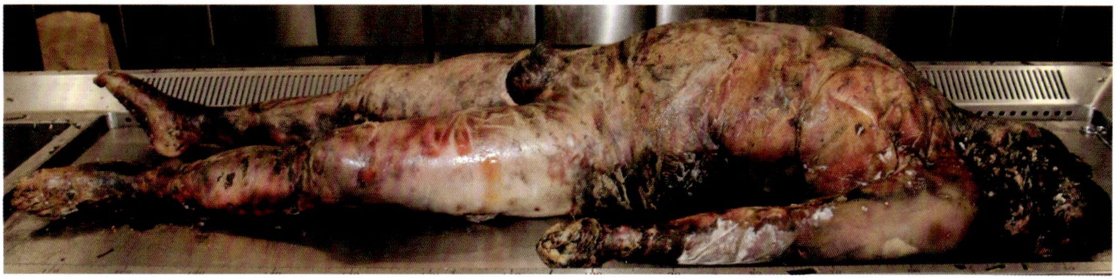

2021-3-12，22:38 左侧观尸体现象

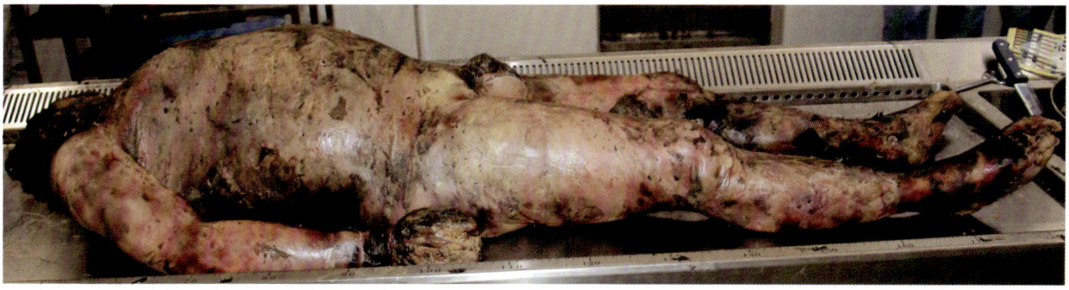

2021-3-12，22:40 右侧观尸体现象

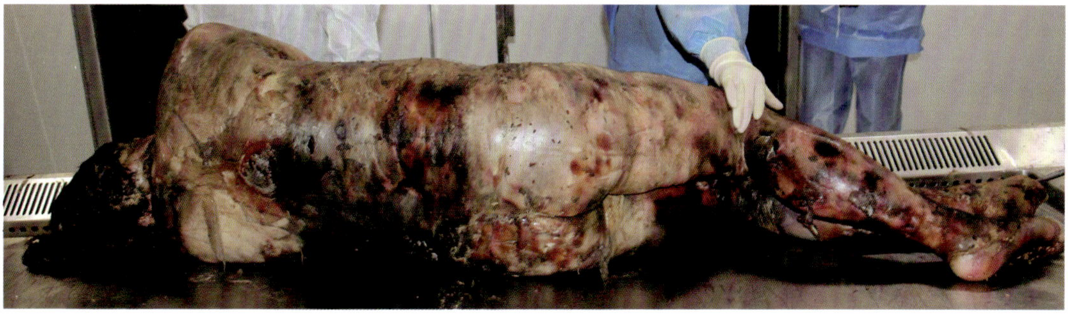

2021-3-12，22:54 背面观尸体现象

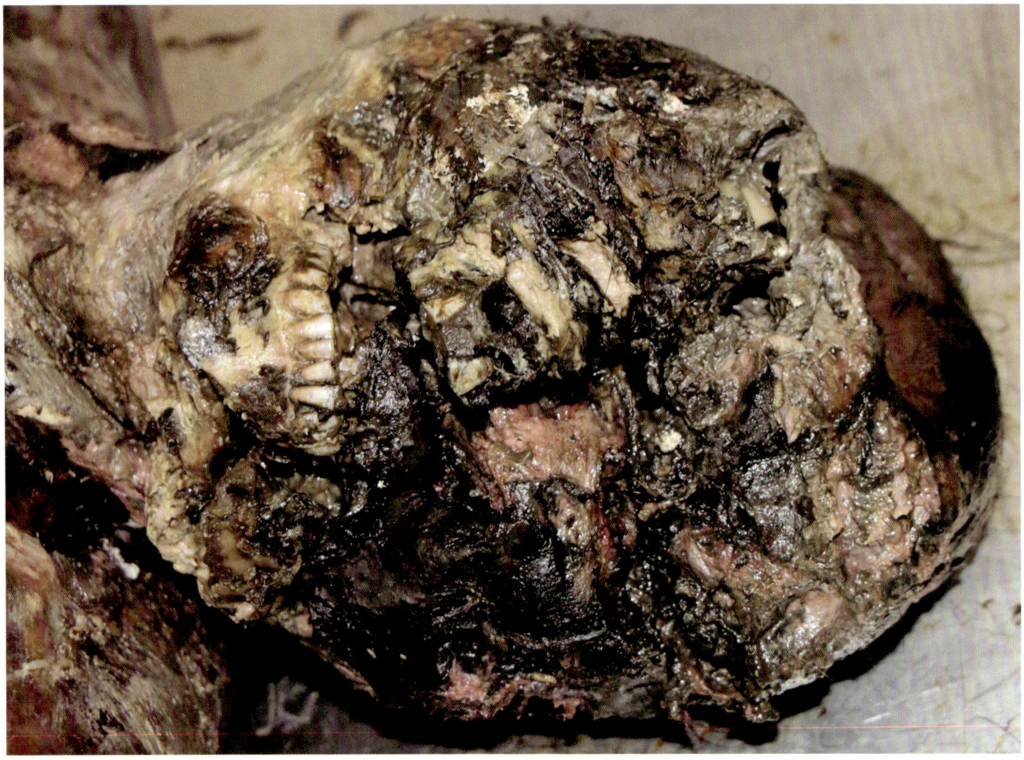

2021-3-12，22:54 前面观头面现象

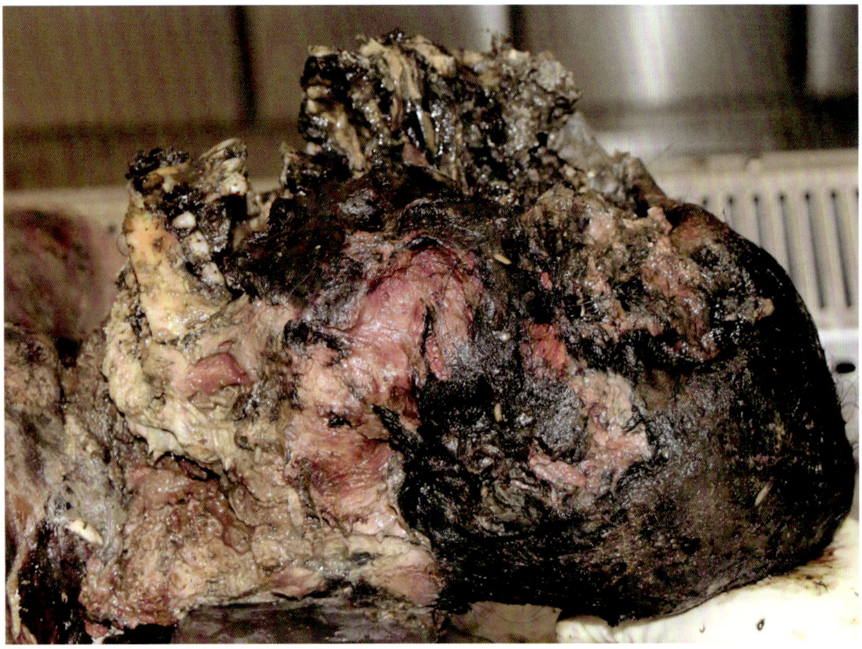

2021-3-12，22:55 左侧观头面现象

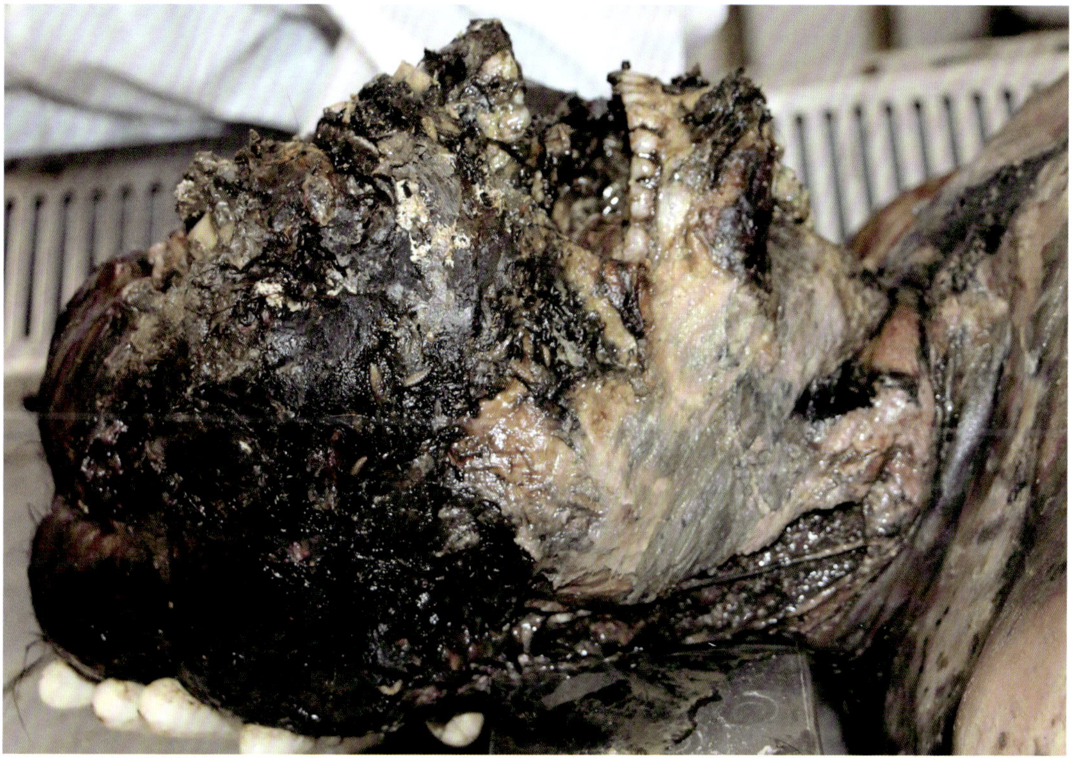

2021-3-12，22:55 右侧观头面现象

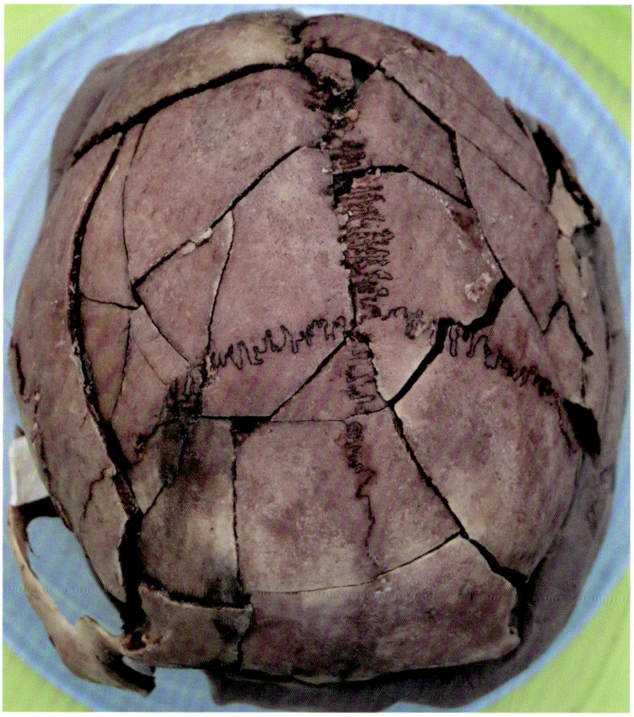

2021-3-13，16:25
颅顶观颅骨粉碎状态

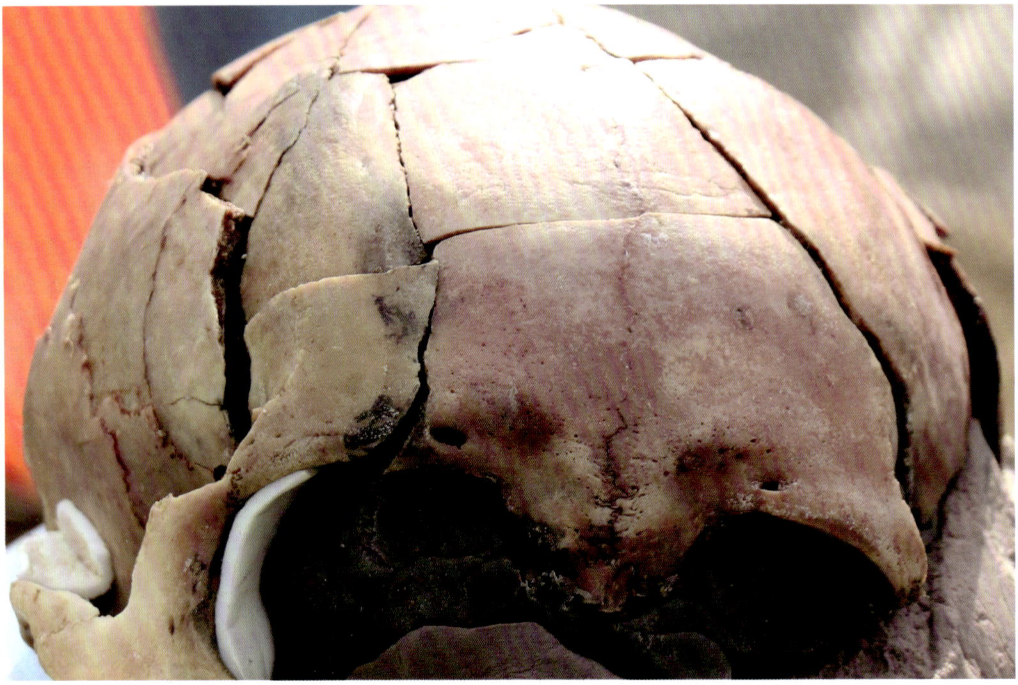

2021-3-13，16:25 前面观颅骨粉碎状态

2021-3-13，16:26 左侧观颅骨粉碎状态

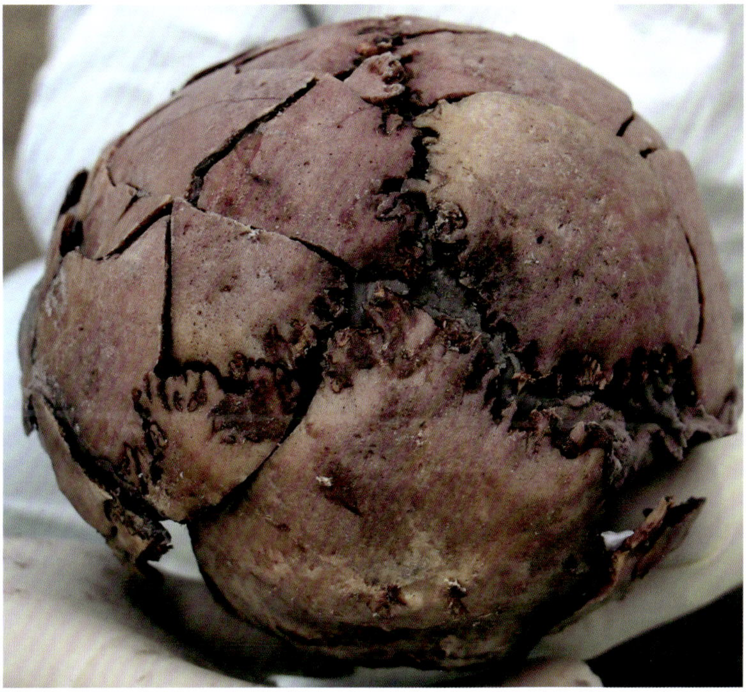

2021-3-13，16:26 后面观颅骨粉碎状态

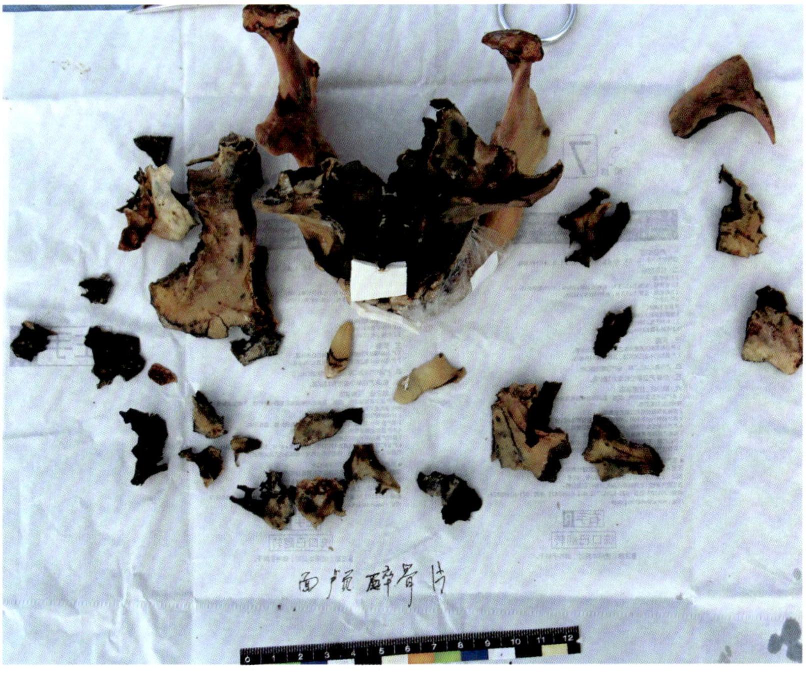

2021-3-13，16:37 面颅骨粉碎状态

2021-3-13，17:27 颅骨碎片

案例 22

死者 2021 年 5 月 21 日晚被害，6 月 1 日尸体现场勘查，6 月 2 日尸体检验。

上身着蓝色短袖，粉红色文胸，下身赤裸，左手腕带头花。

尸体高度腐败，形成巨人观，颜面膨大、眼球突出，口唇外翻，口腔内充满蛆虫，胸腹部显著膨胀隆起。直肠从肛门、子宫从阴道脱垂。双手霉斑形成、手套样脱落。

颈部见一呢绒绳子（直径 0.2 厘米，长 184 厘米），呈闭锁状环绕颈部 1 周，于左颈部见滑动型索套，用手拉游离较长一端绳子时，绳套可变紧，压迫颈部。绳结中缠绕头发，左颈部勒沟中见头发被压迫。勒沟皮肤可见出血，深部组织出血不明显。

头部、胸腹部、四肢未见明显损伤特征。

头颅未见骨折，甲状软骨、环状软骨、舌骨未见骨折。脑组织液化，胸腹腔未见积血，器官腐败呈泡沫器官。

死者死亡经过时间：12 天左右。

该期间平均气温 18.18℃，其中平均最高 19.4℃，最低 14.7℃。

现场和尸体变化见以下各图：

2021-6-1，16:11 案发现场外貌

2021-6-1，16:21 案发现场

2021-6-1，16:21 案发现场的外门

2021-6-1，16:45 尸体现场

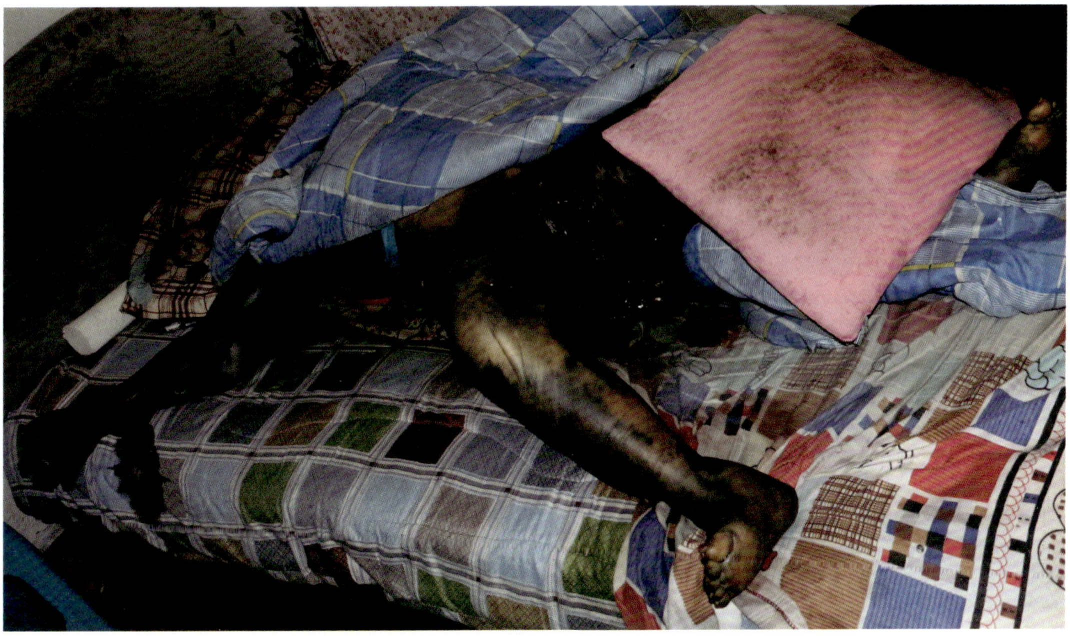

2021-6-1，16:45 尸体上盖着被子

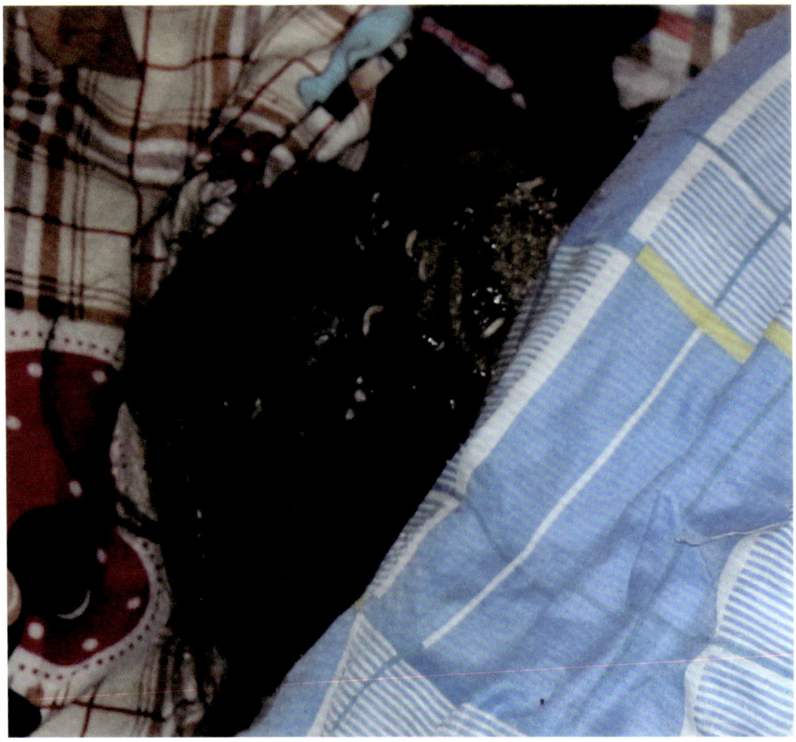

2021-6-1，16:46
尸体头部现象

2021-6-1，17:30
尸体面部现象

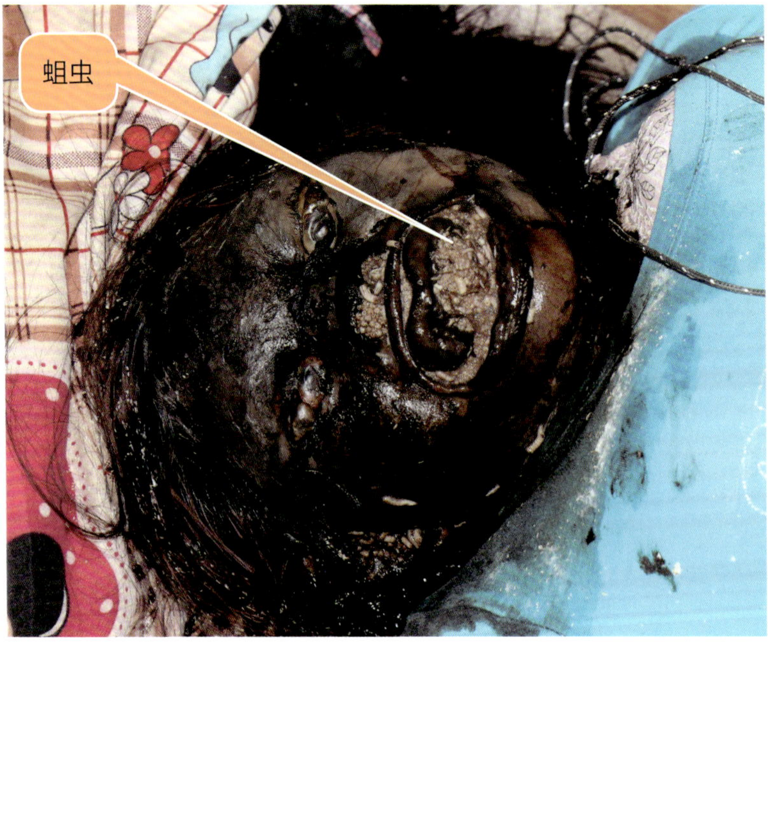

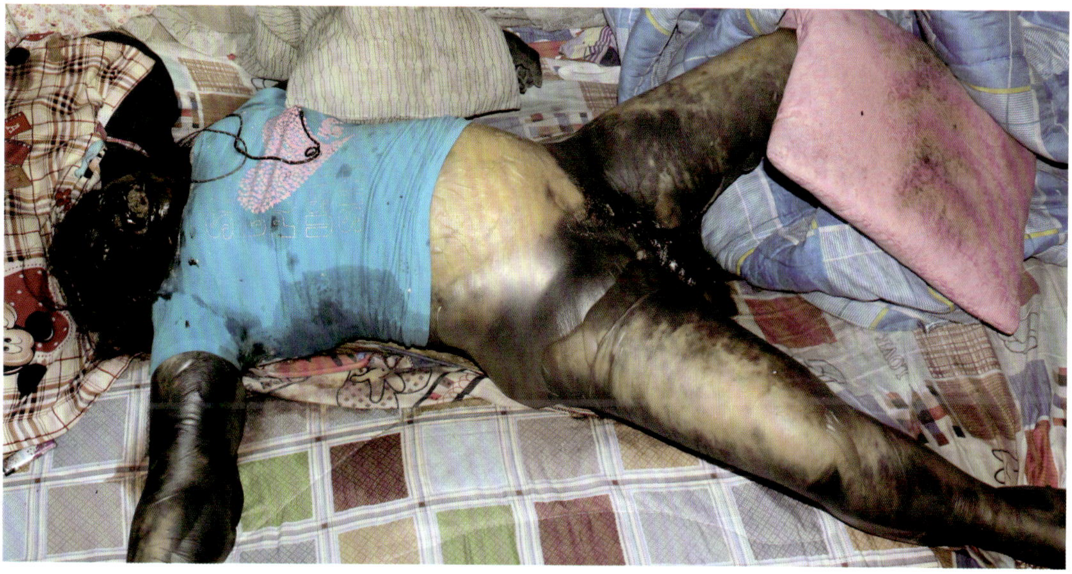

2021-6-1，17:30 右侧观尸体现象

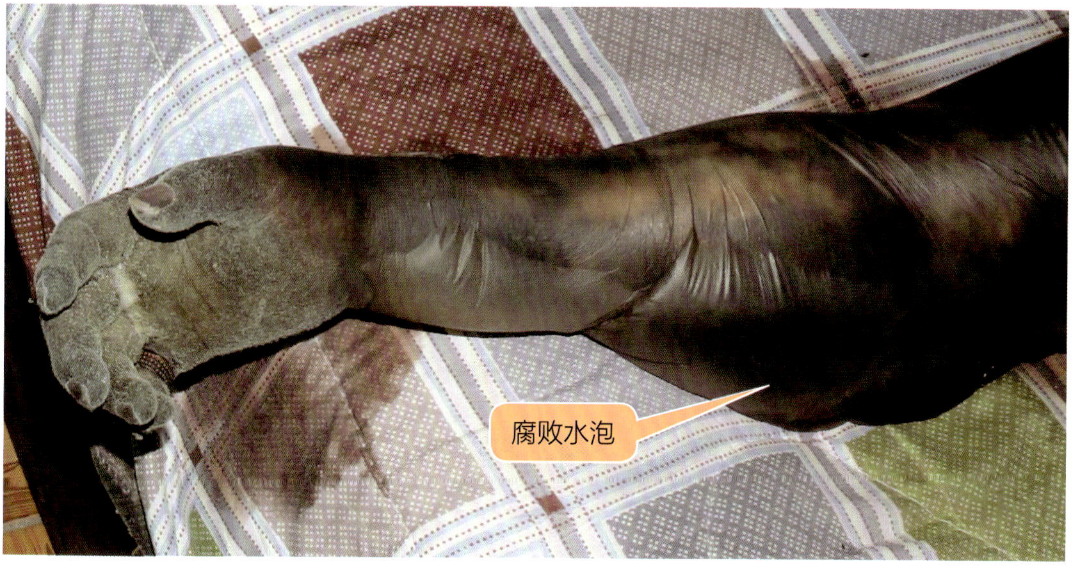

2021-6-1，17:39 尸体右臂现象

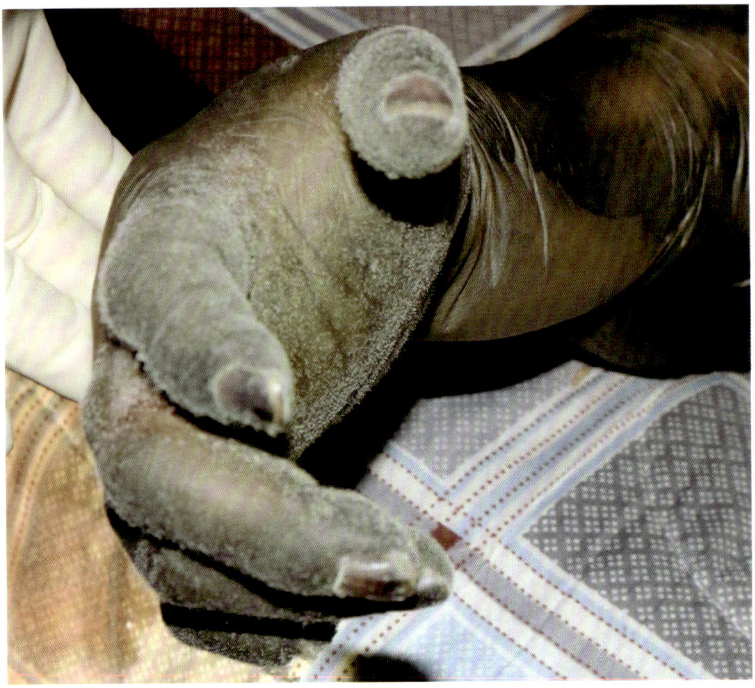

2021-6-1，18:33 右手霉斑

2021-6-1，18:33 放大观右手霉斑

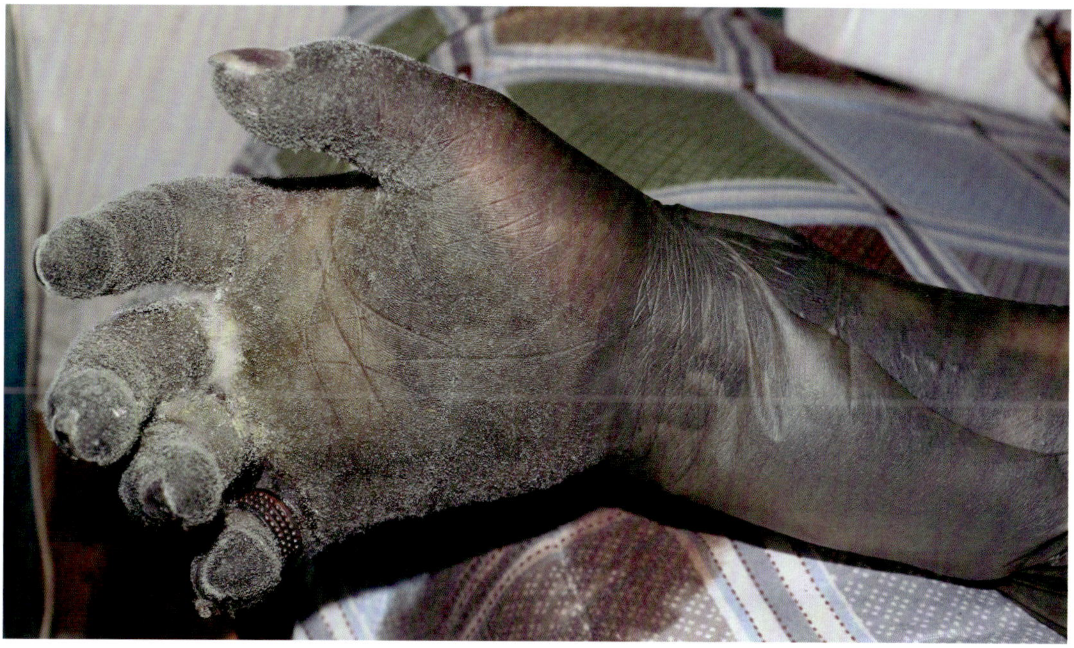

2021-6-1，18:33 右手霉斑及前臂腐败水泡

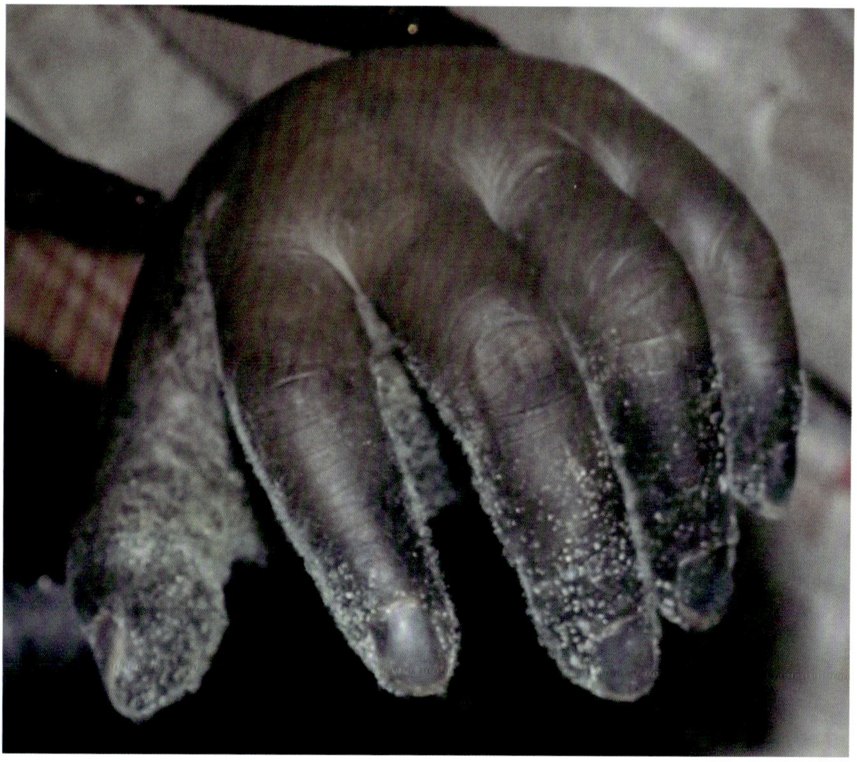

2021-6-1，18:33 左手霉斑

2021-6-1，18:33
左手霉斑及手臂腐败水泡

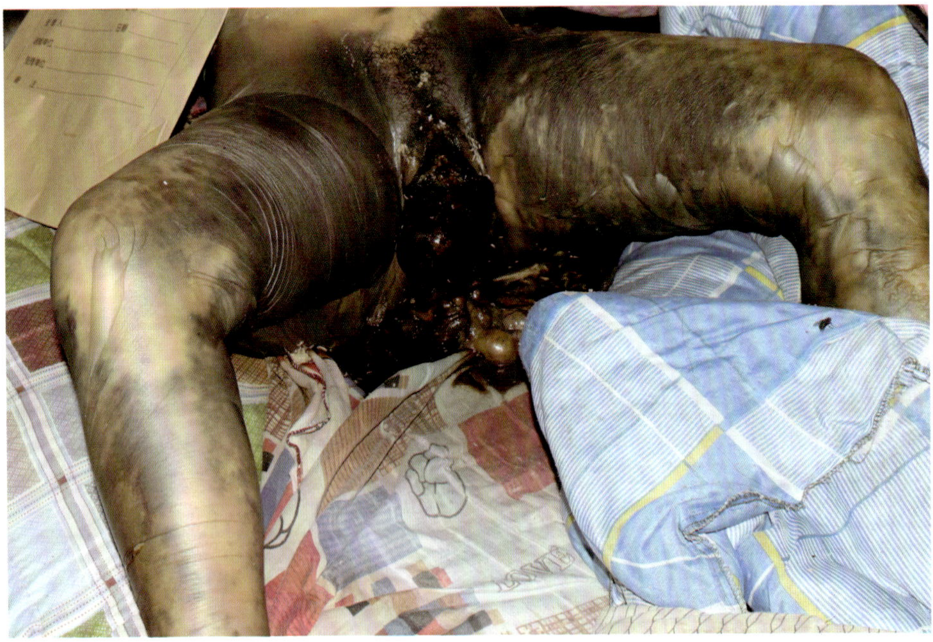

2021-6-1，18:35 尸体阴部现象

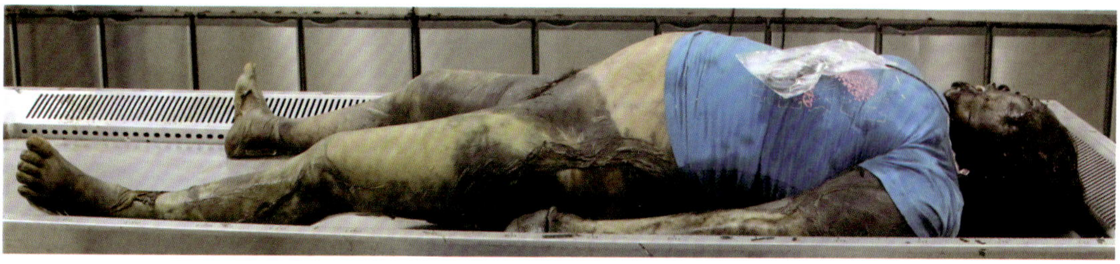

2021-6-2，12:25 左面观尸体

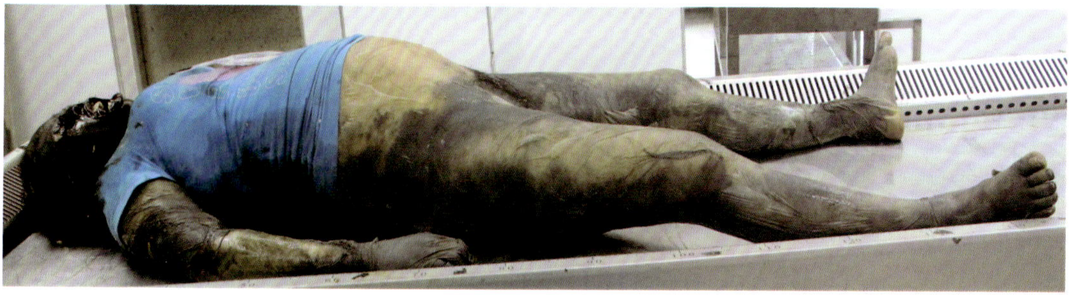

2021-6-2，12:25 右面观尸体

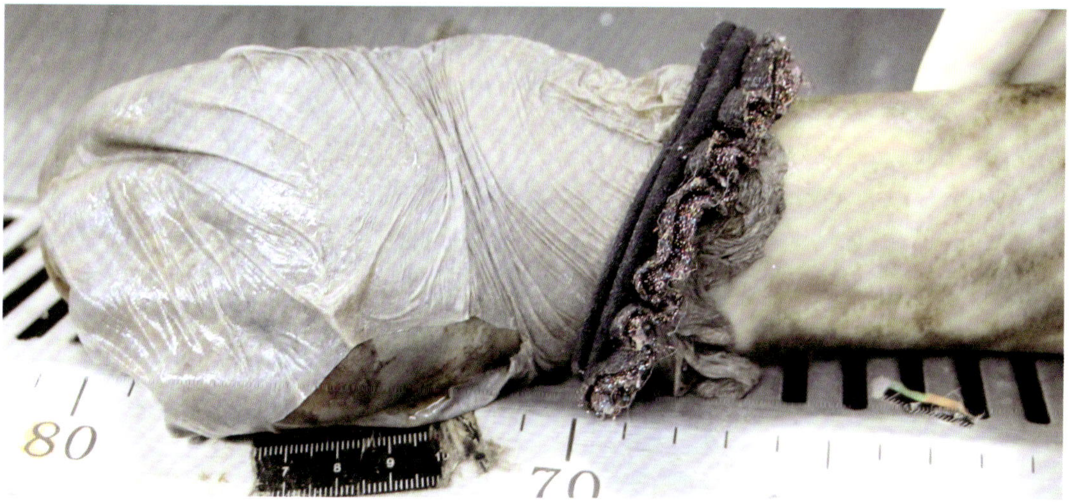

2021-6-2，12:27 左手手套样表皮剥脱现象

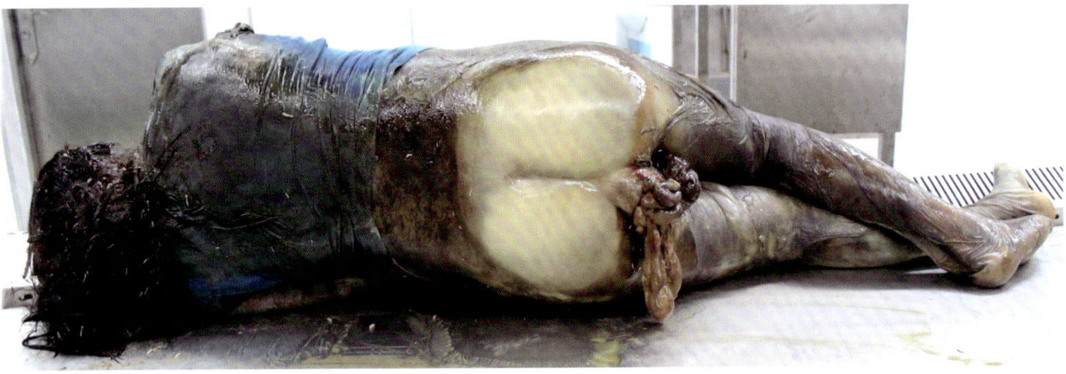

2021-6-2，12:28 背面观尸体

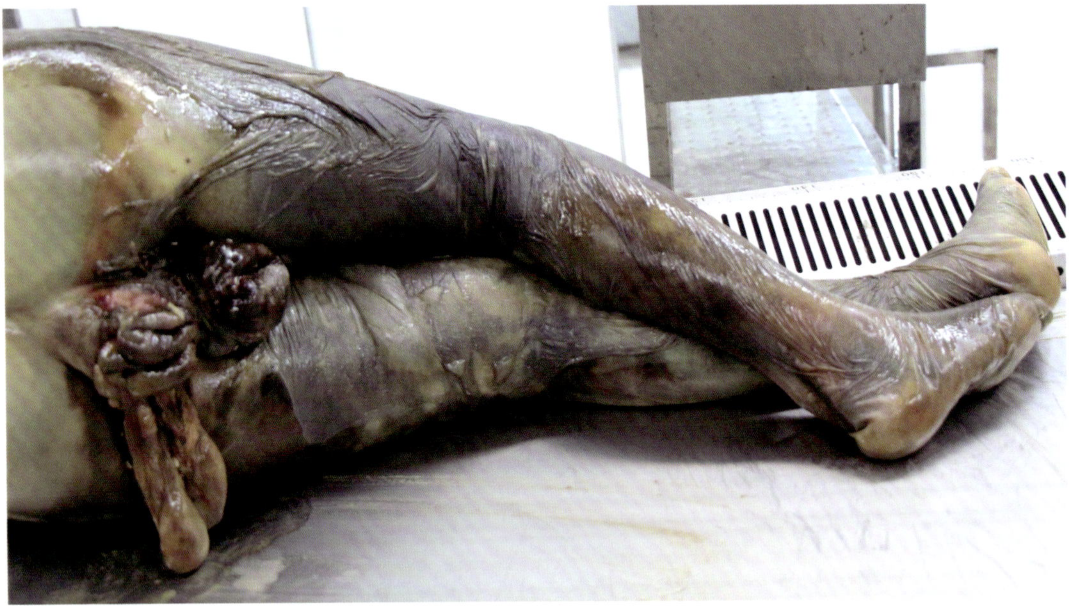

2021-6-2，12:28 尸体下部可见直肠从肛门脱出，子宫从阴道脱出

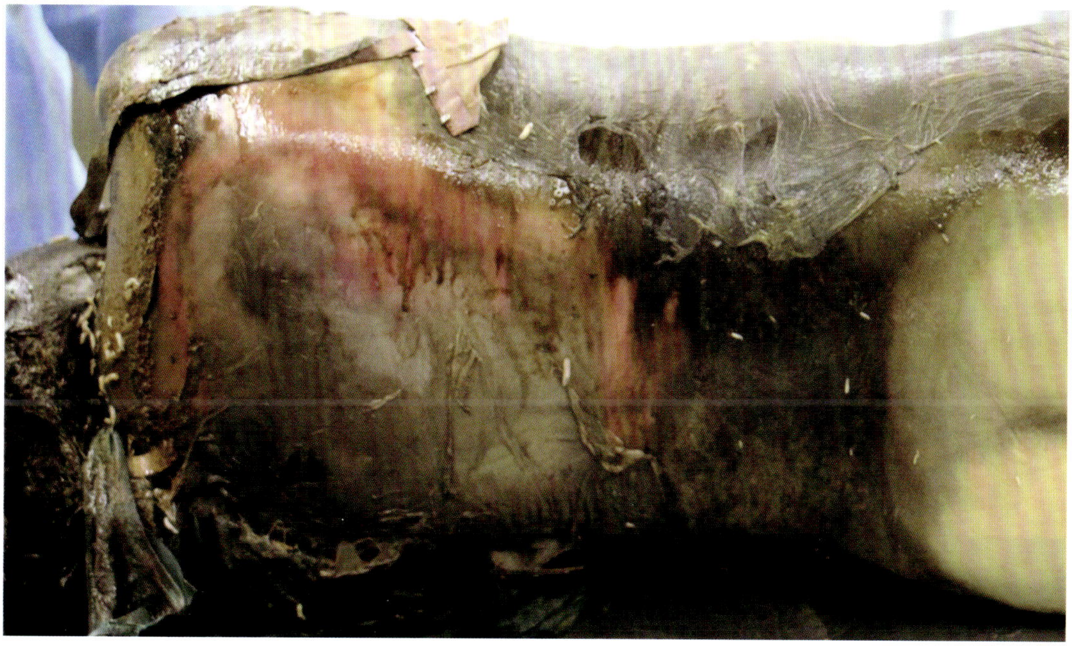

2021-6-2，12:30 背面观尸体躯干

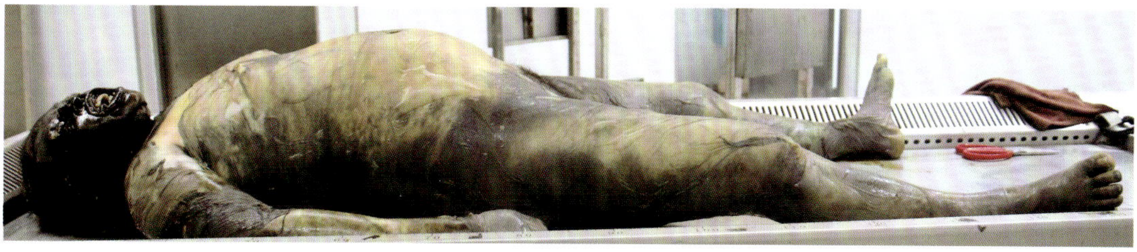

2021-6-2，12:37 右侧观全尸现象

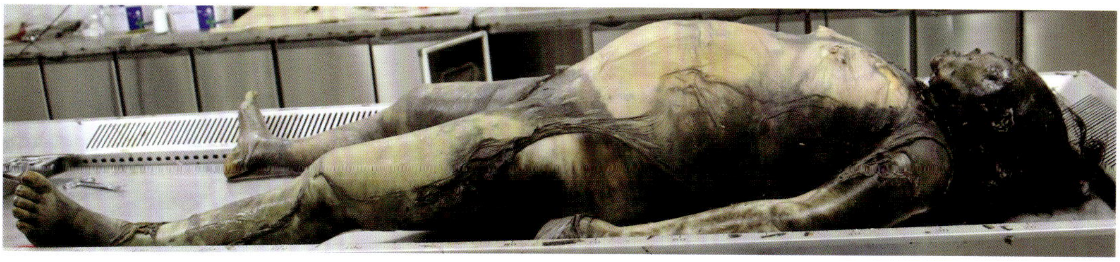

2021-6-2，12:38 左侧观全尸现象

案例 23

2021 年 7 月 22 日 17 时 30 分许，在某地某区世纪大道主干道附近树林中发现一具尸体。尸体高度腐败，衣着整齐，现场自然，经走访调查、DNA 检验，确认死者为唐某（男，65 岁，患有颅脑外伤后遗智力障碍，曾多次走失被找回）。经视频侦查证实，死者 7 月 11 日 14 时 41 分从暂住地小区独自外出，17 时 16 分一人出现在现场附近，后周边未再发现其离开视频。走失当晚及后续多日，家人对市区包括现场附近路段场所，反复寻找未发现，向派出所报警求助、自行张贴寻人启事，均未有结果。

该死者死亡时间：11 天左右。

该时段平均气温 29.2℃，其中最高 35℃，最低 24℃，7 月 15~16 日中雨。

现场及尸体变化见以下各图：

2021-7-22，18:23 尸体现场

2021-7-22，19:29 死者左手带有戒指

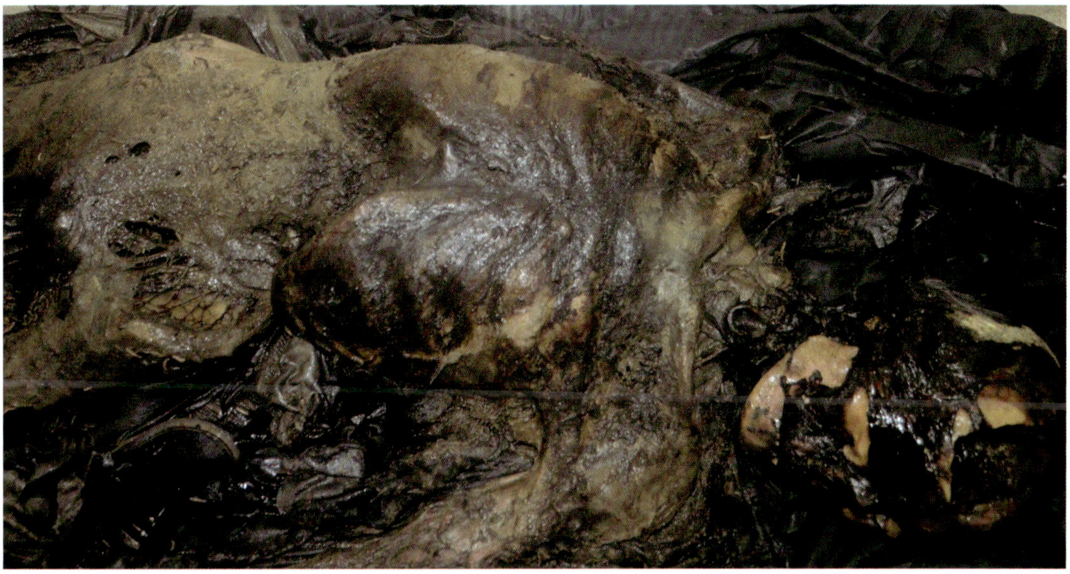

2021-7-23，11:23 左侧观尸体胸部和头面现象

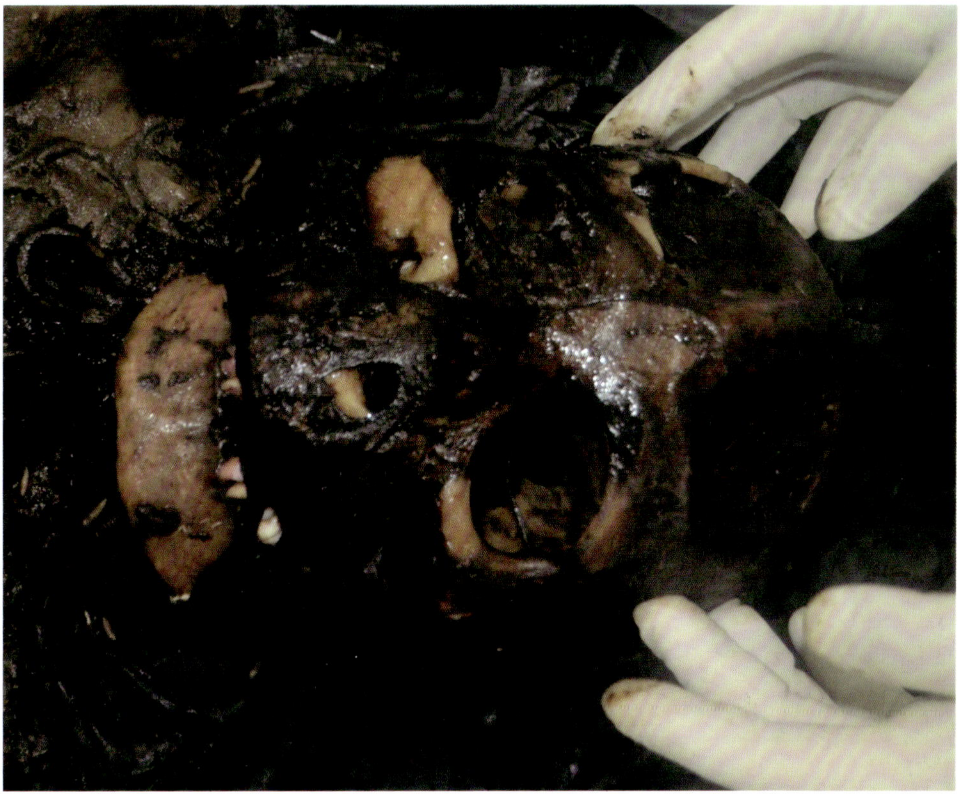

2021-7-23，11:23 放大观尸体头面

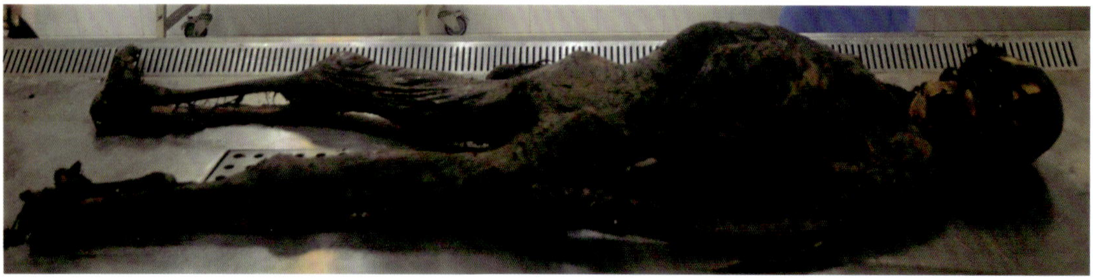

2021-7-23，11:25 左侧观尸体现象

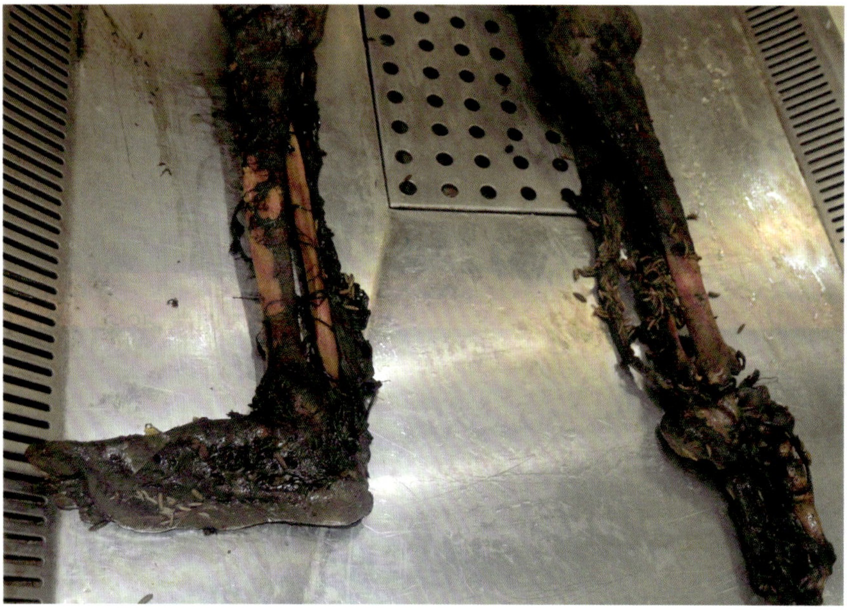

2021-7-23，11:27 下肢小腿胫腓骨大部分露出

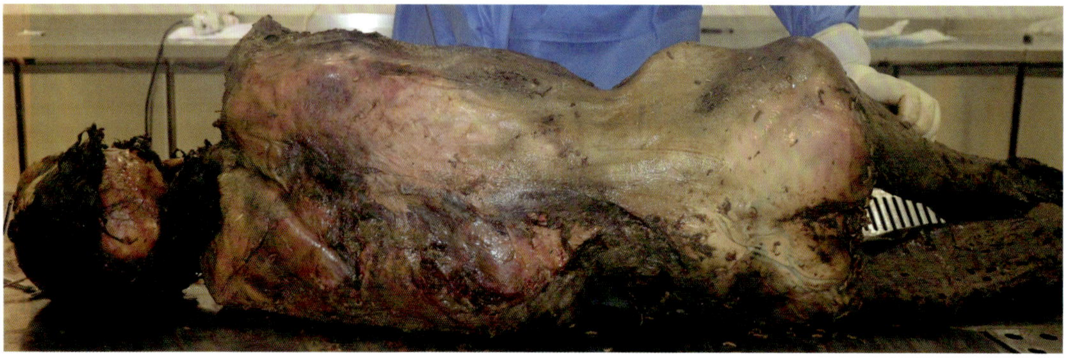

2021-7-23，11:31 背面观尸体现象

2021-7-23，11:32 左大腿内侧至阴部布满蝇蛆

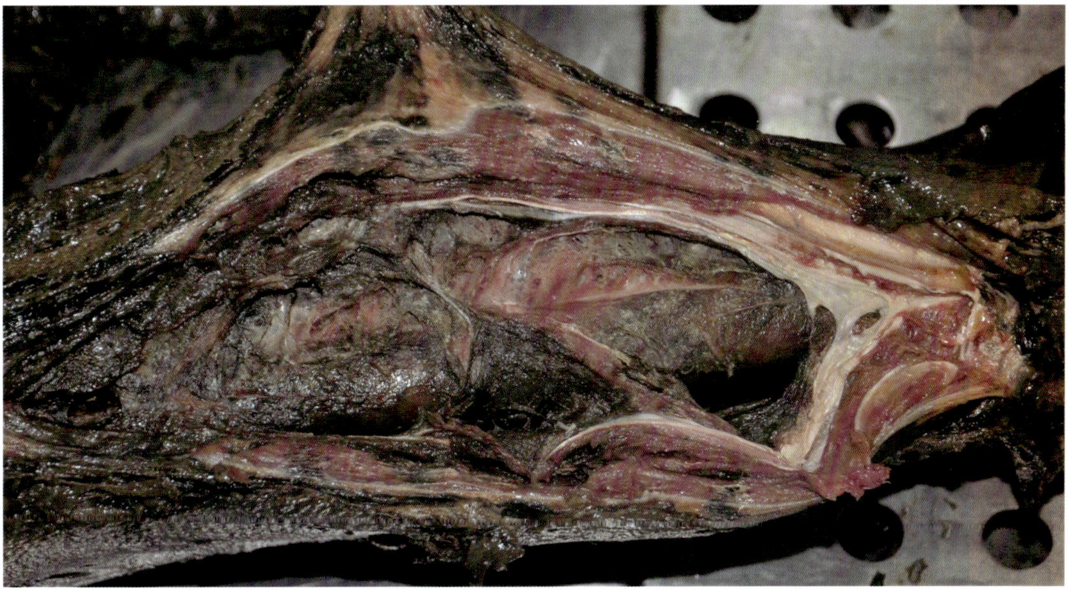

2021-7-23，11:33 右大腿肌肉腐败现象

2021-7-23，11:35 胸腔内蝇蛆

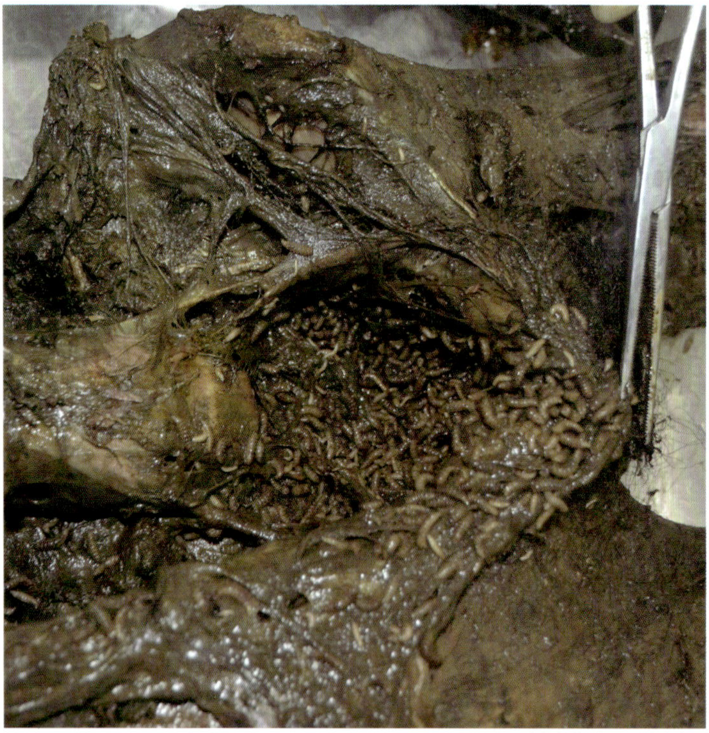

2021-7-23，11:35 盆腔内布满蝇蛆

2021-7-23，11:38 放大观盆腔布满蝇蛆

案例 24

2021 年 8 月 11 日 22 时许，某市某高新区李某称其姐李某自 2021 年 4 月从该区某公寓失踪，至今下落不明，怀疑被害。经侦查，8 月 13 日将犯罪嫌疑人陈某抓获。陈某供述，2021 年 4 月 7 日上午在死者租住的公寓房间内将其扼颈致死，后用床单包裹、行李箱存放，先后用电瓶车、汽车转移尸体到现场的一幢废弃房子内，用铁锹在房子里面靠墙的位置挖了一个浅坑，将尸体倒进坑里，上面用挖出来的泥土和现场原先堆放的草木灰覆盖，并指认现场。

8 月 16 日上午组织尸体挖掘，在废弃房室内一堆草木灰下面挖掘到一具尸体。尸体高度腐败，部分尸蜡形成，经 DNA 检验确认死者系李某。

死亡经过时间：129 天左右。

该期间最低温度 4℃，最高温度 35℃。6~7 月有 15 天左右下雨。

现场及尸体变化见以下各图：

2021-8-16，具体时间缺失 埋尸现场（废弃房屋内）

2021-8-16，11:28 埋尸现场

2021-8-16，12:14 被埋尸体原始状态

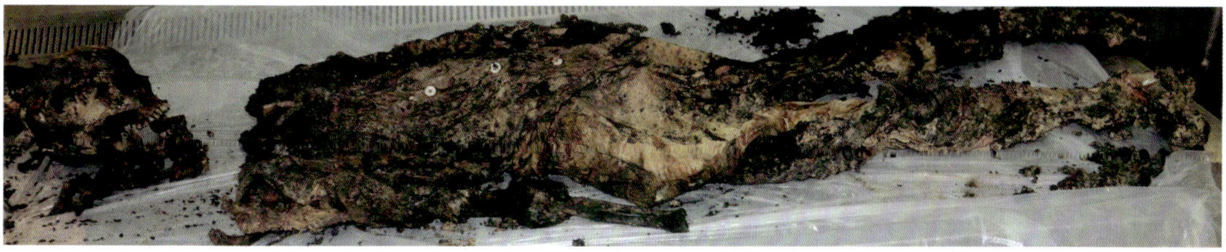

2021-8-16，15:20 尸体全貌

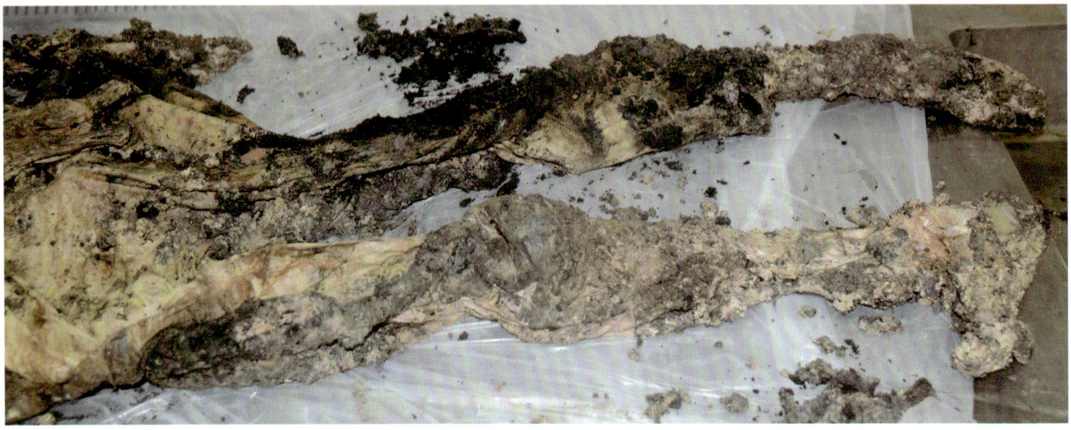

2021-8-16，15:20 尸体下身衣着及腐败情况

2021-8-16，15:20 尸体上身衣着及腐败情况

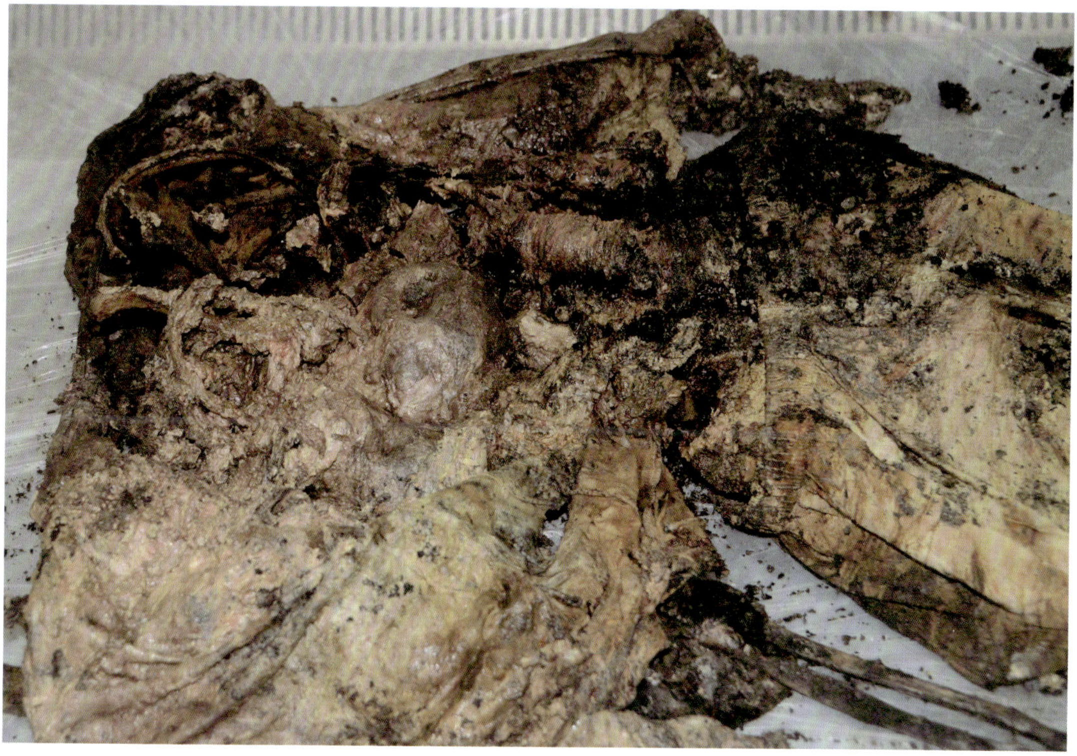

2021-8-16，15:21 放大观尸体胸腹腔腐败情况

2021-8-16，15:22 尸体双侧隆胸用的硅胶假体

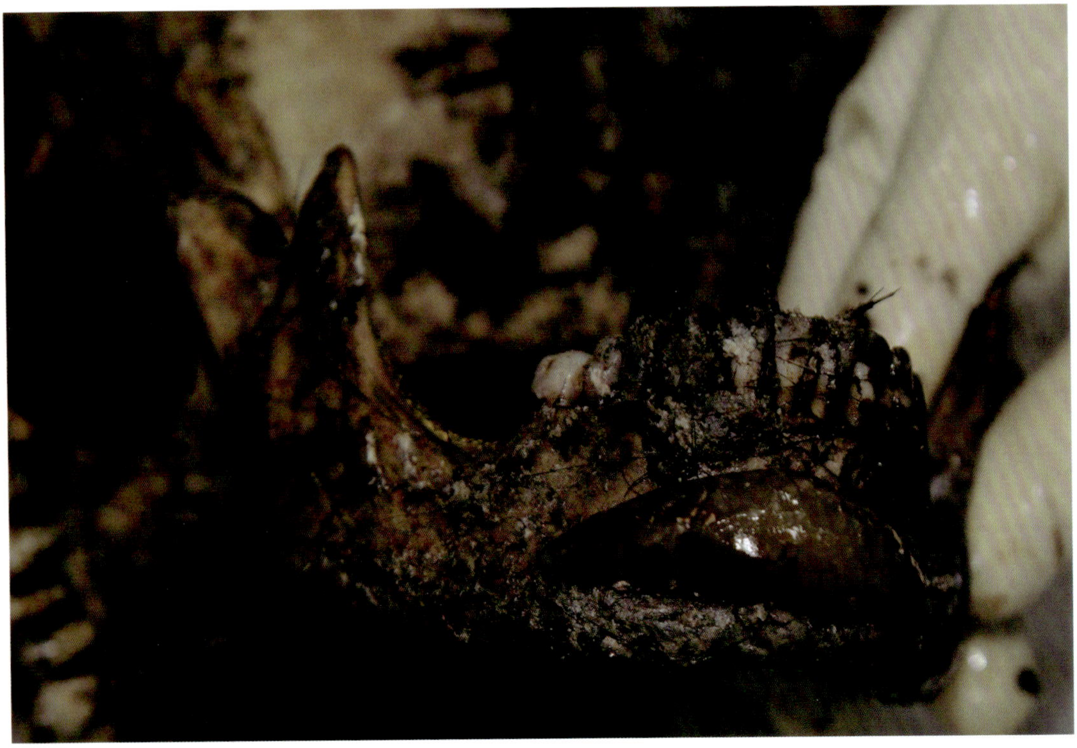

2021-8-16，尸体整容后的下颌状态（硅胶假体）

2021-8-25，11:08 清洗后的隆胸用的硅胶假体

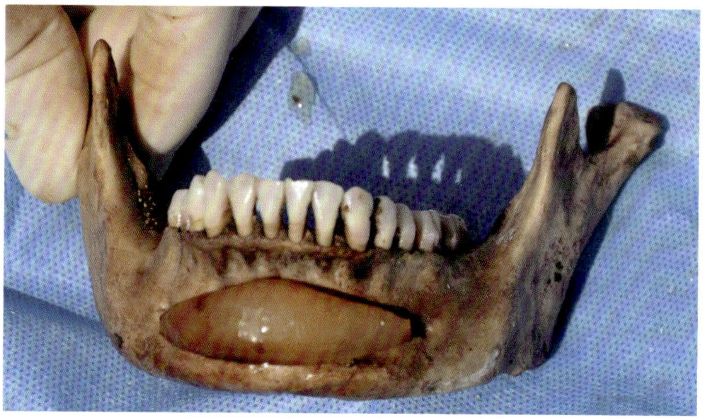

2021-8-25，11:25 清洗后的下颌状态（硅胶假体）

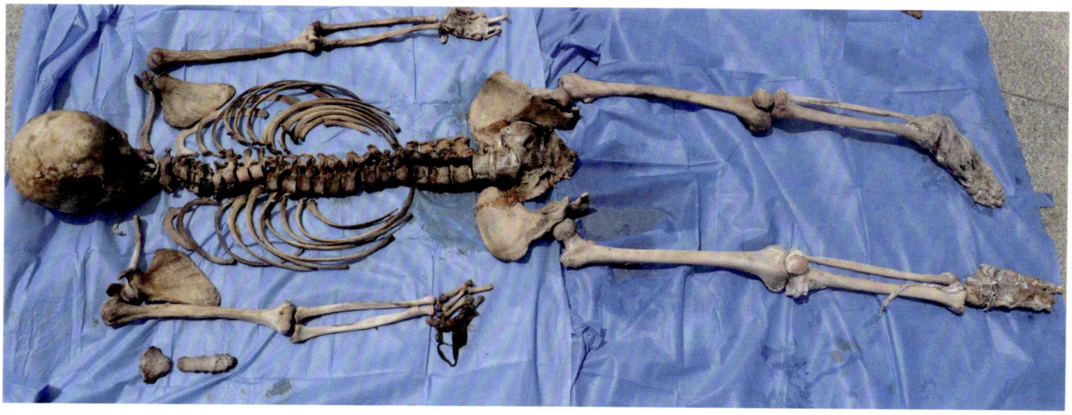

2021-8-25，11:49 清洗后的尸骨

2021-8-25，12:16 清洗后的死者衣物

案例 25

2021 年 8 月 21 日，在某山坡玉米地中发现一具尸体，经死者亲属确认是 2021 年 7 月 27 日离家未归的杨某。据犯罪嫌疑人交代，2021 年 7 月 28 日晚，因喝酒时与杨某发生口角进而在喝酒现场将对方打死。

死者上身着圆领白底黑横条格短袖 T 恤，T 恤上翻至胸部，腹部外露；下身着灰色长裤，长裤褪至双膝关节处。长裤裆部见大便附着。右手腕处见一红绳。

头面部、颈部及胸部白骨化明显，其余部位见腐烂皮肤及软组织附着。对尸体骨骼清洗，去除腐败软组织，复位尸骨后测量其长度为 166 厘米。

左颞骨呈凹陷性粉碎性骨折，骨折范围大小为 4.4 厘米 ×1.9 厘米，骨折周围伴有弧形骨折线，生活反应明显。左额顶部见 4.9 厘米 ×2.9 厘米弧形骨折范围，弧形骨折区内见 2.1 厘米 ×1.0 厘米粉碎性骨折，骨折处生活反应明显，左额骨见 4.6 厘米 ×1.3 厘米骨荫形成。左顶骨见 2.8 厘米 ×2.9 厘米类圆形骨荫形成。右额骨近冠状缝处见 2 个大小分别为 1.4 厘米 ×0.5 厘米、1.4 厘米 ×1.4 厘米的凹陷性骨折，骨折边缘较整齐，内板骨折，凸向颅腔，两凹陷区间隙宽 0.5 厘米。右顶骨近冠状缝处见 2 处大小分别为 0.5 厘米 ×0.6 厘米、0.5 厘米 ×0.5 厘米凹陷性骨折，以及长 2.0 厘米的弧形骨折线，该两处颅骨凹陷呈相互平行的“U”字形，宽 1.5 厘米，纵向骨折边缘均长 0.5 厘米，间隔 0.5 厘米，骨折边缘整齐，内板骨折，凸向颅腔。矢状缝与冠状缝交接处见两处凹陷性骨折，大小分别为 0.7 厘米 ×0.4 厘米、0.4 厘米 ×0.1 厘米，两骨折间隙宽 0.4 厘米，深达颅骨板障。右顶骨近矢状缝处见 2.0 厘米 ×0.4 厘米凹陷性骨折，伴 2 条弧形骨折线；右顶骨中部见 4.0 厘米 ×1.8 厘米凹陷性粉碎性骨折。左颧骨骨折，右眼眶下壁（上颌骨）、外侧壁（颧骨）、上壁（额骨）骨折，下颌骨呈粉碎性骨折。

脊柱完整，未见骨折，左侧第 3、第 5、第 6、第 7 肋骨前侧骨折，右侧第 3、第 5、第 6 肋骨前侧骨折。胸骨未见异常。

右胫骨上段呈斜行完全性骨折。

耻骨联合面平坦，稍向下凹。

死亡经过时间：24 天左右。

该期间内平均气温 24.55℃，其中最高气温 27℃，最低气温 19.5℃。

现场及尸体变化见以下各图：

2021-8-21，10:11 尸体现场

2021-8-21，10:22 尸体现场见左脚皮肤干化

2021-8-21，10:40 右侧观头部部分白骨化

2021-8-21，10:42 左侧面部部分白骨化

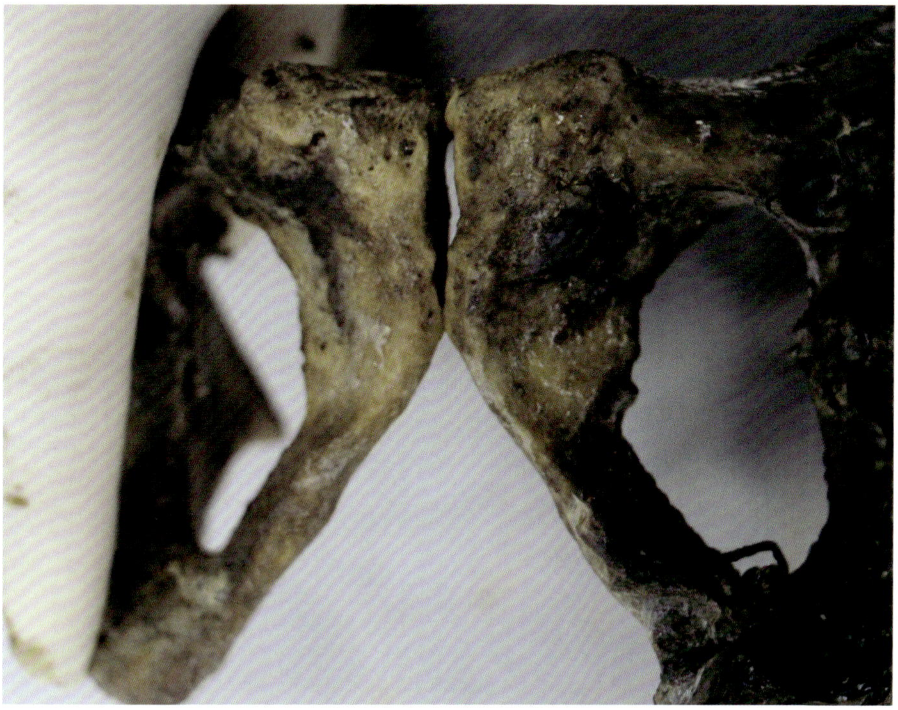

2021-8-21，14:11 前面观耻骨联合下角

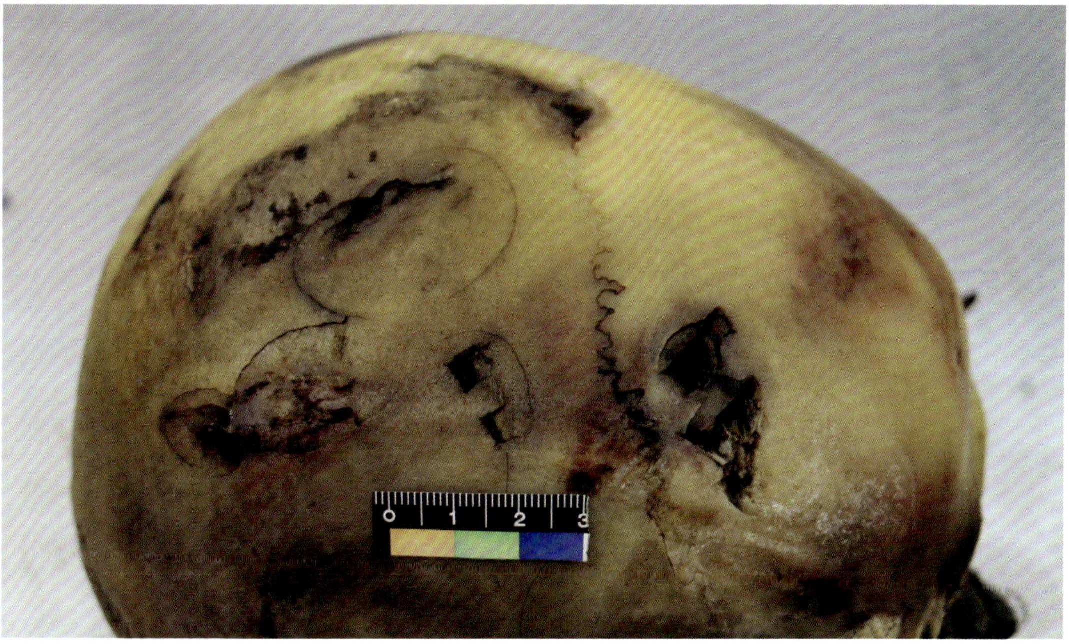

2021-8-21，14:39 颅骨多处凹陷性骨折

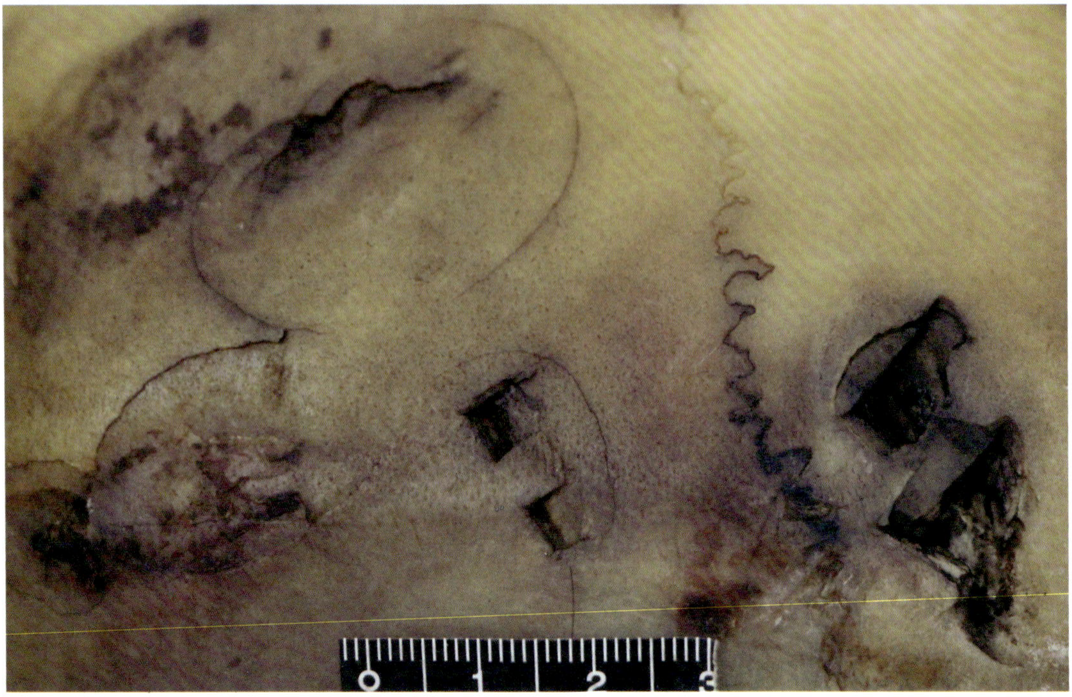

2021-8-21，14:40 颅骨多处凹陷性骨折放大观

2021-8-21，14:43 左前臂现象

2021-8-21，14:43 左前臂放大观

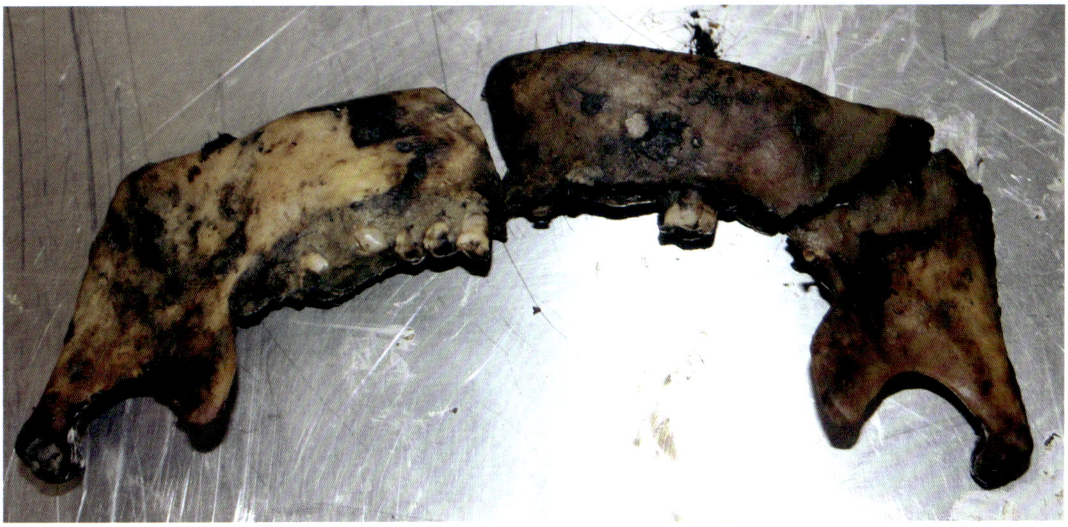

2021-8-21，14:49 下颌骨骨折

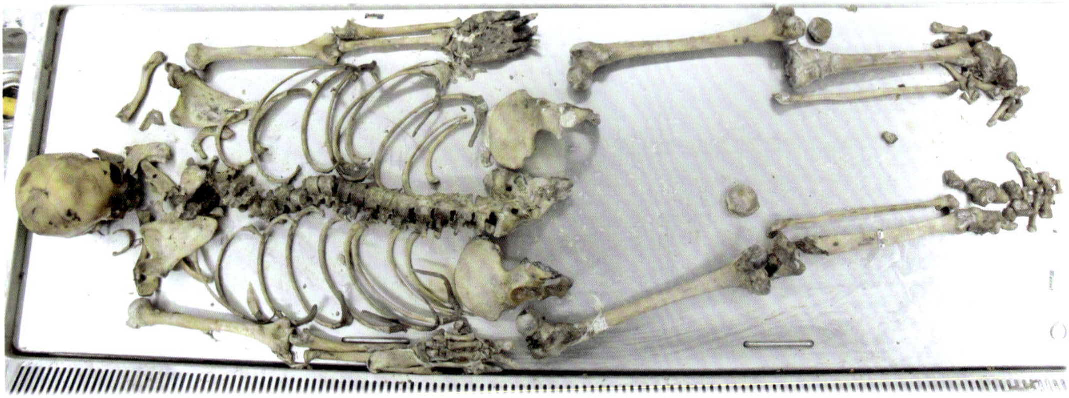

2021-9-1，17:40 按解剖位摆放的尸骨

在未调查到犯罪嫌疑人前，单凭尸体现象很难推测死亡经过时间，该地法医为此找陈禄仕复勘时发现，尸体现场有很多蝇类蛹壳。在对蛹壳进行分类中，发现乌足金蝇 *Chrysomya nigripes* (Aubertin,1932) 蛹壳最多，其次是粗足裸金蝇 *Achoetandrus villenevii* (Patton,1922)。到目前为止，还没有人对这 2 种蝇进行过生活史的研究，所以缺乏相关数据，不能用它们来推测该案的死亡经过时间。另外陈禄仕发现尸体现场是一块玉米地，尸体周围有被压倒的玉米秆和玉米棒，没被压倒的玉米生长正常，秆上的玉米棒已经成熟，尸体就是来收割玉米的人发现后报的案。因被压倒而停止发育的玉米棒，以及没被压倒而正常发育成熟的玉米棒成为推测本案死亡经过的希望。陈禄仕拿着这 2 种不同的玉米棒请教贵州农业大学杨昌河教授，杨教授说这 2 种玉米棒发育差在 20~25 天内。在发案后的第 4 天，刑侦人员查到了犯罪嫌疑人，嫌疑人交代的作案时间正是 2 种玉米棒发育差的 20~25 天内。通过本案的验证，可以应用植物的生长发育时间推测死亡经过时间。

被压断的玉米秆断端见若干乌足金蝇蛹壳

尸体现场地面见若干粗足裸金蝇蛹壳

尸体现场地面见若干粗足裸金蝇蛹壳放大观

被尸体压倒的玉米

被尸体压倒的玉米放大观

正常生长的玉米

2 个玉米的比较

剥开后 2 个玉米的比较

参考文献

[1]. 陈禄仕 . 尸体腐败分解过程的观察与研究 [J]. 法医学杂志 ,2005,21(4):246-248.

[2]. 陈禄仕，邱林川，郭金昌 , 等 . 四季尸食性蝇类参与尸体软组织分解过程初探 [J]. 中国法医学杂志，2009,24（3）:188-190.

后记

对尸体变化的研究是法医学领域长期的研究主题，目的之一就是推测相对准确的死亡经过时间。对死亡经过时间的推测，在早期尸体现象出现时期使用方法较多，而在晚期尸体现象出现时期使用方法较少，基层法医在检案中采用形态学变化来推测的方法较普遍，所以本书以形态学的变化呈现出来供基层法医参考。

本书收集的观察例数和案例数虽有限，但也能反映出在一定环境条件下，尸体变化与死后经过时间的关系。本书只是起抛砖引玉的作用，因为尸体所处环境千差万别，会受各种因素的影响而出现不同的尸体现象。为了了解各种因素对尸体变化的影响，还得在法医学领域加大实验研究力度，并广泛总结发现在各种环境中尸体出现的尸体现象，完善对尸体变化的研究，为基层法医提供在现场推测死亡经过时间的快速方法。